Oldenbourgs Steuerfachbücher

Einlage von Nutzungen und Leistungen

insbesondere
Vorteilszuwendungen zwischen
Schwestergesellschaften
bei nationalen und internationalen Sachverhalten

Von
Dr. Siegfried Wismeth

R. Oldenbourg Verlag München Wien

CIP-Kurztitelaufnahme der Deutschen Bibliothek

Wismeth, Siegfried:
Einlage von Nutzungen und Leistungen : insbesondere Vorteilszuwendungen zwischen Schwesterges. bei nationalen u. internat. Sachverhalten / von Siegfried Wismeth. – München ; Wien : Oldenbourg, 1985.
(Oldenbourgs Steuerfachbücher)
ISBN 3-486-29791-0

Gesamtherstellung: Weihert-Druck, Darmstadt

ISBN 3-486-29791-0

Inhaltsübersicht

Abkürzungsverzeichnis

A	Abschnitt
a.A.	andererAnsicht
aaO	am angegebenen Ort
Abs.	Absatz
a.F.	alte Fassung
AfA	Absetzung für Abnutzung
AG	Aktiengesellschaft
AK	Anschaffungskosten
a.M.	anderer Meinung
Anh	Anhang
Anm	Anmerkung
AO	Abgabenordnung i.d.F. vom 22.12.83
aoE	außerordentlicher Ertrag
ARP	aktiver Rechnungsabgrenzungsposten
Art	Artikel
AStG	Außensteuergesetz i.d.F. vom 22.12.83
Aufl	Auflage
AuslInvG	Auslandsinvestitionsgesetz i.d.F. vom 22.12.81
BA	Betriebsausgabe(n)
BB	Der Betriebsberater
BdF	Bundesminister der Finanzen
BewG	Bewertungsgesetz i.d.F. vom 22.12.83
BFH	Bundesfinanzhof (zitierweise: BFH 71,408 = BStBl. 1971 II, S. 408)
BGB	Bürgerliches Gesetzbuch
BGBl.	Bundesgesetzblatt
BGH	Bundesgerichtshof
BStBl.	Bundessteuerblatt
BR-DrS	Bundesratsdrucksache
BT-DrS	Bundestagsdrucksache
BV	Betriebsvermögen
bzw.	beziehungsweise
DB	Der Betrieb
DBA	Doppelbesteuerungsabkommen
DBA/OECD	Musterabkommen zur Vermeidung der Doppelbesteuerung aufgrund des OECD-Berichts von 1977
d.h.	das heißt
DIHT	Deutscher Industrie- und Handelstag
Diss.	Dissertation
Döllerer	G. Döllerer: vGA und vE bei Kapitalgesellschaften (1975)
DStR	Deutsches Steuerrecht
DStZ	Deutsche Steuerzeitung
DV	Durchführungsverordnung

EK	Eigenkapital
ESt	Einkommensteuer
EStG	Einkommensteuergesetz (Neufassung 1983 vom 24.1.84)
EStDV	Einkommensteuerdurchführungsverordnung
EStR	Einkommensteuerrichtlinien
f	und folgende Seite
ff	und folgende Seiten
FN	Fußnote
FR	Finanz-Rundschau
GesSt	Gesellschaftsteuer
GewStG	Gewerbesteuergesetz i.d.F. vom 22.12.83
GG	Grundgesetz
GmbH	Gesellschaft mit beschränkter Haftung
GmbHG	GmbH-Gesetz
GmbHR	GmbH-Rundschau
GoB	Grundsätze ordnungsgemäßer Buchführung
HB	Handelsbilanz
HGB	Handelsgesetzbuch
HGBE	Entwurf zur Neufasssung des HGB (Bilanzrichtlinie-Gesetz BR-DrS 257/83)
H-H-R	Hermann-Heuer-Raupach, Kommentar zum Einkommen- und Körperschaftsteuergesetz mit Nebengesetzen 19. Aufl
HK	Herstellungskosten
h.M.	herrschende Meinung
i.d.F.	in der Fassung
i.d.R.	in der Regel
IdW	Institut der Wirtschaftsprüfer in Deutschland
i.H.v.	in Höhe von
Inf	Die Information über Steuer und Wirtschaft
incl.	inclusive
IRC	Internal revenue code
i.S.d.	im Sinne des(r)
i.S.v.	im Sinne von
i.V.m.	in Verbindung mit
IWB	Internationale Wirtschaftsbriefe
JbFSt	Jahrbuch der Fachanwälte für Steuerrecht
KapESt	Kapitalertragsteuer
KapVSt	Kapitalverkehrssteuer
KapVStG	Kapitalverkehrssteuergesetz
Kfz	Kraftfahrzeug
KG	Kommanditgesellschaft
Knobbe-Keuk	B. Knobbe-Keuk: Bilanz- und Unternehmenssteuerrecht, 4. Aufl.(1983)
KSt	Körperschaftsteuer

KStG	Körperschaftsteuergesetz i.d.F. vom 22.12.83
KStR	Körperschaftsteuerrichtlinien
Lit.	Literatur
LKW	Lastkraftwagen
Littmann	E. Littmann: Das Einkommensteuerrecht, Kommentar zum EStG, 13. Aufl. (1981)
M	Muttergesellschaft
Mio	Million(en)
m.w.N.	mit weiteren Nachweisen
n.F.	neue Fassung
Nr	Nummer
NSt	Neues Steuerrecht von A - Z
NWB	Neue Wirtschaftsbriefe
o.a.	oben angegeben(e)
o.ä.	oder ähnliche
OECD	Organisation für wirtschaftliche Zusammenarbeit und Entwicklung
OHG	Offene Handelsgesellschaft
PKW	Personenkraftwagen
PrOVGSt	Entscheidungen des preußischen Oberverwaltungsgerichtes in Steuersachen
PV	Privatvermögen
RFH	Reichsfinanzhof
RFHE	Sammlung der Entscheidungen und Gutachten des Reichsfinanzhofs
RGBl.	Reichsgesetzblatt
RIW/AWD	Recht der internationalen Wirtschaft, Außenwirtschaftsdienst des Betriebsberaters
S	Seite, Schwestergesellschaft
Schmidt	L. Schmidt, Kommentar zum EStG, 2. Aufl. (1983)
S1	Schwestergesellschaft 1
S2	Schwestergesellschaft 2
s.o.	siehe oben
sog.	sogenannt(e, er)
Sp	Spalte
StAnpG	Steueranpassungsgesetz
StB	Steuerbilanz
StBJB	Steuerberaterjahrbuch
StBP	Die steuerliche Betriebsprüfung
stl.	steuerlich
Stpfl.	Steuerpflichtiger
stRspr.	ständige Rechtsprechung
StuR	Steuer und Recht
StuW	Steuer und Wirtschaft
s.u.	siehe unten

T	Tochtergesellschaft
T1	Tochtergesellschaft 1
T2	Tochtergesellscahft 2
Tipke	K. Tipke: Steuerrecht, 9. Aufl. (1983)
Tz.	Textziffer
u.	und
u.Ä.	und Ähnliche
UmwStG	Umwandlungsteuergesetz
UN	Vereinte Nationen
UStG	Umsatzsteuergesetz
usw.	und so weiter
u. U.	unter Umständen
vE	verdeckte Einlage
vGA	verdeckte Gewinnausschüttung
VStG	Vermögensteuergesetz i.d.F. vom 22.12.83
WG	Wirtschaftsgut, Wirtschaftsgüter
WpG	Die Wirtschaftsprüfung
zB	zum Beispiel
ZGR	Zeitschrift für Unternehmens- und Gesellschaftsrecht

Literaturverzeichnis

1. Kommentare

1.1 Steuerrecht

Blümich-Falk	Kommentar zum EStG, 11. Aufl. (4/83)
Blümich-Klein	Kommentar zum KStG, 4. Aufl. (1965)
Bühler-Paulick	Kommentar zum EStG, 3. Aufl. (1982)
Felix-Streck	Kommentar zum KStG, 2. Aufl. (1984)
Flick-Wassermeyer-Becker	Kommentar zum AStG, 4. Aufl. (1983)
Frotscher-Maas	Kommentar zum KStG (11/83)
Gürsching-Stenger	Kommentar zum BewG u. VStG, 7. Aufl. (7/83)
Gail-Goutier-Grützner	Kommentar zum KStG (1977)
Greif-Schuhmann	Kommentar zum KStG (1981)
Hermann-Heuer-Raupach	Kommentar zum EStG u. KStG, 19. Aufl. (11/83)
Kläschen	Kommentar zum KStG (1977)
Klein-Flockermann-Kühr	Kommentar zum EStG (1978)
Korn-Dietz-Debatin	Kommentar zur Doppelbesteuerung (7/83)
Lademann	Kommentar zum KStG (1977)
Lademann-Söffing-Brockhoff	Kommentar zum EStG (7/83)
Littmann	Kommentar zum EStG, 13. Aufl. (1981)
Mirre-Dreutter	Das KStG vom 16.10.34, Bd. 2 (1939)
Schmidt	Kommentar zum EStG, 3. Aufl. (1984)
Schmitz	Kommentar zum Internationalen Steuerrecht der Bundesrepublik Deutschland (1957)
Widmann-Mayer	Kommentar zum Umwandlungsrecht (12/83)
Wöhrle	Kommentar zum AStG (2/83)

1.2 Handelsrecht

Adler-Düring-Schmaltz	Rechnungslegung und Prüfung der Aktiengesellschaft, 4. Aufl. (1968/1971)
Brodmann	Kommentar zum Aktienrecht (1928)
Düringer-Hachenburg	Das Handelsgesetzbuch, 3. Aufl. (1930)
Gadow-Heinichen-Schmidt	Kommentar zum Aktiengesetz, 3. Aufl. (1970)
Godin-Wihelmi	Kommentar zum Aktiengesetz, 4. Aufl. (1971)
Großkommentar	zum Aktiengesetz, 3. Aufl. (1973)
Hachenburg	Kommentar zum GmbH-Gesetz, 7. Aufl. (1975/1977)
Kölner-Kommentar	zum Aktiengesetz (1970/72)

Ritter	Kommentar zum Aktiengesetz (1939)
Schlegelberger-Quassowski-Herlig-Geßler-Hefermehl	Kommentar zum Aktiengesetz (1939)
Scholz	Kommentar zum GmbH-Gesetz, 6. Aufl. (1978/83)

2. Monographien, Lehrbücher, Dissertationen

Ballerstedt K.	Kapital, Gewinn und Ausschüttung bei Kapitalgesellschaften, 1949
Baranowski K.-H.	Die Besteuerung der Auslandsbeziehungen, 1978
Bellstedt Ch.	Die Besteuerung international verflochtener Gesellschaften, 1973
Biergans E.	Einkommensteuer und Steuerbilanz, 2. Aufl. 1983
Brezing K.	Verrechnungsentgelte und Umlagen zwischen Kapitalgesellschaften und ihren Gesellschaftern im Steuerrecht, 1975
Creifelds C.	Rechtswörterbuch, 6. Aufl. (1981)
Döllerer G.:	Verdeckte Gewinnausschüttungen und verdeckte Einlagen bei Kapitalgesellschaften, 1975
Ebenroth C.-T.	Die verdeckten Vermögenszuwendungen im transnationalen Unternehmen, 1979
Fröhlich E.:	Die verdeckte Gewinnausschüttung, 1968
Glempt-Gerhardt-Winter	Bilanz, Betriebsprüfung, Gesellschaftsrecht, 1971
Husemann K.-H.	Grundsätze ordnungsmäßiger Buchführung für Anlagegegenstände, 1970
Hußmann P.	Verdeckte Einlagen im Körperschaftsteuer- und Gesellschaftsteuerrecht, Dissertation Erlangen-Nürnberg 1976
Knobbe-Keuk B.	Bilanz- und Unternehmenssteuerrecht, 4. Aufl. 1983
Krüger	Steuerökonomische Analyse der Verrechnungspreise internationaler Unternehmungen, 1. Aufl. 1978

Lange J.	Verdeckte Gewinnausschüttungen, 4. Aufl. 1973
Liefmann R.	Kartelle, Konzerne, Trusts, 1930
Lipps W.	Außensteuerrecht, 1978
Lutter M.	Aktiengesetz 1965 in "Das deutsche Bilanzrecht" Loseblattausgabe 1967
Meyer D.	Einkommensteuerliche Behandlung des Nießbrauchs und anderer Nutzungsüberlassungen, 1984
Niemann U.	Probleme der Gewinnrealisierung innerhalb des Konzerns, 1968
Otto B.	Anwendbarkeit der Begriffe Einlagen und Entnahmen bei der Gewinnermittlung von Kapitalgesellschaften, Dissertation Berlin 1976
Quack G. E.	Die innerkonzernliche Gewinnverwirklichung im steuerrechtlichen Betriebsvermögensvergleich, Dissertation München 1970
Reuter H.P.	Besteuerung verbundener Unternehmen, 1970
Schneider W.	Probleme der körperschaftsteuerlichen Einkommensermittlung bei Leistungsbeziehungen zwischen verbundenen Kapitalgesellschaften, Dissertation Regensburg 1976
Tiedtke K.	Einkommensteuer- und Bilanzsteuerrecht 1983
Tillmann B.	Das neue Körperschaftsteuerrecht der GmbH, 2. Aufl.
Tipke K.	Steuerrecht, 9. Aufl. 1983
Weber H./Kluge V.	Einführung in das besondere Steuerrecht III, 1976
Westerfelhaus H./Glade A.	Verdeckte Gewinnausschüttungen als steuerrechtliches und betriebswirtschaftliches Problem, 2. Aufl. 1961

3. Aufsätze und Einzelabhandlungen

Asseyer M.	Internationale Gewinnberichtigung im Falle verdeckter Einlagen, FR 79, S. 60
Ballerstedt K.	Zur Bewertung von Vermögenszugängen aufgrund kapitalgesellschaftlicher Vorgänge, in Festschrift für Gessler 1971

Baranowski K.-H.	Die Behandlung des Berichtigungsbetrages nach § 1 AStG, IWB Fach 3 Gruppe 1, S. 629
Baranowski K.-H.	Tagungsbericht vom Steuerberaterkongreß 1982, DStZ 82 S. 433
Baranowski K.-H.	Die Behandlung des Berichtigungsbetrags bei grenzüberschreitenden Beziehungen, DStR 82 S. 406
Beck H.J.	Die teilweise berufliche Nutzung eines Hauses durch nur einen von mehreren Miteigentümern, FR 78 S. 281
Beekes W.	Zinslose Darlehen zwischen Schwestergesellschaften und ihren Kapitalgesellschaften, GmbHR 63 S. 77
Beisse H.	Verlagerung von Einkünften ins Ausland, Inf. 78 S. 1
Beker M.	Betriebliche Nutzung eines gemeinsamen Ehegattengrundstücks durch einen Ehegatten im ESt-Recht, DStR 75 S. 355
Birkholz H.	Die verdeckten Gewinnausschüttungen in der neueren Rechtsprechung des BFH, FR 71 S. 162
Birzele E.	Leistungen von Schwesterkapitalgesellschaften zu unangemessen niedrigen Preisen, DB 62 S. 1669
Bise W.	Einkommen- und körperschaftssteuerliche Probleme bei Übereignungen, StBJB 68/69 S. 353
Bise W.	Folgerungen aus der Rechtsprechung des BFH zum Nießbrauch, StBJB 77/78 S. 185
Blumenauer D.	Verdeckte Gewinnausschüttungen im Lieferverkehr zwischen Schwestergesellschaften - Ein Belastungsvergleich DB 84 S. 1264
Bopp G.	Fragen der internationalen Konzernbesteuerung, DStZ 72 S. 105
Bordewin A.	Steuerpein und Steuerwohltat, DStZ 79 S. 429
Brezing K.	Verrechnungsentgelte im Konzern, FR 71 S. 405
Brezing K.	Die unentgeltliche oder verbilligte Nutzungsüberlassung im ESt- und KSt-Recht, StuW 72 S. 361

Brezing K. — Zur ertragsteuerlichen Problematik von offenen und verdeckten Einlagen in eine Kapitalgesellschaft, GmbHR 72 S. 129

Brezing K. — Zu den materiell-rechtlichen Vorschriften gegen Einkommensverlagerungen ins Ausland, FR 73 S. 485

Brezing K. — Die Bewertung von vGA und verdeckten Kapitaleinlagen, StBP 74 S. 25

Brezing K. — Neues zur Besteuerung der Kapitalgesellschaften und ihrer Gesellschafter, StBJB 75/76 S. 235

Brezing K. — Die Fiktionstheorie ist überholt und was hat sich geändert, FR 79 S. 499

Briese U. — Verdeckte Ausschüttungen beim Erwerb von Gegenständen des Anlagevermögens, DB 83 S. 846

Charlier R. — Gewinnrealisierung bei Entnahmen, StBJB 69/70

Debatin H. — Außensteuerreformgesetz, DStZ 72 S. 265

Debatin H. — Anwendungsgrundsätze zum AStG, DB Beilage 15/74

Debatin H. — Gewinnberichtigungen bei Geschäftsbeziehungen zum Ausland, RIW/AWD 75 S. 596

Desgranges H. — Die Rechtsprechung zur Kapitalverkehrsteuer im Jahr 1982, NWB Fach 8 a, S. 2901

Dobelke J. — Sind Einlagen im Sinne von § 4 Abs. 1 S. 3 EStG bei einer Kapitalgesellschaft möglich? WpW 63 S. 65

Döllerer G. — Fragen der vGA der Aktiengesellschaften, BB 67 S. 1437

Döllerer G. — Verdeckte Einlagen bei der Aktiengesellschaft, BB 7a S. 1245

Döllerer G. — Fragwürdige Fiktionen im Bereich der vGA und der vE, JBFSt 72/73 S. 142

Döllerer G. — Die Rechtsprechung des BFH zum Steuerrecht der Unternehmen, ZGR 73 S. 335

Döllerer G. — Aktuelle Fragen aus dem Bereich der vGA und vE, BB 73 S. 5

Döllerer G. — Zur Problematik der Anschaffungs- und Herstellungskosten JBFSt 76/77 S. 196

Döllerer G.	VGA und vE nach neuem Körperschaftsteuerrecht, BB 79 S. 57
Döllerer G.	Die Kapitalgesellschaft und ihre Gesellschafter in der neueren Rechtsprechung des BFH, DStR 84, S. 383
Döllerer G.	Anmerkung zu EFG 79 S.201, BB 79 S. 1539
Döllerer G.	Die vGA und ihre Rückabwicklung nach neuem Körperschaftsteuerrecht, DStR 80 S. 395
Döllerer G.	Die Kapitalgesellschaft und ihr Gesellschafter in der neuen Rechtsprechung des BFH, JBFSt 80/81 S. 239
Döllerer G.	Die wesentliche Beteiligung im Ertragsteuerrecht, StBJB 81/82 S. 204
Dötsch E.	s.u. bei Singbartl
Drenseck W.	Anmerkung zu BFH IV R 117/79 vom 20.11.80, FR 81 S. 150
Ebert A.	Die Besteuerung von verdeckten Gewinnausschüttungen bei der Gesellschaft und beim Anteilseigner, BB 84, S. 1221
Ebling K.	Überlegungen zum neuen Außensteuerrecht aus der Sicht der steuerlichen Betriebsprüfung, StBP 71 S. 218
Egly H./Klenk F.	Die Gesellschaftsteuer, NWB Fach 8a, S.281
Fasold R.W.	Unterpreisberechnung bei Betriebsaufspaltungen, DB 61 S. 386
Fiedler H.	Nutzungsvorteile zwischen inländischen Schwestergesellschaften einer inländischen Muttergesellschaft, BB 83, S. 240 u. S. 1014
Flick H.	Vorteilsausgleich bei Schwestergesellschaften, RF 73 S. 157
Flick H.	Einbringung immaterieller Wirtschaftsgüter in ausländische Tochtergesellschaften, BB 75 S. 1381
Friedrich W.	Interessante Einzelfragen aus dem Steuerrecht der Kapitalgesellschaften, JBFSt 68/69 S. 73
Fuchs H./Lempenau G.	Nutzungsvorteile als vGA ohne Zufluß, BB 82 S. 484
Glade A.	Verdeckte Gewinnausschüttungen zwischen Schwestergesellschaften, GmbHR 63 S. 81

Gocke R.	Unentgeltliche Nutzungsüberlassungen im Körperschaftsteuerrecht, FR 84, S.606
Grieger W.	Gedanken zur Verlagerung von Einkünften auf nahestehende Personen durch Verträge, DStZ 61 S. 81
Grieger W.	Anmerkung zu BFH I 203/61 vom 9.3.62 BB 62 S. 831
Groh M.	Gesellschafterbeitrag und Gesellschaftsgewinn, Festschrift für Flume 1978
Groh M.	Nutzungseinlagen im Steuer- und Handelsrecht, BB 82 S. 133
Günther	Zur Frage der steuerrechtlichen Behandlung von mittelbaren vGA bei Warenlieferungen zwischen Schwestergesellschaften, StBP 61 S. 247
Hellwig P.	Das AStG, eine Problembereicherung für die Steuerfachwelt, DStZ 73 S. 13
Hermann C.	Einzelfragen aus dem Körperschaftsteuerrecht, StBJB 68/69 S. 177
Herms V.	s.u. bei Hundertmark
Herzig N.	Systemfehler im Anrechnungsverfahren bei fehlender wertmäßiger und zeitlicher Kongruenz von Ausschüttungen auf Gesellschafts- und Gesellschafterebene, FR 77 S. 405
Herzig N.	VGA über die Grenze, IWB Fach 3 Gruppe 4 S. 227
Höppner H. D.	Praktische Erfahrungen mit dem Außensteuerrecht aus der Sicht des Bundesamts für Finanzen, StBJB 81/82 S. 426
Hoffmann M.	AfA bei unentgeltlicher Nutzung von Gebäuden im Gewerbebetrieb des Ehegatten, DStR 69 S. 349
Hundertmark D./Herms V.	Die verdeckte Nutzungseinlage im Ertragsteuerrecht, BB 76 S. 80
Hundt F.	s.u. bei Singbartl
Hutter U.	Nutzungsrechte an vermieteten Grundstücken, DStZ 81 S. 47
Jonas B.	Darlehensgewährung zwischen Schwestergesellschaften, BB 83 S. 682
Katterbe B.	Der Vorteilsausgleich bei Lieferungsgeschäften im Konzern, DB 83 S. 365

Klenk F.	s.o., Egly H.
Knobbe-Keuk B.	Zur Besteuerung der Gesellschaften, StuW 75 S. 335
Knobbe-Keuk B.	Behandlung von vGA nach dem neuen KSt-Recht, StuW 77 S. 160
Knobbe-Keuk B.	Die steuerliche Behandlung von Nutzungsrechten, StuW 79 S. 305
Knobbe-Keuk B.	Obligatorische Nutzungsrechte als Sacheinlagen in Kapitalgesellschaften, ZGR 80 S. 214
Knobbe-Keuk B.	Verdeckte Einlagen in Kapitalgesellschaften und Werbungskosten bei den Einkünften aus Kapitalvermögen, DStZ 84, S. 335
Kohlenbach K.	Auswirkung der vGA beim Gesellschafter einer Kapitalgesellschaft, DB 59 S. 606
Kohlenbach K.	Zur Wirksamkeit von Ergebnisabführungsverträgen bei Mehrleistungen des Organträgers an das Organ aufgrund besonderer Vertragsverhältnisse, DB 61 S. 218
Krabbe H.	Das AStG, NSt "Internationales Steuerrecht", Darstellung 1
Kramer J.D.	Die bilanzsteuerliche Behandlung der gemischten Nutzung von Wirtschaftsgütern - Nutzungsentnahmen und Nutzungseinlagen, DStR 79 S. 363
Kramer J.D.	Nutungseinlagen bei Verwandten-Grundstücken, DB 81 S. 1584
Kropff B.	Über die Ausgliederung, Festschrift für Gessler 1971, S. 111
Lang J.	Besteuerung verdeckter Gewinnausschüttungen bei verbundenen Unternehmen FR 84, S. 629
Lempenau G.	Ausländische Tochtergesellschaften in der Krise, IWB Fach 3 Gruppe 1 S. 799
Lempenau G.	s.o. Fuchs H.
Littmann E.	Unentgeltliche Nutzungsüberlassung von Wirtschaftsgütern und AfA, DB 80 S. 1040
Manke K.	Außensteuerliche Wirkungen der Außensteuerreformgesetze, JBFSt 77/78 S. 444
Mathiak W.	Gewinnrealisierungen bei Vorteilszuwendungen von Gesellschaftern an Kapitalgesellschaften, DStR 70 S. 359
Mathiak W.	Rechtsprechung zum Bilanzsteuerrecht, StuW 81 S. 289

Mayer-Wegelin E. — Zinssatz und Kurssicherung bei Darlehen an Tochtergesellschaften im Ausland, FR 83 S. 289

Meilicke H./Meilicke W. — Nutzungsüberlassungen an Gegenständen als offene oder verdeckte Einlage bei Kapitalgesellschaften im Handels-, Bilanz- und Steuerrecht, DB 77 S. 927

Menck Th. — Die Besteuerung internationaler Konzerne, DStZ 72 S. 65

Meßmer K. — Die Fiktion im Steuerrecht - Bräuche und Mißbräuche, StBJB 77/78 S.65 u. S.117

Meyer D. — Einlagefähigkeit unentgeltlich eingeräumter Nutzungsrechte, DB 84 S. 2429

Meyer D. — Zur AfA-Berechtigung bei unentgeltlicher Nutzungsüberlassung, DStR 84, S. 639

Meyer-Arndt L. — Zulässigkeit einer Fiktion im Bereich der verdeckten Gewinnausschüttungen, DB 67 S. 1281

Meyer-Arndt L. — Prinzipienfragen der vGA, DB 67 S. 1739

Meyer-Arndt L. — Gewinnrealisierung bei der Übertragung einer Beteiligung vom Organträger auf das Organ, BB 68 S. 410

Mies J. — Verdeckte gesellschaftsrechtliche Zuwendungen (Einlagen) und ihre ertragsteuerliche Behandlung bei der Gesellschaft und den Gesellschaftern - insbesondere bei Aktiengesellschaften, StBP 65 S. 234

Montag H. — Zur Entnahme von Nutzungen, StuW 79 S. 35

de la Motte H. — Aktuelle Fragen der vGA im Körperschaftsteuerrecht, Steuerkongreßreport 1973 S. 148

Niemann U. — Zur Gewinnermittlung im Konzern, StBJB 71/72 S. 249

Nolte K. H. — Zum Problemkreis der vGA und Einlagen der Anteilseigner, DB 80 S. 1364

Ossenbrügge R. — Stellungnahme zu BdF vom 25.2.70, BB 70 S. 478

Otto B. — Der Einlage- und Entnahmebegriff in der bei Kapitalgesellschaften anzuwendenden Gewinnermittlungsvorschrift, DB 79 S. 30 und S. 131 und S. 183

Paus B. — Zur Aktivierung unentgeltlich erworbener Nutzungsrechte oder: Wird Edelmut steuerlich tatsächlich belohnt, FR 81 S. 5

Pezzer H.J. — Zur körperschaftsteuerlichen Problematik der verdeckten Einlagen im Konzern, StuW 75 S. 222

Plückebaum R. — Aktivierung immaterieller Wirtschaftsgüter nach Einlage in ein BV, FR 78 S. 554

Pöppl F. — Die Problematik der Beurteilung von Leistungsentgelten im internationalen Konzern nach deutschem Steuerrecht, DStZ 74 S. 158

Quack G. E. — Zur Bilanzierung von Gesellschaftereinlagen in der Bilanz des Gesellschafters und der Kapitalgesellschaft, BB 71 S. 862

Quack G. E. — VGA und vE bei Zuwendungen zwischen Schwestergesellschaften, DStR 72 S. 10

Ranft E. — Aktuelle Fragen zur Besteuerung von Kapitalgesellschaften, StBJB 72/73 S. 311

Rasch H. — Reichen die Vorschriften des Steuerrechts unter Berücksichtigung des Gesellschaftsrechts aus, um Vermögensbewegungen zwischen verbundenen Unternehmen vollständig und befriedigend zu regeln?, Verhandlungen des 49. deutschen Juristentags Band 1 S. 67

Raupach A. — Grundprobleme der Gewinnverwirklichung im Steuerrecht, JBFSt 73/74 S. 112

Raupach A. — Außensteuerrechtliche Wirkungen der Steuerreformgesetze, JBFSt 77/78 S. 424

Raupach A. — Koreferat zu Döllerer, JBFSt 80/81 S. 264

Reuter H. P. — Buchbesprechung, FR 76 S. 206

Reuter H. P. — 2 wichtige Urteile zur vGA und ihre Bedeutung für die KapESt und KSt, DStR 83 S. 317

Richter H. — Ertragsteuerliche Fragen bei Ehegatten-Grundstücksteilen, die vom anderen Ehegatten betrieblich (mit-)genutzt werden, StBP 74 S. 208

Risse R. — Die verdeckten Gewinnausschüttungen und ihre Folgen - unter Berücksichtigung des faktischen Konzerns DStR 84, S. 711

Röhrkasten B. Die Gewinnauswirkungen der Sacheinlage in Kapitalgesellschaften, BB 74 S. 825

Rohner K. Wirtschafsgut als Gegenstand von Entnahmen und Einlagen, DStR 76 S. 595

Rose G. Zur gegenwärtigen Entwicklung der Besteuerung von Kapitalgesellschaften, StBJB 67/68 S. 211

Rose G. Ausgewählte Probleme der Besteuerung von Kapitalgesellschaften und Konzernen, StBJB 71/72 S. 202

Salditt F. Das fingierte Entgelt - creation of income, StuW 71 S. 107

Schmidt L. Besprechung von BFH I R 137/73 vom 19.3.75, FR 75 S. 430

Schmidt L. Personengesellschaften im Körperschaftsteuerrecht, JBFSt 76/77 S. 326

Schmidt L. Wesentliche Beteiligungen des Privatvermögens als Gegenstände von verdeckten Einlagen, Inf A Nr. 16/79, S. 361

Schmidt L. Anmerkung zu BFH vom 22.1.80, FR 80 S. 199

Schmidt L. Anmerkung zu BFH 83,735, FR 83, S. 618

Schmidt - Troschke G. Ersparte Aufwendungen als einziger Vermögensvorteil der Zuwendung eines Gesellschafters an eine Kapitalgesellschaft im ESt- und KSt-Recht, GmbHR 72, S. 65

Schulze K. Zur KapESt bei vGA in Form von Nutzungsüberlassungen und Dienstleistungen, BB 83 S. 1846

Schulze zur Wiesche D. Die Sachausschüttung im KSt-Recht als Gegenstück zur Entnahme im ESt-Recht, DStR 72 S. 274

Singbartl H./Hundt F./Dötsch E. Körperschaftsteueränderungsrichtlinien 1981, DB 82 S. 68

Skibbe M. Dienstleistungen als Sacheinlage bei der GmbH, GmbHR 80 S. 73

Söffing G. Zur einkommensteuerlichen Behandlung des Nießbrauchs, FR 75 S. 361

Speich G. Folgeschäden von Entnahmen, FR 63 S. 223

Stadie H.	Zur Einlage von Nutzungsrechten in das Betriebsvermögen, DB 84 S. 578
Steinberg W.	Die Problematik der vGA und des verdeckten Kapitals, StuR Heft 16
Streck M.	Aktuelle Probleme offener und verdeckter Gewinnausschüttungen und Einlagen bei der mittelständischen GmbH, GmbHR 82 S. 22
Thiel R.	Handelsrechtliche und steuerrechtliche Bewertung von Sacheinlagen bei der Kapitalgesellschaft, DB 60 S. 300 und 334
Thiel R.	Grundsätzliche Probleme des KSt-Rechts, StBJB 61/62 S. 181
Thiel R.	Die vGA und ihre Bedeutung für das Einkommen der ausschüttenden Gesellschaft und das ihrer Gesellschafter, DB 62 S. 1482
Thiel R.	Aktuelle Fragen des ESt- und KSt-Rechts, StBJB 66/67 S. 247
Thiel R.	Gewinnverwirklichung bei Einlagen in eine Kapitalgesellschaft, DB 67 S. 212
Thoma H.	Ehegattengrundstücke: Unentgeltliche Nutzungsüberlassung, Nutzungsrechte als körperliche WG, AfA-Berechtigung, DStR 80 S. 674
Trzaskalik Ch.	Nutzungsrechte im Einkommensteuerrecht, StuW 83 S. 126
Ülner A.	Aktuelle Fragen des Einkommensteuerrechts, StBJB 80/81 S. 385
Vogel H.	Aktuelle Fragen des Außensteuerrechts, insbesondere des Steueroasengesetzes unter Berücksichtigung des neuen DBA mit der Schweiz, BB 71 S. 1185
Vogel H.	Schwerpunkte des Außensteuerreformgesetzes in Verbindung mit dem neuen deutsch-schweizerischen DBA, DB 72 S. 1402
Vogel K.	Bemerkungen zur Gewinnverwirklichung und Gewinnberechtigung im deutschen Außensteuerrecht, StuW 74 S. 193
Voss A.	VGA zwischen Schwestergesellschaften, GmbHR 64 S. 188
Voss A.	Das zeitliche und wertmäßige Kongruenzprinzip bei vGA, DStR 65 S. 28

v. Wallis H. — Zur Ertragsbesteuerung der Konzerne, StBJB 70/71 S. 113

v. Wallis H. — VGA zwischen Schwestergesellschaften, FR 71 S. 287

v. Wallis H. — Grundzüge und Tendenzen der Rechtsprechung zur Ertragsbesteuerung von Gesellschaften, StBJB 73/74 S. 79

v. Wallis H. — Rechtsprechung zur Ertragsbesteuerung von Kapitalgesellschaften, StBJB 76/77 S. 98

Wassermeyer F. — Die Behandlung der Gewinnberichtigung nach § 1 AStG und des Hinzurechnungsbetrages nach § 10 Abs. 2 AStG bei der Gliederung des verwendbaren EK nach dem KStG 1977, FR 79 S. 345

Weingart J. — Die teilweise gewerbliche oder berufliche Nutzung eines im Miteigentum von Ehegatten stehenden Einfamilienhauses, DB 77 S. 602

Westerfelhaus H. — Die Zinsfestsetzung bei an ausländische Kapitalgesellschaften gewährte Gesellschafterdarlehen, DB 83 S. 907

Widmann S. — Koreferat zu Döllerer, JBFSt 78/79 S. 387

Wilhelm — Die Vermögensbindung bei der AG und GmbH und das Problem der Unterkapitalisierung, Festschrift für Flume 1978 S. 337

Winter W. — Der Zeitpunkt der Ausschüttung i.S.v. § 27 Abs. 3 S. 2 KStG 1977, FR 77 S. 273

Wismeth S. — Einlagen, NSt

Woerner L. — VGA, vE und § 1 AStG, BB 83 S. 845

Wolff-Diepenbrock — Zur AfA-Berechtigung bei unentgeltlichem Nießbrauch, DStZ 82 S. 331

Wrede F. — Aktuelle Fragen zur Behandlung von vGA bei der Körperschaftsteuer, DB 79 S. 1619

Entscheidungsregister

1. Finanzgerichtliche Entscheidungen

1.1 Entscheidungen des Reichsfinanzhofes

26. 7.19	I A 82/19	RFHE 2, S.183
13. 3.29	I A 176/28	RStBl. 29, S.370
12.11.31	I A 495/30	RStBl. 32, S.60
8. 3.32	I A 284/31	RStBl. 32, S.441
8. 9.32	III A 564/31	RStBl. 32, S.1088
7.12.32	III A 159/32	RStBl. 33, S.50
14.12.32	III A 766/31	RStBl. 33, S.400
26. 5.33	III A 335/32	RStBl. 33, S.1167
12. 9.33	I A 424/31	RStBl. 33, S.1201
19. 9.33	I A 272/31	RStBl. 33, S.1220
10.10.33	I A 336/32	RStBl. 34, S.46
27. 2.34	I A 149/33	RStBl. 34, S.634
13. 3.34	I A 240/32	RStBl. 34, S.668
3.10.35	III A 267/34	RStBl. 34, S.1399
25. 7.34	I A 85/34	RStBl. 35, S.587
3.10.35	III A 267/34	RStBl. 35, S.1399
19.12.35	I A 166/35	RStBl. 36, S.252
14. 5.36	III A 194/35	RStBl. 36, S.692
28. 7.36	I A 83/36	RStBl. 36, S.951
21. 1.37	III A 4/37	RStBl. 37, S.348
6. 4.37	I A 134/36	RStBl. 37, S.900
18.11.37	VI 320-324	StuW 38, Nr.71
10. 3.38	III 246/37	RStBl. 38, S.525
30. 8.38	I 271/38	RStBl. 38, S.901
30. 8.38	I 272/38	RStBl. 38, S.902
18.10.38	I 290/38	RStBl. 38, S.1107
4.10.38	I 374/37	RStBl. 38, S.1142
31.10.39	I 77/37	RStBl. 40, S.35
21.11.40	III 34/40	RStBl. 41, S.269
29. 9.42	I 129/42	RStBl. 42, S.1075
22. 6.43	I 204/42	RStBl. 43, S.587
27. 5.43	IV 58/43	RStBl. 43, S.594
22. 6.43	I 194/42	RStBl. 43, S.658
24. 6.43	III 34/43	RStBl. 43, S.765

1.2 Entscheidungen des Bundesfinanzhofs

7.11.50	I 20/50 U	BStBl. 51 III S.12
1. 4.52	I 2/52 U	BStBl. 52 III S.148
15. 5.53	III 103/52 S	BStBl. 53 III S.208

18. 9.53	III 64/53 U	BStBl. 53 III S.328
20. 8.54	I 130/53 U	BStBl. 54 III S.336
12. 5.55	IV 19/55 U	BStBl. 55 III S.205
11.10.55	I 47/55 U	BStBl. 55 III S.397
11.10.55	I 117/54 U	BStBl. 56 III S.11
26. 2.56	I 92/54 U	BStBl. 56 III S.154
20. 3.56	I 178/55 U	BStBl. 56 III S.179
31. 7.56	I 4-5/55 U	BStBl. 56 III S.288
24. 6.58	I 190/57 U	BStBl. 58 III S.381
16.12.58	I D 1/57 S	BStBl. 59 III S.30
13. 1.59	I 44/57 U	BStBl. 59 III S.197
24. 9.59	IV 38/58 U	BStBl. 59 III S.466
6.10.59	I 136/59 U	BStBl. 60 III S.10
15. 7.60	III 114/57 U	BStBl. 60 III S.400
8.11.60	I 131/59 S	BStBl. 60 III S.513
13.12.60	I 88/60 U	BStBl. 61 III S.68
25.10.60	I 62/59 S	BStBl. 61 III S.69
15.11.60	I 189/59 S	BStBl. 61 III S.80
22.11.60	I 103/60 S	BStBl. 61 III S.97
14. 3.61	I 37/61 U	BStBl. 61 III S.460
9. 3.62	I 203/61 S	BStBl. 62 III S.338
16. 5.63	IV 379/60 U	BStBl. 63 III S.400
25.10.63	I 325/61 S	BStBl. 64 III S.17
29. 1.64	I 209/62 U	BStBl. 65 III S.27
28.10.64	I 198/62 U	BStBl. 65 III S.119
25.11.64	I 116/63 U	BStBl. 65 III S.176
18. 3.66	IV 218/65	BStBl. 66 III S.197
4. 5.65	I 130/62	BStBl. 65 III S.598
16. 7.65	VI 71/64 U	BStBl. 65 III S.618
16.11.65	I 302/61 S	BStBl. 66 III S.97
25.11.65	IV 216/64 S	BStBl. 66 III S.110
18. 3.66	IV 218/65	BStBl. 66 III S.197
2.11.65	I 221/62 S	BStBl. 66 III S.255
1. 2.66	I 121/63	BStBl. 66 III S.285
4.10.66	I 1/64	BStBl. 66 III S.690
22. 2.67	I 283/63	BStBl. 67 III S.328
3. 5.67	I 263/63	BStBl. 67 III S.421
26. 7.67	I 138/65	BStBl. 67 III S.733
13. 9.67	I 99/64	BStBl. 68 II S.21
6.10.67	III 230/64	BStBl. 68 II S.74
18.10.67	I 262/63	BStBl. 68 II S.105
6.12.67	I 98/65	BStBl. 68 II S.322
30. 4.68	I 161/65	BStBl. 68 II S.720
29. 5.68	I 187/65	BStBl. 68 II S.722
11. 9.68	I 89/63	BStBl. 68 II S.809
23.10.68	I 228/65	BStBl. 69 II S.243
21. 3.69	III R 18/68	BStBl. 69 II S.430
14. 5.69	VI R 174/68	BStBl. 69 II S.501
17. 9.69	I 189/65	BStBl. 70 II S.107
29.10.69	I 93/64	BStBl. 70 II S.178

19. 2.70	I R 24/67	BStBl. 70 II S.442
21. 1.70	I R 113/68	BStBl. 70 II S.469
4. 3.70	I R 123/68	BStBl. 70 II S.470
12. 3.70	IV R 39/69	BStBl. 70 II S.518
25. 9.70	VI R 122/67	BStBl. 71 II S.53
7.10.70	I R 1/68	BStBl. 71 II S.69
15. 1.71	III 125/69	BStBl. 71 II S.379
3. 2.71	I R 51/66	BStBl. 71 II S.408
27. 1.72	I R 28/69	BStBl. 72 II S.320
15.12.71	I R 178/68	BStBl. 72 II S.339
10. 3.72	III R 52/69	BStBl. 72 II S.518
6. 7.72	VIII R 20/72	BStBl. 72 II S.790
21.12.72	I R 70/70	BStBl. 73 II S.449
11. 7.73	I R 144/71	BStBl. 73 II S.806
16. 5.73	I R 186/71	BStBl. 74 II S.25
26.11.73	GrS 5/71	BStBl. 74 II S.132
22. 2.74	III R 5/73	BStBl. 74 II S.330
28. 2.74	IV R 60/69	BStBl. 74 II S.481
12. 6.74	I R 247/72	BStBl. 75 II S.21
31. 7.74	I R 238/72	BStBl. 75 II S.48
14. 8.74	I R 168/72	BStBl. 75 II S.123
27.11.74	I R 250/72	BStBl. 75 II S.306
29. 1.75	I R 135/70	BStBl. 75 II S.553
18. 6.75	I R 24/73	BStBl. 75 II S.809
14. 8.75	IV R 30/71	BStBl. 76 II S.88
10.12.75	I R 135/74	BStBl. 76 II S.226
15.10.75	I R 186/73	BStBl. 76 II S.241
4. 8.76	I R 145/74	BStBl. 76 II S.675
15. 7.76	I R 17/74	BStBl. 76 II S.748
21.10.76	IV R 210/72	BStBl. 77 II S.145
9. 3.77	I R 203/74	BStBl. 77 II S. 515
6. 4.77	I R 183/75	BStBl. 77 II S.571
6. 4.77	I R 184/75	BStBl. 77 II S.574
4. 5.77	I R 11/75	BStBl. 77 II S.679
8. 6.77	I R 95/75	BStBl. 77 II S.704
13. 7.77	I R 217/75	BStBl. 78 II S.6
11.10.77	VIII R 191/74	BStBl. 78 II S.109
16.11.77	I R 83/75	BStBl. 78 II S.386
27. 6.78	VIII R 12/72	BStBl. 79 II S.38
12.10.78	I R 69/75	BStBl. 79 II S.397
31.10.78	VIII R 182/75	BStBl. 79 II S.399
31.10.78	VIII R 196/77	BStBl. 79 II S.401
22. 1.80	VIII R 74/77	BStBl. 80 II S.244
12. 2.80	VIII R 114/77	BStBl. 80 II S.494
12. 3.80	I R 186/76	BStBl. 80 II S.531
20.11.80	IV R 117/79	BStBl. 81 II S.68
26.11.80	I R 52/77	BStBl. 81 II S.181
16. 4.80	I R 75/78	BStBl. 81 II S.492
28. 1.81	I R 10/77	BStBl. 81 II S.612
29. 4.81	IV R 128-129/76	BStBl. 82 II S.17
28. 7.81	VIII R 124/76	BStBl. 82 II S.378
28. 7.81	VIII R 35/79	BStBl. 82 II S.380

28. 7.81	VIII R 141/77	BStBl. 82 II S.454
26. 5.82	I R 104/81	BStBl. 82 II S.594
19. 5.82	I R 102/79	BStBl. 82 II S.631
21. 7.82	I R 56/78	BStBl. 82 II S.761
21. 9.82	VIII R 73/79	BStBl. 83 II S.201
9. 3.83	I R 86/79	BStBl. 83 II S.446
14. 4.83	IV R 198/80	BStBl. 83 II S.555
9. 3.83	I R 182/78	BStBl. 83 II S.704
28. 7.83	IV R 103/82	BStBl. 84 II S. 60
2. 8.83	VIII R 170/78	BStBl. 83 II S.735
2. 8.83	VIII R 15/80	BStBl. 83 II S.736
2. 8.83	VIII R 57/80	BStBl. 82 II S.739
22.11.83	VIII R 133/82	BB 84 S. 513
22.11.83	VIII R 37/79	BB 84 S. 514
11. 4.84	I R 175/79	BStBl. 84 II S.535
24. 5.84	I R 166/78	BStBl. 84 II S.747

2. Entscheidungen des Bundesgerichtshofs in Zivilsachen

31. 5.65	II ZB 8/65	BGHZ 44, S.35
31.10.78	KZR 5/77	BB 79 S.387

Einlage von Nutzungen und Leistungen.

1. Problemstellung

Das Ziel der Arbeit ist es, die steuerlichen Konsequenzen von Vorteilszuwendungen zwischen Schwestergesellschaften festzustellen. Der Schwerpunkt der Untersuchung soll auf der Zuwendung von Nutzungen und Leistungen unter Kapitalgesellschaften liegen. Als Modell dient das Dreiecksverhältnis zwischen einer Kapitalgesellschaft als Muttergesellschaft und ihren zwei 100 %-igen Tochtergesellschaften.

Ausgangspunkt ist der nationale Sachverhalt. Die steuerlichen Konsequenzen solcher Vorteilszuwendungen ergeben sich in erster Linie aus dem Körperschaftsteuerrecht. Es geht um die Auswirkungen auf das zu versteuernde Einkommen und das für Ausschüttungen verwendbare Eigenkapital der drei Gesellschaften. Im Mittelpunkt der Überlegungen steht das Problem der verdeckten Einlage von Nutzungen und Leistungen. Dieses Problem stellt sich, weil die Zuwendung unter Schwestergesellschaften als indirekte Zuwendung der Mutter an die begünstigte Tochter angesehen werden kann.

So führt das Thema in einen Kernbereich des Körperschaftsteuerrechts. Es geht letztlich um den körperschaftsteuerlichen Gewinnbegriff. Die Entscheidung darüber ob der einkommensteuerliche Gewinnbegriff des § 4 Abs. 1 S. 1 EStG mit seinen Komponenten Einlage und Entnahme in das Körperschaftsteuerrecht übertragen werden kann, ist von wesentlicher Bedeutung für die Problemstellung. Ausgehend von einer weitgehenden Deckungsgleichheit der Begriffe Einlage und Entnahme einerseits, verdeckter Gewinnausschüttzung und verdeckter Einlage andererseits konzentrieren sich die Überlegungen auf die Einlagefähigkeit von Nutzungen und Leistungen in der Einkommensteuer und der Körperschaftsteuer. In beiden Rechtsgebieten geht es letztlich um die Frage, ob Kosten, die außerhalb des Betriebs entstanden sind, den Gewinn mindern dürfen. Ein kritischer Punkt ist die Auswirkung der Einlagen auf die Bilanzierung in der Handels- und Steuerbilanz. Viel hängt davon ab, wie man den Begriff des Wirtschaftsguts definiert. Es muß entschieden werden, ob Nutzungen und Leistungen Wirtschaftsgüter sind. Dabei kommt es darauf an, ob der Begriff des Wirtschaftsguts voraussetzt, daß die Nutzung oder Leistung auf einer gesicherten Rechtsposition beruht oder ob der tatsächliche wirtschaftliche Vorteil für die Einlagefähigkeit genügt. Ein wichtiger Teilaspekt ist in diesem Zusammenhang die Interdependenz von Bilanzierungsfähigkeit und Einlagefähigkeit.

Geht man davon aus, daß Nutzungen und Leistungen eingelegt werden können, stellt sich das Problem der Bewertung. Die Bewertung entscheidet darüber, ob durch die Einlage Aufwand neu geschaffen wird oder ob nur die außerhalb des Betriebs entstandenen Kosten in den Betrieb überführt werden.

Erst nach diesen grundsätzlichen Überlegungen kann die Frage entschieden werden, ob Nutzungen und Leistungen Gegenstand einer verdeckten Einlage des Gesellschafters in die Kapitalgesellschaft sein können. Es geht hier vor allem um die These, daß der Gesellschafter frei darüber entscheiden kann, ob die Leistung an die Gesellschaft aufgrund Gesellschaftsrechts oder aufgrund eines schuldrechtlichen Vertrages erbracht wird. In engem Zusammenhang damit steht die Frage nach der Freiheit des Gesellschafters, für eine Leistung an die Gesellschaft ein angemessenes Entgelt zu verlangen bzw. Einkünfte zu erzielen oder nicht.

Die Problematik der verdeckten Einlage kann nicht ohne einen Blick auf die verdeckte Gewinnausschüttung gelöst werden. Ein Vergleich beider Rechtsinstitute ist vor allem im Hinblick auf die Zuwendung zwischen Schwestergesellschaften unerläßlich. Im Dreiecksverhältnis spricht die Logik für eine spiegelbildliche Begriffsbestimmung von verdeckter Einlage und verdeckter Gewinnausschüttung. Die Spiegelbildlichkeit wird allerdings durch eine unterschiedliche Bewertung in Frage gestellt. Besondere Schwierigkeiten ergeben sich, wenn man die verdeckte Gewinnausschüttung mit dem gemeinen Wert, die verdeckte Einlage mit dem Teilwert bewertet.

Verdeckte Gewinnausschüttung und verdeckte Einlage werfen nicht nur Probleme bei der Einkommensermittlung, sondern auch Zweifel hinsichtlich der Entwicklung des Eigenkapitals auf. Zweifelhaft ist insbesondere, ob und wann sich die Zuwendung eines Vorteils *auf die Höhe und die Gliederung des Eigenkapitals auswirkt*, und ob und wann im Fall einer verdeckten Gewinnausschüttung die *Ausschüttungsbelastung* herzustellen ist.

Die gesamte Problematik wird im *Dreiecksverhältnis* modellhaft. Alle Fragen der verdeckten Gewinnausschüttung und verdeckten Einlage treffen hier zusammen. Die Ergebnisse der einzelnen Rechtsprobleme werden zusammengeführt und auf die Probe gestellt. Alles muß zusammenpassen. Die für Zweierbeziehungen gefundenen Lösungen müssen sich im Dreiecksverhältnis bewähren. Die entscheidende Frage ist dabei, ob und wie sich die Vorteilszuwendungen unter Schwestergesellschaften auf das tatsächliche Vermögen und die Bilanz der Muttergesellschaft auswirken. Davon hängen weitgehend die steuerlichen Konsequenzen einer Gewinnrealisierung bei der Mutter ab. Es muß sich vor allem zeigen, ob nicht die Gefahr einer *Doppelbesteuerung* im Konzern droht, weil zwar die Folgen aus der verdeckten Gewinnausschüttung, nicht aber die aus der verdeckten Einlage gezogen werden. Andererseits könnte sich auch ergeben, daß *endgültige Gewinnverschiebungen* eintreten, die steuerlich völlig ohne Folgen bleiben.

Am Ende der Überlegungen steht das *internationale Dreieck* als Muster für den internationalen Konzern. Hier können Gewinnverschiebungen zur *endgültigen Veränderung des nationalen Steuersubstrats* und zu Doppelbelastungen führen. Es ist deswegen in diesem Bereich von besonderer Bedeutung, welches rechtliche

Instrumentarium das nationale und das internationale Steuerrecht bieten, Gewinnberichtigungen vorzunehmen. Es kommt primär darauf an, ob die rechtliche Behandlung des nationalen Dreiecks auf das internationale Dreieck übertragen werden kann. Deutlich sei darauf hingewiesen, daß die Arbeit sich nicht mit der Problematik der internationalen Verrechnungspreise beschäftigt. Dieser schwierige Problemkreis liegt im Vorfeld des hier behandelten Themas. Es handelt sich weitgehend um eine Frage der Sachverhaltsermittlung. Im internationalen Konzern geht es zunächst immer darum festzustellen, ob die konzerninternen Leistungen dem Standard des Fremdvergleichs standhalten. Erst wenn nach dieser Prüfung feststeht, daß unter Fremden unübliche Leistungsbewegungen zum Vorteil eines Konzernmitglieds stattgefunden haben, stellt sich das Problem, mit welchen Vorschriften eine Gewinnberichtigung durchgeführt werden kann. Nur dieses Rechtsproblem wird hier untersucht. Im Gegensatz zum nationalen Sachverhalt müssen nicht nur die Gewinnberichtigungen auf Grund von verdeckten Gewinnausschüttungen und verdeckten Einlagen, sondern auch die Anwendung des AStG und der Vorschriften der Doppelbesteuerungsabkommen untersucht werden.

Die gewonnenen Erkenntnisse werden immer wieder an praktischen Fallbeispielen getestet, um die stl. Konsequenzen plastisch zu machen. Das erleichtert vor allem den Vergleich der einkommensteuerlichen und der körperschaftsteuerlichen Rechtslage.

Der Arbeit liegt der am 1.4.1985 mögliche Erkenntnisstand zugrunde.

2. Der Grundtatbestand

2.1 Drei inländische gewerblich tätige Kapitalgesellschaften:

die Muttergesellschaft M
die erste Tochtergesellschaft T1
die zweite Tochtergesellschaft T2.

M hält sämtliche Anteile an T1 und T2. Auf diese Weise sind T1 und T2 Schwestergesellschaften (S1 und S2). Darüber hinaus bestehen keine besonderen Verträge, die zu zusätzlichen Bindungen der Schwestergesellschaften an M führen.

2.2 T1 wendet T2 einen Vorteil in Form einer Nutzung oder Leistung zu, ohne daß T1 dafür eine angemessene Gegenleistung erbringt. Die Vorteilszuwendung kann nur mit der gesellschaftlichen Verbundenheit erklärt werden, andere Gründe scheiden aus.

Als Beispiel kommen vor allem in Betracht:

die unentgeltliche Nutzung von Vermögensgegenständen,
die zinslose Gewährung eines Darlehens,
die Überlassung von Arbeitskraft ohne entsprechenden Kostenersatz

2.3 Die Kernfrage lautet, ob in der Zuwendung von T1 an T2 zu sehen ist

eine vGA von T1 an M über die nahestehende Person T2,
eine vE von M an T2 über die nahestehende Person T1

oder ob durch die Zuwendung eine stl. folgenlose Gewinnverschiebung zwischen den Schwestergesellschaften stattfindet.

2.4 Rechtsgrundlage für die Lösung der Frage ist die Gewinnermittlungsvorschrift des KStG. Sie verweist auf den einkommensteuerlichen Gewinnbegriff. Es muß also zunächst geklärt werden, ob Nutzungen und Leistungen nach EStG eingelegt oder entnommen werden können. Dann erst kann entschieden werden, ob das Ergebnis in die KSt übernommen werden kann.

3. Einlagen und Entnahmen als Komponenten des steuerlichen Gewinnbegriffs

3.1 Der einkommensteuerliche Gewinnbegriff

3.1.1 Der Vermögensvergleich als Basis der steuerlichen Gewinnermittlung

§ 4 Abs. 1 S.1 EStG geht von einer reinen Vermögensrechnung aus. Er vergleicht die Vermögenswerte des Stpfl. innerhalb eines bestimmten Zeitraums, der nicht länger als 12 Monate sein darf. Entnahmen und Einlagen, die während des Gewinnermittlungszeitraums vorgekommen sind, haben das Vermögen vermindert oder vermehrt. Da es sich aber dabei um betriebsfremde Vermögensveränderungen handelt, dürfen sie den Gewinn nicht mindern oder vermehren. Der richtige Gewinn ergibt sich also erst, wenn dem Unterschiedsbetrag zwischen dem Vermögenswert am Anfang und am Ende des Gewinnermittlungszeitraums die Entnahmen zugerechnet und die Einlagen abgerechnet worden sind. Entnahmen und Einlagen sind also Vorgänge, die das Betriebsvermögen verändern.

3.1.2 Entnahmen und Einlagen als gewinneutrale Vermögensänderungen

Entnahmen und Einlagen sind Vermögensänderungen, die nicht durch den Betrieb verursacht sind. Bei natürlichen Personen, mit denen sich das EStG ausschließlich beschäftigt, hängen Entnahmen und Einlagen fast immer mit dem privaten Bereich zusammen.

3.1.3 Trennung von Betriebsvermögen und Privatvermögen als Voraussetzung von Entnahmen und Einlagen bei natürlichen Personen

Bei natürlichen Personen ist der betriebliche Bereich juristisch nicht verselbständigt. Beide Bereiche gehören zur selben Person. Da somit bei der Überführung von Wirtschaftsgütern aus dem Privatbereich in den betrieblichen Bereich und umgekehrt kein Wechsel im Eigentum bzw. in der rechtlichen Zuordnung stattfindet, mußten zwangsläufig die Begriffe Betriebsvermögen und Privatvermögen geschaffen werden. Nur mit diesen beiden Begriffen sind Entnahmen und Einlagen natürlicher Personen erklärbar. Die Begriffe Entnahme und Einlage einerseits und Betriebsvermögen und Privatvermögen andererseits gehören notwendig zusammen.

3.1.4 Entnahmen und Einlagen in der Bilanz

Schwierigkeiten macht der Zusammenhang zwischen Entnahmen bzw. Einlagen und der Bilanz (= Steuerbilanz). In der Bilanz erscheint nur das BV, das nach den handelsrechtlichen oder steuerlichen Bilanzierungsvorschriften bilanziert werden muß oder darf. Dieses ist nicht identisch mit dem tatsächlichen BV. Das tatsächliche ist eine empirische Größe. Es umfaßt alle Wirtschaftsgüter, die dem Betrieb dienen. Die Bilanz gibt dagegen oft nur ein unvollständiges Bild des tatsächlichen BV. Das ist auf mehrere Ursachen zurückzuführen. Zum einen können nur Wirtschaftsgüter bilanziert werden. Zum andern zwingen die steuerlichen Bewertungsvorschriften oft dazu, ein WG mit einem niedrigeren Wert als dem wirklichen oder gar mit 0 zu bewerten. Schließlich ordnen die Vorschriften über die Periodenabgrenzung manche WG ganz oder teilweise anderen Wirtschaftsjahren zu. Für die stl. Gewinnermittlung ist nur das Steuerbilanzvermögen maßgebend. Deswegen beziehen sich auch die Begriffe Entnahme und Einlage auf Minderungen oder Mehrungen des Steuerbilanzvermögens.

Trotzdem kann erstaunlicherweise nicht nur entnommen und eingelegt werden, was bilanziert werden kann. Das sieht man am besten am Beispiel der Entnahmen. Wird ein Wirtschaftsgut entnommen, das in der Bilanz enthalten war, vermindert sich das BV um den bisherigen Buchwert des WG. Diese Vermögensminderung darf den Gewinn nicht mindern. Häufig ist aber der Wert der Entnahme nach § 6 Abs. 1 Nr. 4 EStG höher anzusetzen als die buchmäßige Vermögensminderung. Das führt dann nicht nur zum Ausgleich der Vermögensminderung, sondern sogar zu einer weiteren Gewinnerhöhung. Am deutlichsten wird das, wenn ein WG entnommen wird, das keinen Buchwert hatte, weil es zB abgeschrieben war. Dann erfolgt durch die Entnahme keine buchmäßige Vermögensminderung, aber dennoch eine Gewinnerhöhung in Höhe des Entnahmewerts. Das zeigt, daß die Vorschrift über die Zurechnung von Entnahmen eine stl. Gewinnermittlungsvorschrfit und keine Bilanzierungsvorschrift ist. Entnahmen (und Einlagen) sind stl. Korrekturposten zur Bilanz, keine Bilanzposten. Damit steht fest, daß WG entnommen werden können, die nicht bilanziert sind. Die Entnahme setzt nur voraus, daß ein WG vorhanden ist, sie setzt nicht voraus, daß dieses WG tatsächlich bilanziert oder überhaupt bilanzierungsfähig ist.

Dasselbe gilt für Einlagen. Wird ein WG eingelegt, das bilanziert werden muß, darf der durch die Aktivierung sichtbar gemachte Vermögenszugang den Gewinn nicht erhöhen. Der Wert des Vermögenszugangs und der Wert der Einalge sind idR identisch. Darf das eingelegte WG jedoch nach den allgemeinen Bilanzierungsvorschriften nicht aktiviert werden, kommt es zu keiner Mehrung des bilanzierten Vermögens. Wohl aber mehrt sich das tatsächliche BV. Ist infolge der Einlage keine Mehrung des Steuerbilanzvermögens festzustellen, so ist scheinbar auch eine Korrektur mit Hilfe der Einlagevorschrift unmöglich. Das zeigt sich am deutlichsten bei der Einlage eines selbstgeschaffenen immateriellen WG, das weder nach Handelsrecht (§ 153 Abs. 3 AktG) noch nach Steuerrecht

(§ 5 Abs. 2 EStG) bilanziert werden darf. Wird es nicht bilanziert, ist das nach § 4 Abs. 1 S. 1 EStG maßgebliche BV nicht vermehrt worden. Damit könnte auch keine Einlage angenommen und berücksichtigt werden. Dieses Ergebnis widerspricht dennoch einem Grundgedanken der stl. Gewinnermittlung. Der Wert des immateriellen WG verwandelt sich nämlich in steuerpflichtigen Gewinn, sobald der Wert durch eine Veräußerung oder Entnahme realisiert wird. Dann fehlt es an einem Buchwert, der dem Veräußerungserlös oder Entnahmewert gegenübergestellt werden könnte. Auf diese Weise würde nun etwas versteuert, was nicht mit betrieblichem Aufwand geschaffen worden ist, sondern infolge einer Einlage in das BV gelangt ist. Der BFH vertritt deswegen zu Recht die Meinung, daß das Aktivierungsverbot im Fall der Einlage nicht gilt.[1] Auf diese Weise kommt das Gericht zu einem befriedigenden Ergebnis. Gleichzeitig stellt es einen Zusammenhang zwischen Einlage und Bilanzierung her. Dieser Zusammenhang ist aber für die Einlage ebensowenig begriffsnotwendig wie für die Entnahme. Das zeigt sich am Beispiel der Nutzungseinlage. Verwendet der Unternehmer ein Auto seines PV für betriebliche Fahrten, liegt nur eine Einlage der Nutzung vor, wenn das Auto nicht selbst infolge der betrieblichen Nutzung notwendiges oder gewillkürtes BV wird.[2] Das bedeutet: Es kann auch etwas

1) So BFH 80,244: "Das Aktivierungsvervot für nicht entgeltlich erworbene immat. WG (§ 153 Abs. 3 AktG, § 5 Abs. 2 EStG) ... steht der Einlage eines Nutzungsrechts, das die Eigenschaft eines WG besitzt, nicht entgegen. Denn der Rechtsgrund für den Abzug von Einlagen beim Vermögensvergleich .... geht dem Aktivierungsverbot vor." Ebenso A 31 a Abs. 2, S. 11 EStR 1984; H-H-R § 6, 1214; Schmidt § 5, 20; Hutter DStZ 81, 47. A.A. Knobbe-Keuk § 5 III 3 u. StuW 79, 305 (311); Stadie DB 84, S. 578.

2) So die h.M.: BFH 55, 205; BFH 59, 466; BFH 61, 97. Ebenso H-H-R § 4, 7b; Littmann §§ 4, 5, 255 b; Tipke aaO, S. 238; Biergans aaO, S. 174; mit Bedenken Schmidt (Heinicke) § 4, 39 b.

eingelegt werden, das nach der Einlage nicht bilanziert wird.[3] Die Ursache für die fehlende Bilanzauswirkung liegt in diesem Fall darin, daß ein Vermögensvorteil in das BV eingelegt wird, der sich bis zum Bilanzstichtag verbraucht. Deswegen wäre es falsch, für die Berücksichtigung von Einlagen (und Entnahmen) vom Steuerbilanzvermögen "am Bilanzstichtag" auszugehen. Einlagen und Entnahmen sind stl. Korrekturposten, die sich nicht auf das am Bilanzstichtag vorhandene Vermögen, sondern auf tatsächliche Vermögensänderungen während des ganzen Gewinnermittlungszeitraums beziehen. Sie sind deswegen auch keine Bilanzposten, sondern müssen streng genommen als außerbilanzmäßige Zu- und Abrechnung behandelt werden.

Damit läßt sich die These, daß zwischen Bilanzierung einerseits und Einlagen bzw. Entnahmen andererseits kein notwendiger Zusammenhang besteht, dahingehend präzisieren, daß Entnahmen und Einlagen Vorgänge sind, die sich irgendwann während des Gewinnermittlungszeitraums vermögensmindernd oder vermögensmehrend ausgewirkt haben, oder anders formuliert: Das am Bilanzstichtag vorhandene tatsächliche Vermögen wäre ohne die Entnahme oder Einlage höher oder niedriger gewesen, wenn das eingelegte oder entnommene WG noch vorhanden wäre.

3.2 Der körperschaftsteuerliche Gewinnbegriff

3.2.1 Die gesetzliche Verweisung auf den einkommensteuerlichen Betriebsvermögensvergleich

Die Körperschaftsteuer bemißt sich nach dem zu versteuernden Einkommen (§ 7 Abs. 1 KStG). Was als Einkommen gilt und

3) Ebenso H-H-R § 4, 16 a, f und Schmidt (Heinicke) § 4, 51.

wie das Einkommen zu ermitteln ist, bestimmt sich nach den Vorschriften des EStG und dieses (= des KSt-) Gesetzes (§ 8 Abs. 1 KStG). Kapitalgesellschaften können nur gewerbliche Einkünfte haben, da sie nach Handelsrecht zur Buchführung verpflichtet sind (§ 8 Abs. 2 KStG). Die Einkünfte aus Gewerbebetrieb sind der Gewinn (§ 2 Abs. 2 Nr. 1 EStG). Dieser ist nach §§ 5 i.V.m. 4 Abs. 1 EStG zu ermitteln. Am Ende der Verweisungskette steht also der Vermögensvergleich des § 4 Abs. 1 S. 1 EStG. Der Vermögensvergleich ist bei Körperschaften ebenso machbar wie bei natürlichen Personen, insoweit bestehen keine Bedenken gegen eine unmittelbare Anwendung der einkommensteuerlichen Vorschriften in der KSt.

3.2.2 Das Problem der Entnahmen und Einlagen

Es ist oft und gründlich darüber nachgedacht worden, ob es bei Kapitalgesellschaften auch Entnahmen und Einlagen gibt. Die h.M. bejaht eine zumindest analoge Anwendung des Begriffs Einlage auf die stl. Gewinnermittlung von Kapitalgesellschaften.

3.2.2.1 Argumente gegen die Entnahmen und Einlagen als Komponenten des körperschaftsteuerlichen Gewinnbegriffs

Gegen eine Anwendung der Begriffe Einlage und Entnahme bei Kapitalgesellschaften spricht, daß Kapitalgesellschaften keinen Privatbereich haben, aus dem etwas in den Betriebsbereich überführt werden kann und umgekehrt. Die Begriffe Einlage und Entnahme sind auf die besondere Situation der natürlichen Person zugeschnitten, die WG dem Betrieb widmen oder entwidmen kann, ohne daß dies ein Rechtsgeschäft erfordert. Vermögensbewegungen zwischen der Gesellschaft und dem Gesellschafter erfordern dagegen einen Wechsel im Rechtssubjekt. Das ist das Hauptargument, das gegen eine unmittelbare Anwendung der Begriffe Einlage und Entnahme in der KSt vorgebracht wird.[4)]

Neben denen, die die Anwendung der Einlage und Entnahme in der KSt strikt ablehnen[5)], vertritt ein beachtlicher Teil des Schrifttums[6)] und die Rechtsprechung[7)] die Meinung, nur der Begriff Einlage, sei auf die KSt übertragbar, nicht aber der der Entnahme. Diese Meinung stützt sich vor allem auf das Argument, in der KSt sei an die Stelle der Entnahme die Ausschüttung getreten. Sowohl offene als auch verdeckte Gewinnausschüttungen (vGA) erfüllten die Funktion der Entnahme, deswegen sei der Begriff für die KSt verbraucht.

4) So z.B. von:
H-H-R § 6 KStG, 40 ff.; Blümich-Klein aaO § 4, 4 (2) u. Anhang zu § 6, Raupach JbFSt 73/74, S. 112 (125); Lange aaO, Tz. 29, Brezing GmbHR 72, S. 129; Schulze zur Wiesche DStR 72, S. 274; Mathiak DStR 70, S. 359 (363); Charlier StBJB 69/70, S. 379; Steinberg StuR, Heft 16; Dobelcke WpG 663, S. 65.

5) vor allem Rose StBJb 67/68, S. 242 und 71/72, S. 183; Kläschen aaO § 8, 18.

6) H-H-R § 6 KStG a.F., 70 u. 225; Bühler-Paulik aaO § 6 KStG, 3; Gail-Goutier-Grützner aaO § 8, 61; v. Wallis StBJB 70/71, S. 113 (127) u. 76/77, S. 98; Döllerer, S. 80 u. BB 71, S. 1245; Hußmann aaO, S. 18 ff; Hundertmark-Herms BB 76, S. 80; Pezzer StuW 75, S. 222; Quack BB 71, S. 862.

7)

RFH	BFH	BFH	BFH
34, 46	56, 154	68, 21	75, 48
35, 587	60, 513	68, 720	80, 244
35, 941	61, 460	68, 722	
36, 951	62, 338	70, 442	
37, 900	66, 110	71, 408	
38,1142	67, 421	72, 339	
43, 587			

BFH 68, 21 stellt für die Entnahme ausdrücklich fest: "Im KSt-Recht gibt er keine Entnahmen".

3.2.2.2 Argumente für die Entnahmen und Einlagen als Komponenten des körperschaftsteuerlichen Gewinnbegriffs

Die Mehrheit des Schrifttums ist der Meinung, daß zwar keine unmittelbare Anwendung des Begriffspaares möglich ist, wohl aber eine sinngemäße, mittelbare oder analoge.[8)]

3.2.2.3 Stellungnahme: Sinngemäße Anwendung der beiden Begriffe in der Körperschaftsteuer

Welche Variante der Anwendbarkeit vorliegt, ist letztlich ein Streit um Worte. Wohl am ausführlichsten hat sich Otto[9)] mit diesem Problem beschäftigt. Er kommt zur analogen Anwendung beider Begriffe. Seine Argumente sind überzeugend, sie werden für die weiteren Überlegungen übernommen. Es würde zu weit führen, die rechtsmethodischen Ausführungen, die zur Analogie führen, im Detail hier auszubreiten. Entscheidend ist das Ergebnis: Auch bei Kapitalgesellschaften gibt es Änderungen des BV, die wie Einlagen oder Entnahmen behandelt werden und damit den Gewinn nicht berühren. Daraus ergibt sich eine erste Grundthese dieser Arbeit. Sie lautet:

> Die Gewinnbegriffe des KStG und des EStG sind identisch. Entnahmen und Einlagen sind Komponenten des stl. Gewinnbegriffs, die in beiden Steuerarten weitgehend inhaltgleich angewendet können.

8) So vor allem Otto in seiner Dissertation. Ebenso Nolte DB 80, S. 1364, Knobbe-Keuk aaO § 16 II 1 a, 2; Tipke, S. 318; Meilicke-Meilicke DB 77, S. 930; Röhrkasten BB 74, S. 825 (831); Schmidt-Troschke GmbHR 77, S. 65; Bise StBJB 68/69, S. 353 (373, 390); Niemann aaO, S. 146; Meyer-Arndt DB 67, S. 1281; Mies StBP 65, 232. Für eine analoge Anwendung nur des Einlagebegriffs: H-H-R § 6 KStG a.F., 40 ff; Gail-Goutier-Grützner aaO § 8, 63 b; Döllerer, S. 126 ff; Hundertmark-Herms BB 76, S. 80; Pezzer StuW 75, S. 222; Brezing GmbHR 72, S. 130.

9) Diss. u. DB 79, S. 30, 131, 183 m.w.N.

Für diese These spricht:

Die Entstehungsgeschichte des KStG:[10)]

Was die Einlagen angeht, gab es im KStG 1920/22 [11)] eine Bestimmung [12)] , die sagte, daß "Beiträge der Mitglieder von Personenvereinigungen sowie gesellschaftliche und genossenschaftliche Einlagen nicht als Einkommen gelten". Diese Bestimmung wurde im KStG 1925 ersatzlos gestrichen, weil man der Meinung war, dies ergäbe sich bereits aus dem im KStG geltenden allgemeinen Gewinnbegriff. Der Der Begriff Einlage fehlte dann in den gesetzlichen Bestimmungen, bis er im KStG 1977 plötzlich wieder auftauchte. § 30 Abs. 2 Nr. 4 KStG 77 spricht von Einlagen der Anteilseigner. Daraus muß man den Schluß ziehen, daß es im KSt-Recht Einlagen gibt. [13)]

Anders war es hinsichtlich der Entnahmen. Im KStG 1920/22 stand weder etwas über Entnahmen noch über Ausschüttungen. Im KStG 1934 [14)] findet sich zum ersten Mal eine Aussage über Ausschüttungen. Es wurde ausdrücklich bestimmt, daß Ausschüttungen "jeder Art" das Einkommen nicht mindern dürfen, eine Vorschrift, die sich im wesentlichen unverändert bis heute gehalten hat (vgl. § 8 Abs. 3 S. 2 KStG 77). Durch die Einführung dieser Bestimmung sollte kein neues Recht geschaffen werden, es wurde nur die gesetzge-

10) Dieses Argument wird in der Lit. öfter verwendet, vgl. z.B. Knobbe-Keuk § 16 II 1 a u. § 19 I 1.

11) RGBl. 20, S. 293 u. 22, S. 351/472

12) § 6 Nr. 9

13) ebenso Döllerer DB 79, S. 61; Nolte DB 80, S. 1364

14) RGBl. 34 I, S. 1031

berische Konsequenz aus der Rspr. des RFH gezogen. Die Rspr. hatte nämlich schon immer [15] die Auffassung vertreten, daß nach dem im KStG gültigen Gewinnbegriff, der wiederum inhaltlich identisch war mit dem heutigen, eine gewinnmindernde Berücksichtigung von vGA nicht möglich sei. VGA wurden als Vermögensminderungen angesehen, die nicht betrieblich verursacht, sondern wie Entnahmen eben Gewinnverwendung sind. [16]

Die Verweisung des KStG auf die Gewinnermittlung nach EStG:

Die Anknüpfung der Besteuerungsgrundlage des KStG an das EStG gebietet es, nicht betrieblich verursachte Vermögensänderungen bei der Gewinnermittlung zu ignorieren. Die Kapitalgesellschaft hat zwar keine private Sphäre [17], aber dennoch gibt es auch für Kapitalgesellschaften einen außerbetrieblichen Bereich. [18] Das ist der Bereich ihrer Gesellschafter [19]. Der Bereich der Gesellschafter ist natürlich

15) Schon 1919 hatte der RFH (RFHE 2, S. 183) den überhöhten Teil eines Gehalts, das an einen Gesellschafter - Geschäftsführer bezahlt wurde, als "versteckte Gewinnverteilung" angesehen und sich auf die ständige Rspr. des PreußOVG berufen. Ebenso später RFH 32, 60 u. 441 und die weitere Rspr.

16) vgl. zur Entwicklung des Begriffs "vGA" Fröhlich aaO, S. 5 ff.

17) BFH 56, 154: "KapG haben nur BV".

18) Damit ist allerdings nicht der nicht-betriebliche Bereich i.S.d. Urteils BFH 66, 255 gemeint, wo Liebhaberei für KapG für möglich gehalten wird (ähnlich BFH 70, 470).

19) Ebenso Knobbe-Keuk § 16 II 1 a.

bei förmlicher juristischer Betrachtungsweise nicht ein Bereich der Kapitalgesellschaft, so daß man eigentlich auch nicht von einem außerbetrieblichen Bereich der Gesellschaft sprechen kann. Dennoch kann eine sinngemäße Auslegung des Gesetzes nur dazu führen, daß die Vermögensbewegungen, die zwischen dem Vermögen der Gesellschaft und dem ihrer Gesellschafter stattfinden, wie Einlagen und Entnahmen behandelt werden müssen, wenn ihre Ursache in der gesellschaftsrechtlichen Beziehung liegt.

Die Begriffe Entnahme und Einlage stammen aus dem EStG, das die natürlichen Personen besteuert. Sie sind für die besondere Situation bei natürlichen Personen formuliert worden. Diese Situation besteht darin, daß ein Mensch einen bestimmten Bereich seines Vermögens einer betrieblichen Tätigkeit widmet, also BV schafft, ohne daß es zu einem Eigentumswechsel kommt. Weil bürgerlichrechtlich dieser Widmungsvorgang kein Rechtsgeschäft erfordert, die Umqualifizierung von PV in BV aber dennoch erhebliche stl. Folgen hat, mußte man einen stl. Begriff dafür schaffen, den Begriff der Einlage. Die Entwidmung von BV, den ungekehrten Vorgang, nannte man Entnahme.

Diese U m w i d m u n g läßt sich wirtschaftlich aber ebenso erreichen, wenn man PV in eine Kapitalgesellschaft einbringt und diese betrieblich tätig werden läßt. Nur ist in diesem Fall ein Rechtsgeschäft notwendig. Durch die Gründung einer Kapitalgesellschaft wird das BV rechtlich verselbständigt. Die Beziehungen zwischen BV und PV spielen sich nun nicht mehr im Bereich eines Rechtssubjekts ab, sondern zwischen zwei selbständigen Personen. Alle weiteren Vermögensverschiebungen zwischen den juristisch verselbständigten Bereichen setzen ebenfalls Rechtsgeschäfte voraus.

Unverändert bleibt aber der stl. Gewinnbegriff, auch wenn er nun auf eine Kapitalgesellschaft angewendet werden muß: Es soll nur das versteuert werden, was mit dem Vermögen, das der betrieblichen Tätigkeit gewidmet worden ist, gewonnen wird. Was bei der natürlichen Person Einlage ist, heißt bei der Kapitalgesellschaft Kapitalzuführung und was bei der natürlichen Person Entnahme ist, heißt bei der Kapitalgesellschaft Ausschüttung und Kapitalrückzahlung.

Die echte Besonderheit in dem Rechtsverhältnis zwischen Gesellschaft und Gesellschafter besteht nun allerdings darin, daß der Gesellschafter nicht nur als Gesellschafter mit der Gesellschaft rechtlich verkehren kann, sondern zugleich wie jeder fremde Dritte. D.h., er kann nicht nur gesellschaftsrechtliche Geschäfte mit der Gesellschaft machen, sondern auch alle anderen Rechtsgeschäfte. Das ist die notwendige Folge aus der Anerkennung der Kapitalgesellschaft als selbständiger Person i.S. der Rechtsordnung. Die Vermögensbewegungen zwischen Gesellschaft und Gesellschafter, die sich auf Grund solcher nichtgesellschaftsrechtlicher Geschäfte ergeben, können deswegen stl. nicht als Einlagen oder Entnahmen qualifiziert werden. Es sind Geschäfte, die unmittelbar den Gewinnbereich der Kapitalgesellschaft berühren.

Oft hat der Gesellschafter die Wahl, ob er ein bestimmtes wirtschaftliches Ergebnis (z.B. eine Vermögensverschiebung aus dem Vermögen der Gesellschaft in das Vermögen des Gesellschafters) durch ein gesellschaftsrechtliches Geschäft oder durch ein anderes Rechtsgeschäft, das auch jeder andere mit der Gesellschaft abschließen könnte (oft als Fremdgeschäft bezeichnet), herbeiführen will.[20] Er kann

20) Ebenso z.B. BFH 55, 397; 56, 288; 58, 381; 61, 68.

z.B. wählen, ob er der Gesellschaft Mittel als Darlehen (Fremdkapital) oder als Kapital (Eigenkapital) zuführt und als Gegenleistung Zinsen (gewinnmindernd) oder einen Gewinnanteil (Entnahme) aus dem Vermögen der Gesellschaft abzieht.

Diese Variabilität macht es manchmal schwer zu erkennen, welchen Weg der Gesellschafter gewählt hat. Die Ähnlichkeit der Rechtsgeschäfte bringt es mit sich, daß der gesellschaftsrechtliche Bereich und der Fremdbereich nur noch mit Mühe auseinander zu halten sind. Unter Umständen wird sogar ein gesellschaftsrechtlicher Vorgang durch ein schuldrechtliches Geschäft verdeckt. Das ist der Fall, wenn eine der beiden Seiten über das schuldrechtliche Geschäft einen Vorteil erlangt, den ein Dritter nicht bekommen hätte. Auf diese Weise kommt man zu den Begriffen verdeckte Einlage und verdeckte Gewinnausschüttung.[21] VGA sind stl. ebenso zu qualifizieren wie offene Ausschüttungen, verdeckte Einlagen ebenso wie offene Einlagen. Es wäre demnach falsch, die Begriffe Entnahme und Einlage nur mit offenen Ausschüttungen und offenen Einlagen gleichzusetzen. Vielmehr ist jede Art von

> Kapitalzuführung auf gesellschaftsrechtlicher Grundlage als Einlage,
> Kapitalausschüttung bzw. -rückzahlung als Entnahme

zu behandeln. Es ist müßig, darüber zu streiten, ob der Begriff Entnahme im KSt-Recht begriffstechnisch durch den Begriff Ausschüttung ersetzt worden ist (vgl. o. 3.2.2.1), solange es nur um Worte geht. In der stl. Behandlung führen beide Begriffe grundsätzlich zum gleichen Ergebnis: Weder Entnahmen noch Ausschüttungen dürfen die Besteuerungsgrundlage vermindern. Alle Argumente, daß die Begriffe Entnahme und Einlage nicht mit Ausschütttungen und Kapital-

21) Ebenso Tipke, S. 318

zuführungen von Gesellschafterseite verglichen werden können, sind formalistisch und entsprechen nicht der vom Gesetzgeber angestrebten Identität der Besteuerungsgrundlage bei buchführungspflichtigen Gewerbetreibenden ohne Rücksicht auf deren Rechtsform.

4. Nutzungen und Leistungen als Gegenstand von Einlagen in der Einkommensteuer

4.1 Begriffe

Das EStG verwendet das Begriffspaar Nutzungen und Leistungen in § 4 Abs. 1 S. 2 EStG, ohne es zu definieren.

Die Ableitung einer Definition aus dem allgemeinen Sprachgebrauch fällt schwer. Den Begriff Leistung verbindet man meist mit menschlichen Leistungen i.S. von Arbeitsleistung oder Dienstleistung. Man denkt vor allen an aktive Tätigkeiten. Der Vorgang des Tuns, die Aktivität, das tatsächliche Geschehen ist die Leistung. Der Künstler leistet z.B. etwas, indem er tote Materie bearbeitet. Gleichzeitig hat das Wort Leistung aber auch die Bedeutung von "Geleistetem". Als Leistung in diesem Sinne wird das fertige Werk, das Ergebnis der Arbeit bezeichnet. Diese Leistung kann etwas Materielles, ein Produkt, ein Gegenstand sein oder etwas Immaterielles wie ein literarisches oder musikalisches Werk, oder auch ein technisches Verfahren, ein Rezept u.ä..

Eine Leistung kann nicht nur durch aktives Tun erbracht werden, sondern auch durch Dulden oder Unterlassen. Das zeigt sich vor allem im Wirtschaftsleben. Unterlassener Wettbewerb kann ebenso eine Leistung sein wie das Dulden der Benutzung eines Grundstücks, der Verwertung einer Erfindung oder eines Kunstwerks. Während Tun und Unterlassen rein tatsächliche Zustände sind, hat das Dulden mit Recht und Berechtigung zu tun: Man erlaubt einem anderen etwas, zu dem er ohne Erlaubnis nicht berechtigt wäre. Der allgemeine Sprachgebrauch geht über in den juristischen und die Sprache des Wirtschaftslebens. In diesem Zusammenhang spricht man von der Leistung, die in der Einräumung eines Rechts besteht. Das Recht besteht aus der Sicht des Berechtigten darin, daß er die durch das Recht geschützte Leistung oder Sache benutzen darf, also die Erfindung, das technische Verfahren, das Markenzeichen oder auch einfach das Grundstück. Die Leistung des Rechtsinhabers besteht darin, daß er einem anderen die Nutzung am Recht oder an der Sache überläßt.

Daran sieht man, daß sich die Begriffe Leistung und Nutzung oft vermischen. Das Gestatten der Nutzung ist eine Leistung, das Nutzen ist das wirtschaftliche Ergebnis des Gestattens. Dennoch ist es keineswegs so, daß das Nutzen immer auf der Einräumung eines Nutzungsrechts beruhen muß. Die Nutzung kann auf einer Gefälligkeit beruhen, sie kann sogar unberechtigt sein. So gesehen ist die Nutzung nur ein tatsächlicher Vorgang, der aber trotzdem einen wirtschaftlichen Wert hat.

Diese Überlegungen zeigen, daß die Begriffe Nutzung und Leistung weder mit Hilfe des allgemeinen noch mit Hilfe des juristischen oder wirtschaftlichen Sprachgebrauchs eindeutig definierbar sind. Es ist verwunderlich, daß im Bereich der ESt weder von der Rspr. noch vom Schrifttum ein ernsthafter Versuch gemacht wird, Nutzungen und Leistungen klar zu definieren. Gelegentlich finden sich Hinweise auf den Begriff der Leistung. Man meint damit, wie gesagt, Dienstleistung bzw. Arbeitskraft.[22] Diese Betrachtungsweise ist, wie sich gezeigt hat, zu eng; man hätte schon Schwie-

22) Schmidt (Heinicke) § 4, 51 b; Biergans aaO, S. 376 und 394
Tiedtke aaO, S. 168 und 172

rigkeiten, Vermittlungsleistungen oder Bürgschaften unter den Begriff Leistung einzuordnen. Unter Nutzung versteht man gemeinhin das Benutzen einer Sache[23] oder eines Rechts. Der BFH spricht auch im Zusammenhang mit Darlehensverträgen von Nutzungsüberlassung [24].

Es muß versucht werden, die Begriffsbestimmung von Nutzungen und Leistungen aus dem stl. Sprachgebrauch im allgemeinen und im besonderen aus dem Sinnzusammenhang des § 4 Abs. 1 EStG zu gewinnen. Eine Definition des Begriffs Leistung findet sich im UStG. Dort wird der Begriff als Oberbegriff für jede Art von unternehmerischer Leistung verwendet, für die im Wirtschaftsleben ein Entgelt bezahlt werden kann. Auch Lieferungen sind Leistungen i.S.d. UStG, die darin bestehen, daß der Unternehmer einem Dritten die Verfügungsmacht an einem Gegenstand verschafft. Jede Leistung, die nicht als Lieferung qualifiziert werden kann, wird als sonstige Leistung bezeichnet. Dazu gehören auch die Überlassung der Nutzung eines Gegenstandes oder Rechts oder die Einräumung eines Kredits. Die umsatzsteuerliche Definition der Leistung ist eindeutig und praktikabel. Sie kann aber nicht ohne weiteres in das EStG übertragen werden. Ein Blick auf § 22 Nr. 3 EStG zeigt jedoch, daß der umsatzsteuerliche und der einkommensteuerliche Begriff der Leistung nicht weit auseinanderliegen können. § 22

23) wobei Sache nciht nur i.S.d. § 90 BGB zu verstehen ist, sondern auch Ernergie, Licht u.ä. umfaßt.

24) z.B. BFH 81, 612: "... Überlassung von Nutzung - wie hier bei Gewährung von Darlehen ...."

Nr. 3 EStG definiert zwar die Leistung nicht. Er nennt nur die Vermietung eines Gegenstandes und die Vermittlung eines Geschäfts als Beispiele für Leistungen. Die Rspr. und die h.M. legen den Begriff der Leistung i.S.d. § 22 Nr. 3 EStG aber so aus, daß er deckungsgleich mit dem umsatzsteuerlichen Begriff der sonstigen Leistung wird.[25] Auch das BewG erwähnt Nutzungen und Leistungen (§§ 13 - 16), ohne sie zu definieren.[26] Interessant ist, daß Nutzungen und Leistungen dort als Vermögensgegenstand, d.h. als WG behandelt werden. Die Erfassung dieses Vermögensgegenstands als Teil des Gesamtvermögens ist aber nur möglich, wenn die Nutzung oder Leistung einen über den Bewertungsstichtag hinausgehenden Wert hat. Das ist grundsätzlich nur der Fall, wenn sie auf einem Recht beruht, das in die Zukunft wirkt. Insoweit ist die Rechtslage vergleichbar mit der bei der Bilanzierung. Ob die Nutzung oder Leistung dagegen einen Wert haben kann, wenn sie sich bis zum Stichtag verbraucht, ist für die Bewertung ohne Bedeutung. Deswegen ist das BewG für die Frage der Bewertung von Nutzungen und Leistungen im Fall der Entnahme und Einlage unergiebig.

Die für die Auslegung des Begriffs im Bereich der ESt entscheidende Fundstelle ist § 4 Abs. 1 S. 2 EStG. Hier werden Nutzungen und Leistungen als WG bezeichnet. Im

25) vgl. z.B. BFH 83, 201: "Sonstige Leistg. i.S.v. § 22 Nr. 3 ist jedes Tun, Unterlassen oder Dulden, das Gegenstand eines entgeltlichen Vertrages sein kann und um des Entgelts willen erbracht wird, sofern es sich nicht um veräußerungsähnliche Vorgänge im privaten Bereich handelt ...."; ebenso A. 168 a Abs. 1 S.1 EStR 1984.

26) In der bewertungsrechtlichen Lit. werden Nutzungen als Früchte einer Sache oder eines Rechts bezeichnet, Leistungen als Bezüge, die ein Dritter schuldet, ohne daß sie nach den Nutzungen eines WG bemessen sind (Gürsching-Stenger aaO, vor §§ 13 - 16, 3).

Gegensatz zu anderen WG sind Nutzungen und Leistungen ein tatsächlicher Vorteil, der im Betrieb verbraucht wird und nicht als Vermögensgegenstand greifbar ist. Nutzungen und Leistungen sind deswegen auch keine Vermögensgegenstände, die bilanziert werden können. Wichtig ist in diesem Zusammenhang die Unterscheidung zwischen Nutzung und Leistung als gegenwärtiges tatsächliches Geschehen und dem Recht auf eine Nutzung oder Leistung, das einen Vorteil für die Zukunft repräsentiert und deswegen auch für eine Bilanzierung in Betracht kommt. Das Recht ist begrifflich etwas anderes als das tatsächliche Geschehen.

Die Thematik dieser Untersuchung gebietet es, eine eigene klare Definition von Nutzung und Leistung zu formulieren. Der Definition liegt die Betrachtungsweise dessen zugrunde, der die Nutzung oder Leistung verbraucht, im Betrieb oder außerhalb des Betriebs. Der Definition liegt ferner eine wirtschaftliche Betrachtungsweise zugrunde in dem Sinne, daß auf das tatsächliche Geschehen abgestellt wird, das im Wirtschaftleben einen Wert hat. Zweitrangig ist also, ob Nutzungen und Leistungen auf einem Recht des Verbrauchers beruhen. Demnach ist:

> N u t z u n g der geldwerte Vorteil, der im Gebrauch oder Verbrauch eines Vermögensgegenstandes liegt;
> L e i s t u n g jeder andere geldwerte Vorteil, der Gegenstand des Wirtschaftsverkehrs sein kann mit Ausnahme der Lieferungen.

Das Herausnehmen der Lieferungen ist notwendig, um eine Abgrenzung zu anderen WG zu ermöglichen. Die Leistung, die in der Übertragung des Rechts auf dem Vermögensgegenstand selbst beruht (Übereignung, Übertragung) wird im Wert dieses Vermögensgegenstands sichtbar, der als solcher einlage- und entnahmefähig (und bilanzierungsfähig!) ist. Der hier verwendete Leistungsbegriff deckt sich somit weitgehend mit dem umsatzsteuerlichen Begriff der sonstigen Leistung.

4.2 Nutzungseinlage

4.2.1 Die Problematik des fiktiven Aufwands - Argumente für und gegen Nutzungseinlagen

Die entscheidende steuerliche Frage ist, ob die Einsparung des (angemessenen) Nutzungsentgelts den Gewinn des Nutzenden erhöht oder ob der Wert der Nutzung als Einlage gewinneutral ist. Anders formuliert: Darf der Gewinn im Fall einer unentgeltlichen Nutzungsmöglichkeit durch den Ansatz fiktiver Aufwendungen gemindert werden, indem die unentgeltliche Nutzung wie eine entgeltliche behandelt wird? Wer bei einer unentgeltlichen Nutzung zu einer Gewinnminderung kommen will, kann mangels tatsächlich geleisteter Aufwendungen nur über den Verbrauch eines eingelegten Wirtschaftsguts zu Aufwand kommen. Die Lösung hängt davon ab, ob im Fall der Nutzung etwas eingelegt wird und wie es zu bewerten ist. Folgende Argumente sind zu bedenken:

Gegen die Nutzungseinlage spricht:

- Der Wortlaut von § 4 Abs. 1 S. 5 EStG, der bei Aufzählung der einlagefähigen Wirtschaftsgüter Nutzungen nicht erwähnt.
- Die Nutzung ist ein tatsächliches Geschehen, kein Bestandteil des Vermögens. Deswegen ist sie auch kein Wirtschaftsgut, das bilanziert und eingelegt werden kann. Nur Nutzungsrechte können einlagefähige Wirtschaftsgüter sein,

weil sie einen über den Bewertungsstichtag hinausgehenden Wert haben.

- Im Fall eines Nutzungsrechts liegt zwar ein Wirtschaftsgut vor, das aber nicht aktiviert werden darf, wenn und soweit es unentgeltlich erworben wurde. Das Aktivierungsverbot für nicht entgeltlich erworbene immaterielle Wirtschaftsgüter gilt auch für Nutzungsrechte.
- Ersparte Aufwendungen können nicht mit tatsächlich geleisteten Aufwendungen gleichgesetzt werden.
- Einlagen sind Vermögensmehrungen, die dem Betrieb zu einem bestimmten Zeitpunkt zufließen. Deswegen können fortlaufende Kostenminderungen keine Einlagen sein.

Für die Nutzungseinlage spricht:

- Der Wortlaut des § 4 Abs. 1 S. 2 EStG, der i.V.m. § 4 Abs. 1 S. 5 EStG die Einlage von Nutzungen vorsieht. Dieser Wortlaut spricht nur von Nutzungen, nicht von Nutzungsrechten.
- Die Nutzungsmöglichkeit kann als Wirtschaftsgut bezeichnet werden, weil sie für den Betrieb ein Vorteil ist, der im Wirtschaftsleben seinen Preis hat und damit bewertungsfähig ist. Das genügt für die Einlagefähigkeit. Der Wert des Vorteils muß nicht über den Bewertungsstichtag hinausreichen.
- Auf die Bilanzierungsfähigkeit des Vorteils kommt es nicht an. Auch Wirtschaftsgüter, die nicht bilanzierungsfähig sind, können eingelegt

werden. Das Handelsrecht ist für die stl. Behandlung von Einlagen nicht verbindlich.

- Einlagen müssen nicht zu einem bestimmten Zeitpunkt, sondern können auch über einen Zeitraum dem Betriebsvermögen zugeführt werden.

4.2.2 Rechtsprechung

Der BFH ist der Auffasssung, daß Nutzungsmöglichkeiten nur eingelegt und damit bilanziert werden können, wenn sie auf einer gesicherten Rechtsposition beruhen und einen feststellbaren wirtschaftlichen Wert haben. Den meisten Urteilen, die sich mit der Frage beschäftigen, ob Nutzungen eingelegt werden können, liegt ein Sachverhalt zugrunde, der typischerweise unter Ehegatten vorkommt.

> Ein Ehegatte hat einen Betrieb, der andere überläßt ihm für den Betrieb ein WG zur Nutzung, ohne dafür eine Gegenleistung zu verlangen.

Das Kernproblem in diesen Fällen ist, ob der betriebführende Ehegatte die AfA für das im Eigentum des anderen Ehegatten befindliche WG als Betriebsausgabe geltend machen kann.[27] Der BFH umgeht das Problem der Einlage von Nutzungen für den Fall, daß der betriebführende Ehegatte selbst die AK/HK für das WG getragen hat, ohne Eigentümer geworden zu sein. In diesem Fall kommt er zu dem Ergebnis, daß sich der Stpfl. ein m a t e r i e l l e s W i r t s c h a f t s g u t e i g e n e r A r t geschaffen hat, das er dann auch abschreiben kann.[28] Dabei hält der BFH ausdrücklich

27) Besonders deutlich wird die Problematik in dem Sachverhalt, der dem Urteil BFH 79, 399 zugrundeliegt. Der Mann hatte mit betrieblichen Mitteln ein Grundstück bebaut, dessen Miteigentümer er und seine Frau waren. Der Mann verlangte von seiner Frau keinen Ersatz der Baukosten für den ideellen Teil des Gebäudes, der in ihr Eigentum übergegangen war. Die Frau duldete die Benutzg. des ganzen Gebäudes, ohne dafür etwas zu verlangen. Eine ausdrückliche Vereinbarung über Eigentum und Nutzg. wurde zwischen den Ehegatten nicht getroffen.

28) diese Meinung wird auch vertreten in BFH 78,9, 79,401; 80,244; 81,68.

daran fest, daß der Stpfl. weder rechtlicher noch wirtschaftlicher Eigentümer der Sache geworden ist. Das bedeutet, daß zwei Wirtschaftsgüter vorliegen: Die eigentliche Sache (z.B. das Gebäude), die dem nicht betriebführenden Ehegatten gehört, und das durch die eigenen Aufwendungen des Betriebführenden entstandene Wirtschaftsgut eigener Art (das nach § 7 Abs. 1 EStG abgeschrieben werden muß, auch wenn es sich bei der Sache um ein Gebäude handelt). Das vom betriebführenden Ehegatten erworbene WG ist quasi der Anspruch auf Ersatz der Baukosten, den er gegen den anderen Ehegatten hat, also eine Forderung. Verzichtet er auf diese Forderung durch Schenkung, geht sie unter. AfA ist dann nicht mehr möglich. Und trotzdem bezeichnet der BFH dies als materielles Wirtschaftsgut!

Das Problem der Einlage läßt sich aber auch vom BFH nicht mehr umgehen, wenn der Stpfl. die HK/AK der Sache nicht selbst getragen hat. Gestattet es die Ehefrau in diesem Fall, daß ihr Mann ein von ihr hergestelltes oder angeschafftes WG in seinem Betrieb nutzt, ohne dafür ein Nutzungsentgelt zu zahlen, kann der betriebführende Ehegatte nicht mehr seine eigenen HK/AK abschreiben. Aber auch die Frau kann keine AfA geltend machen, weil sie die Sache nicht zur Einkunftserzielung verwendet. So würde sich die Sache im Betrieb verbrauchen, ohne daß von einem der Ehegatten AfA dafür beansprucht werden könnte. In diesem Fall hilft sich der BFH mit der Einlage eines N u t z u n g s r e c h t s , betont aber ausdrücklich, daß dies nur möglich sei, wenn der Betriebsinhaber "eine rechtlich gesicherte Postition erlangt, die ihm gegen seinen Willen nicht mehr entzogen werden kann".[29] Diese Rechtsposition kann sich aus einer

29) BFH 78, 386 BFH 81, 68
79, 401 82,594
80, 244

jahrelangen, unwidersprochenen tatsächlichen Nutzung durch den Stpfl. ergeben, die ihm der andere Ehegatte gegen seinen Willen nicht uneingeschränkt entziehen kann, ohne gegen seine gesetzliche eheliche Mitwirkungspflicht (§ 1353 BGB) zu verstoßen.[30] Ob eine solche Mitwirkungspflicht besteht, hängt vom Einzelfall ab.[31] Hat der betriebführende Ehegatte auf diese Weise eine gesicherte Rechtsposition erlangt, so liegt darin ein WG, das einen "feststellbaren wirtschaftlichen Wert" hat und somit "nach den handelsrechtlichen Grundsätzen ordnungsmäßiger Bilanzierung in der Bilanz angesetzt werden darf".

In einem früheren Urteil[32] zieht der BFH das Handelsrecht ausdrücklich als Argument für die Einlagefähigkeit obligatorischer Nutzungsrechte heran. Er weist darauf hin, daß in der handelsrechtlichen Literatur solche Einlagen überwiegend für zulässig gehalten werden. Dann kommt er zu der wichtigen Feststellung, daß die in der Begriffsbestimmung für Entnahmen (§ 4 Abs. 1 S. 2 EStG) ausdrücklich genannten Nutzungen und Leistungen auch unter die Begriffsbestimmung für Einlagen fallen. Voraussetzung sei nur, daß es sich dabei um ein WG handelt, daß auch nach den handelsrechtlichen Grundsätzen ordnungsmäßiger Bilanzierung in der Bilanz angesetzt werden darf. "Obligatorische Nutzungsrechte, sind danach als Einlagen geeignet, wenn sie einen feststellbaren wirtschaftlichen Wert haben".

Nach Auffassung des BFH spielt es keine Rolle, ob das Nutzungsrecht dinglicher oder obligatorischer Natur ist.

30) BFH 81, 68

31) BFH 82, 594

32) BFH 78, 386

In einer Reihe von Urteilen aus dem Jahr 1983[33] hat sich das Gericht ausdrücklich mit der Einlagefähigkeit von Nießbrauchsrechten an einem Grundstück befaßt." Der Senat hat keine Bedenken, die Nießbrauchsrechte an den Grundstükken als einlagefähige WG zu sehen. § 5 Abs. 2 EStG und § 153 Abs. 3 AktG stehen dem nicht entgegen."[34] Die Urteile beziehen sich sowohl auf den Vorbehalts- als auch auf den Zuwendungsnießbrauch.

Schwierigkeiten hat der BFH mit der Bewertung der eingelegten Nutzungsrechte. Er läßt zwar keinen Zweifel daran, daß die eingelegten Nutzungsrechte nach § 6 Abs. 1 Nr. 5 EStG mit dem Teilwert zu bewerten sind. Als Teilwert wird aber einmal der Wert der ersparten Aufwendungen[35] angenommen, ein anderes Mal der Betrag, den der Betriebsinhaber hätte aufwenden müssen, wenn ihm das Nutzungsrecht von einem Dritten entgeltlich eingeräumt worden wäre. Letztlich geht es darum, ob sich die AfA für das Nutzungsrecht aus den ursprünglichen HK/AK errechnet oder aus einem inzwischen gestiegenen Marktwert des bebauten Grundstücks. Oder anders formuliert: Werden die stillen Reserven des Grundstücks bei der Einlage der Nutzung aufgedeckt, in dem der höhere Marktwert als Teilwert angesetzt wird? Der BFH hält die Aufdeckung der stillen Reserven anläßlich der Einlage nur für zulässig, wenn vor der Einlage "sämtliche stillen Reserven aufgedeckt und der Besteuerung unterworfen worden sind".[36] Die stillen Reserven waren im Urteilsfall aufgedeckt und versteuert worden, weil der Betriebsinhaber

33) BFH 83, 735; 83, 736; 83, 739

34) BFH 83, 739

35) BFH 81, 68

36) BFH 83, 735

das Betriebsgrundstück unter Vorbehalt des Nießbrauchs an einen Familienangehörigen verschenkt hatte. Darin lag nach Auffassung des BFH eine Entnahme des Grundstücks und die Wiedereinlage des Nutzungsrechts. Gravierend ist die Feststellung des 8. Senats, daß infolge der Aufdeckung der stillen Reserven auch der realisierte Wert des Grund und Bodens in den Teilwert des Nutzungsrechts eingeht [37], so daß sich durch die Abschreibung des Nutzungsrechts im Ergebnis nicht nur die Abnutzung des Gebäudes, sondern auch der Grundstückswert in Aufwand verwandelt.

In den Fällen dagegen, in denen vor der Einlage keine stillen Reserven aufgedeckt werden, soll der Teilwert mit der Summe der AfA-Beträge identisch sein, die der Eigentümer innerhalb der Nutzungszeit hätte geltend machen können, wenn er das Gebäude selbst zur Erzielung eigener Einkünfte eingesetzt hätte. [38] Der BFH räumt in 81, 68 ausdrücklich ein, daß er mit der Legaldefinition des Teilwertbegriffs in § 6 Abs. 1 Nr. 1 S. 3 EStG nicht zurechtkommt. Würde man darauf abstellen, wieviel ein gedachter Erwerber des ganzen Betriebs für die Nutzung zahlen würde, müßte man u.U. die Marktmiete als Wert der Nutzung ansehen. Das würde zu einem nichtgerechtfertigten Aufwand führen, der in dieser Höhe weder beim Eigentümer noch beim Nutzenden entstanden ist. Deswegen kommt der BFH zu einer Modifizierung des Teilwertbegriffs. Er begründet dies damit, daß das Nutzungsrecht im Fall der Betriebsveräußerung für den Erwerber nicht erwerbbar sei, da es nur aufgrund der ehelichen Verbundenheit des Veräußerers mit seiner Frau bestehe.

37) BFH 83, 735 mit einem entsprechenden Hinweis von L. Schmidt in FR 83, S. 618. Das Urteil wird von der Finanzverwaltung derzeit nicht angewandt (BStBl. I 84, S. 460).

38) BFH 83, 739 und 81, 68.

Für den Fall, daß dem Stpfl. keine gesicherte Rechtsposition eingeräumt worden ist, verneint der BFH eine Einlagemöglichkeit." Die Überlassung von Nutzungen aus Gefälligkeit ohne feste rechtliche Bindung kommt als Einlage nicht in Betracht. Denn § 4 Abs. 1 EStG schreibt nicht allgemein vor, daß Gewinnerhöhungen, sei es auch nur durch Ersparung von Aufwendungen, bei der Ermittlung des Gewinns abzuziehen seien, soweit ihre Ursache nicht im Betrieb, sondern im privaten Bereich liege. Die Vorschrift gebietet vielmehr den Abzug von Einlagen, welche die Eigenschaft eines WG besitzen. Das folgt auch aus § 6 Abs. 1 Nr. 5 EStG. Nach dieser Vorschrift seien Einlagen mit dem Teilwert für den Zeitpunkt der Zuführung anzusetzen. Für die Erhöhung des Gewinns durch fortlaufende Ersparung von Aufwendung läßt sich kein einheitlicher Zeitpunkt der Zuführung bestimmen. Nutzungseinlagen - bei Gesellschaftern wären es Erfolgsbeiträge - führen daher zu keiner Korrektur des Gewinns."[39] Der BFH kommt somit immer dann, wenn die Nutzung ohne Rechtsverpflichtung überlassen wird, zu dem eindeutigen Ergebnis, daß keine AfA zu gewähren ist, weder dem Eigentümer noch dem Nutzenden.[40]

Etwas befremdend liest sich in diesem Zusammenhang folgender Satz des 1. Senats[41]: "Das gewerbliche BV kann neben dem bewertbaren aktivierungsfähigen WG auch Gegenstände (z.B. Chancen) umfassen, die sich ihrer Natur nach einer Bewertung entziehen und die deshalb nicht bilanzierungsfähig sind."

39) aus BFH 80, 244

40) ausdrücklich bestätigt in BFH 82, 594: in diesem Fall hatte die Ehefrau ohne besondere Vereinbarung ihr Auto dem Mann zur unentgeltlichen betrieblichen Nutzung überlassen.

41 aus BFH 78, 386. Hier wurde den Stpfl. von ihrer Mutter ein Kiesgrundstück zur Ausbeute unentgeltlich überlassen.

Zuletzt sei auf ein älteres Urteil[42] hingewiesen, in dem der BFH zur Einlagefähigkeit eines Mietrechts Stellung nimmt. Der Streit ging darum, ob der Spfl. durch Aufwendungen für den Umzug ein betriebliches WG "Mietrecht" geschaffen hat. Der 4. Senat kam zum Ergebnis, daß die Kosten der Wohnunungsverlegung nicht zu abzugsfähigen BA führen, auch nicht unter dem Aspekt, daß ausschließlich aus betrieblichen Gründen für das Freimachen der ersten Wohnung erhebliche Kosten angefallen sind. Er sagt, daß ein Mietrecht solange keine bilanzmäßige Auswirkung habe, wie sich die laufenden Leistungen und Gegenleistungen im wesentlichen ausgleichen und keine darüberhinausgehenden Aufwendungen bewirkt worden sind.

Die Auffassung des BFH zur Einlagefähigkeit von Nutzungen läßt sich in folgenden Sätzen zusammenfassen:

1. Nutzungen und Leistungen sind einlägefähig, obwohl sie in § 4 Abs. 1 S. 5 EStG nicht ausdrücklich angesprochen sind. Der Wortlauf des § 4 Abs. 1 S. 2 EStG über die Entnahmen ist auf die Einlagen entsprechend anwendbar.
2. Wird dem Stpfl. aus privaten Gründen unentgeltlich ein obligatorisches oder dingliches Nutzungsrecht eingeräumt, das er in seinem Betrieb nutzt, kann darin die Einlage eines immateriellen WG liegen.

42) BFH 63, 400: Der Stpfl. wohnte auf Grund eines langfristigen Mietvertrages im Hafengebiet einer Großstadt, in dem er auch sein Geschäft hatte. Er brauchte dringend neue Räume für das Geschäft, u. zwar in der guten Lage am Hafen. Deswegen mietete er eine andere Wohnung in einem anderen Stadtteil und benutzte die alte von da an für sein Geschäft. Beide Wohnungen verursachten nur Kosten in Höhe der laufenden Miete. Die Verlegung der Wohnung kostete allerdings einen größeren Betrag.

3. Eine Nutzungsmöglichkeit ist nur einlagefähig, wenn sie auf einer gesicherten Rechtspostition beruht und einen feststellbaren wirtschaftlichen Wert hat.

4. Das eingelegte Nutzungsrecht kann abgeschrieben werden. Bemessungsgrundlage für die AfA ist der Teilwert, der i.d.R. den ersparten Aufwendungen entspricht. Ein höherer Wert darf nur angesetzt werden, wenn die stillen Reserven zuvor aufgedeckt und versteuert worden sind.

5. Die Einlagefähigkeit eines unentgeltlich erworbenen Nutzungsrechts entspricht den handelsrechtlichen Grundsätzen ordnungsmäßiger Bilanzierung.

6. Nicht jede Gewinnerhöhung, die privat verursacht ist, muß bei der stl. Gewinnermittlung eliminiert werden. Wird dem Stpfl. aus privaten Gründen eine Gefälligkeit erwiesen, die ihm im Betrieb Aufwendungen erspart, liegt keine Einlage vor.

7. Einlagen sind Vermögensmehrungen, die dem Betrieb zu einem bestimmten Zeitpunkt zugeführt werden. Deswegen sind fortlaufende Kostenminderungen, die durch den Privatbereich verursacht sind, keine Einlagen.

8. Wird dem Stpfl. aus privater Gefälligkeit der Gebrauch einer Sache für den Betrieb überlassen, hat weder der Spfl. noch der Eigentümer der Sache die Möglichkeit, AfA steuerlich geltend zu machen.

4.2.3 Literatur

Die Nutzungseinlage im Einkommensteuerrecht war bis 1978 kein großes Thema in der Literatur. Die Kommentierung dazu war auffallend spärlich und meist ziemlich oberflächlich.[43] Erst die Urteile des BFH [44] haben das Interesse an dem Thema geweckt und zu einem relativ breiten Echo geführt. Es soll hier versucht werden, den Stand der nun doch vielfältigen Äußerungen zu dem Problem der Nutzungseinlage aufzubereiten und zu systematisieren. Die zeitliche Reihenfolge der Äußerungen in der Literatur ist dabei zweitrangig. Um folgende Aspekte dreht sich die Diskussion in der Literatur hauptsächlich:

4.2.3.1 Sind Nutzungen überhaupt einlagefähig?

Die Frage ergibt sich wegen des Wortlauts von § 4 Abs. 1 S. 5 EStG, der die Nutzungen und Leistungen im Gegensatz zu § 4 Abs. 1 S. 2 EStG überhaupt nicht ausdrücklich erwähnt. Es gibt, soweit ersichtlich, niemand, der aus dem Gesetzeswortlaut den Schluß zieht, Nutzungen und Leistungen seien generell nicht einlagefähig. Die meisten Autoren sehen im Wortlaut des § 4 Abs. 1 S. 5 ein Spiegelbild von § 4 Abs.1 S.2. S. 5 habe aus sprachlichen Gründen einen abgekürzten Wortlaut, decke sich aber inhaltlich mit § 4 Abs. 1 S.2.[45] Während S. 2 ein komplette Aufzählung aller entnahmefähigen WG enthalte, verzichte S. 5 auf eine nochmalige Wiedergabe der gleichen Aufzählung, indem er einfach von sonstigen WG spreche. Das sei eine Sprachvereinfachung, die jedermann einleuchte. Selbst wenn jedoch der Wortlaut zu Zweifeln anlaß gäbe, so sei der

43) H-H-R § 4, 45 b,f; Littmann §§ 4,5, 361 und § 2, 114; Bühler-Paulick aaO § 4, 9; Blümich-Falk aaO § 4 VI 3; Klein-Flockermann-Kühr aaO § 4, 12 a; Lademann-Söffing-Brockhoff aaO §§ 4,5, 124.

44) beginnend mit BFH 78, 386.

45) H-H-R § 4, 45 f; Klein-Flockermann-Kühr aaO § 4, 12 a; Tipke, S. 240; Drenseck FR 81, S. 150; Kramer DStR 79, S. 363; Meilicke-Meilicke DB 77, S. 927; Hundertmark-Herms BB 76, S. 80

Sinn beider Vorschriften auf jeden Fall eindeutig. Entnahmen und Einlagen müßten vom System des stl. Gewinnbegriffs her alle Vermögensbewegungen erfassen, die nicht durch die betriebliche Tätigkeit des Stpfl. verursacht sind. Betriebseinnahmen und Betriebsausgaben umfassen die betrieblich veranlaßten Vermögensbewegungen, Entnahmen und Einlagen die nichtbetrieblichen. Mit diesen vier Begriffen sei der gesamte Gewinnbegriff des § 4 Abs. 1 abgedeckt.[46)]

4.2.3.2 Kann Gegenstand einer Einlage nur ein Wirtschaftsgut sein? Was ist unter Wirtschaftsgut in diesem Zusammenhang zu verstehen?

Man verweist darauf, daß § 4 Abs. 1 S. 5 EStG Einlagen als WG bezeichnet: "Einlagen sind alle WG (Bareinzahlungen und sonstige WG), die der Stpfl. dem Betrieb im Laufe des Wirtschaftsjahres zugeführt hat." Aus diesem Wortlaut ergeben sich in Bezug auf Nutzungen (nicht Nutzungsrechte!) für sehr viele Autoren erhebliche Schwierigkeiten. Das kommt daher, weil der Begriff des WG gesetzlich nirgends definiert ist. Andererseits paßt der Begriff, den die Rspr. gefunden hat[47)], nicht auf Nutzungen. Wer den Begriff WG nur auf Vermögensgegenstände bezieht, die aktivierbar sind, muß der Einlagefähigkeit von Nutzungen, ja sogar von Nutzungsrechten ablehnend gegenüberstehen. Knobbe-Keuk vertritt offenbar diese restriktive Meinung in Bezug auf unentgeltlich erworbene Nutzungsrechte[48)].

46) Schmidt (Heinicke) § 4, 50; Tipke, S. 250.

47) WG sind Sachen u. Rechte im bürgerlich-rechtlichen Sinn sowie sonstige wirtschaftliche Vorteile, die durch Aufwendungen erlangt, nach der Verkehrsauffassung selbständig berwertungsfähig sind und dem Betrieb einen über das Wirtschaftsjahr hinausgehenden Nutzen zu bringen versprechen. So z.B. BFH 75, 809; 74, 132; 70, 178.

48) Knobbe-Keuk § 8 I 2 und StuW 79, S. 305 (309).

Sie sagt, solche Nutzungsrechte seien immaterielle WG, die unter das Aktivierungsverbot des § 5 Abs. 2 EStG und § 153 Abs. 3 AktG fallen. Weil sie nicht aktiviert werden können, können sie auch nicht eingelegt und abgeschrieben werden. Die gleiche Meinung vertritt Plückebaum[49]. Paus[50] hält Nutzungsrechte überhaupt nicht für einlegbar. Er begründet dies zunächst mit § 5 Abs. 2 EStG. Dann stützt er sich zusätzlich auf § 6 Abs. 1 Nr. 5 a EStG mit dem Argument, das Nutzungsrecht habe vor der Einlage keine HK verursacht und müsse deswegen mit Null bewertet werden. Trzaskalik[51] sieht im Nutzungsrecht kein WG, weil auch im Fall des entgeltlichen Erwerbs eines Nutzungsrechts dieses nicht als WG behandelt werde. Zahle der Mieter die Miete im voraus, müsse nicht ein Mietrecht aktiviert werden, sondern es müsse nur der bezahlte Aufwand auf die richtigen Wirtschaftsjahre verteilt werden. Wenn aber kein Aufwand entstehe, könne nicht statt dessen ein abschreibungsfähiges WG in Form eines Nutzungsrechts entstanden sein. Auch Ülner[52] vergleicht die entgeltliche und die unentgeltliche Nutzungsüberlassung. Er argumentiert mit den Grundsätzen über die Behandlung schwebender Geschäfte, bei denen der Anspruch auf die Gegenleistung ebenfalls nicht aktivierbar sei.

Die meisten Meinungen kommen dagegen zu dem Ergebnis, daß der WG-Begriff, der der Definition der Entnahmen und Einlagen in § 4 Abs.1 S. 2 und 5 EStG zugrunde gelegt

49) FR 78, S. 554.

50) FR 81 S. 5; s.u. FN 77.

51) StuW 83, S. 126.

52) StBJB 80/81, S. 385 (392).

ist, weiter auszulegen sei.[53] Häufig wird die Meinung vertreten, daß es auf die Bilanzierungsfähigkeit für die Einlagefähigkeit nicht ankomme.[54] Biergans[55] sagt, daß "bei den Einlagen der Begriff WG nicht auf die aktivierbaren beschränkt ist", er umfasse generell alle Wertzuführungen von der privaten oder einer anderen betriebsfremden Sphäre in den Betrieb, also auch Nutzungen und Leistungen, die dem Unternehmen von außen zufließen. Ähnlich äußern sich Hundertmark-Herms[56]. Sie weisen außerdem darauf hin, daß die Begriffe Einlage und Entnahme spiegelbildlich sind. Wenn eine Nutzung nach einhelliger Meinung entnommen werden könne, müsse sie auch einlagefähig sein. Littmann[57] meint, daß alle WG einlagefähig sind, unabhängig davon, ob dafür Aufwendungen gemacht worden sind, also auch Nutzungsrechte. Rohner[58] gibt der h.M. Recht, die davon ausgeht, daß der Einlageregelung ein weiterer WG-Begriff zugrunde zu legen sei. "Einlagefähig sind daher alle Güter, die in Geld und Geldeswerten bestehen, ohne daß es auf die Bilanzierungsfähigkeit ankommt."[59]

Eine Reihe von Autoren schließt sich der neuen Rspr. des BFH insoweit an, als diese unentgeltlich erworbene obligatorische Nutzungsrecht für einlagefähig hält, wenn der Stpfl. durch sie eine gesicherte Rechtsposition erhält, die ihm nicht ohne weiteres entzogen werden kann und die

53) H-H-R § 4, 16 g: "Das EStG verwendet in § 4 Abs. 1, S. 2 den Begriff WG in gleichem Sinn wie das Wort Gut in § 8 für geldwerte Vorteile." Ähnlich Röhrkasten BB 74, S. 825 und Hundertmark-Herms BB 76, S.80, Gocke FR 84, S. 606.

54) Schmidt (Heinicke) § 4, 51 a

55) Biergans aaO, S. 312

56) aaO. Ebenso Maas in Klein-Flockermann-Kühr aaO, § 4, 12 a

57) Littmann § 2, 114

58) DStR 76, S. 595

59) Ebenso Bise StBJB 77/78, S. 185 (213 ff)

einen feststellbaren wirtschaftlichen Wert habe.[60] Auch L. Schmidt[61] hält die neue RSpr. grundsätzlich für richtig und betont, daß nur Nutzungsrechte, nicht laufend erbrachte tatsächliche Nutzungen einlagefähig sind.

4.2.3.3 Sind Nutzungen auch einlagefähig, wenn sie auf keiner gesicherten Rechtsposition beruhen?

Einen deutlichen Schritt weiter als die mit dem WG-Begriff operierenden Meinungen gehen diejenigen, die die Anlehnung an den Begriff WG völlig aufgeben. In zunehmendem Maß wird behauptet, der Begriff WG sei auf die Einlage von Nutzungen und Leistungen überhaupt nicht anwendbar. Das Gesetz habe hier nur ungenau formuliert. Die Nutzung sei ein tatsächliches Geschehen, das nicht unter den Begriff WG subsumiert werden könne.[62] Montag[63] sagt, eine Nutzung sei ein reales Geschehen, kein WG, kein Gegenstand, Recht oder sonstiger wirtschaftlicher Wert. Damit bestehe die Notwendigkeit, den Nutzungswert von der Sache abzuspalten und "dieses WG" gesondert zu erfassen. Heinicke[64] spricht nur noch von Wertbewegungen, die bei Einlagen und Entnahmen vorliegen müssen. Er sagt, daß nicht die Nutzung als solche eingelegt wird, sondern nur deren Wert. Er will damit u.a. zum Ausdruck bringen, daß es keinen Unterschied machen kann, ob der Unternehmer die Kosten für ein WG des PV selbst trägt oder ob diese Kosten von einem Dritten (z.B. der Ehefrau als Eigentümerin des genutzten Gegenstan-

60) Bühler-Paulick aaO § 4, 9; Birkholz in Lademann-Söffing-Brockhoff §§ 4, 5, 124; Hutter DStZ 81, S. 47; Thoma DStR 80, S. 674; Bordewin DStZ 79, S. 429 (437), allerdings mit Zweifeln - er spricht von wundersamer Umwandlung von Leihe in Miete.

61) FR 80, S. 119

62) So schon Speich FR 63, S. 223 und Wismeth in NSt "Einlage". Neuerdings Bise StBJB 77/78, S. 185 (213 ff).

63) StuW 79, S. 35

64) in Schmidt § 4, 51 b, cc, und 59 "Nutzungen"

des) getragen werden. Tipke sagt lapidar, daß Einlagen vorliegen, wenn "WG, Leistungen oder Nutzungen dem Betrieb im Laufe des Wirtschaftsjahrs von außen zugeführt werden".[65] Kramer [66] stellt noch weitergehend fest, daß Nutzungen und Leistungen keine WG i.S.d. ESt-Bilanzsteuerrechts sind.[66a] Er will nicht das Nutzungsrecht, sondern die Nutzung selbst einlegen. "Bei der Einlage einer Nutzung fallen Wertzuführung und Wertverzehr zusammen: Die Nutzungseinlage (= erfolgsneutrale Erhöhung des BV) und die Nutzung, der Wertverzehr (= erfolgswirksame Verminderung des BV) erfolgen im selben Zuge und heben sich auf dem Kapitalkonto auf. Deshalb kommt es buchmäßig zu einer vorübergehenden BV-Erhöhung wie bei der Einlage eines WG, dessen Wert nicht sogleich, sondern später verzehrt wird." Beck[67] argumentiert ähnlich. Für ihn verbraucht sich der Gegenstand der Nutzungseinlage mit der Nutzung selbst und ist daher mit dem Augenblick der Einlage nicht mehr erkennbar. Beck hält aber an der Meinung fest, daß durch eine Einlage das BV erhöht werden müsse. Da die Einlage selbst keine sichtbare Erhöhung des BV herbeiführt, hilft er sich mit dem Hinweis, daß der Wert der Nutzungseinlage in den anderen WG des Unternehmens aufgeht, die mit Hilfe dieser Nutzung geschaffen worden sind. Er argumentiert sehr stark mit Buchungssätzen. Die Buchung "Aufwand an Einlage" steht im Mittelpunkt seiner Überlegungen. Er betont, daß dieser Buchungssatz kein Widerspruch in sich sei. Er vereinige vielmehr zwei Schritte: einmal den realen Vorgang der Nutzung, der erfolgswirksam sei, zum anderen die ihn korrigierende Einlage. Heinicke [68] hält es dagegen

65) Tipke, S. 240

66) DB 81, S. 1584 u. DStR 79, S. 363 (372)

66a) Ebenso D. Meyer DB 84, S. 2429

67) FR 78, S. 281

68) in Schmidt § 4, 51 a

für unerheblich, ob etwas gebucht werden muß.

Einen neuen Begriff prägt Drenseck[69]. Er spricht nicht von Werteinlage oder Einlage der Nutzung, sondern von "Aufwandeinlage". Er hebt hervor, daß eine Gewinnminderung infolge einer Nutzungseinlage nur zulässig sei, wenn im Zusammenhang mit der Nutzung entweder beim Stpfl. selbst oder bei einem Dritten im Privatbereich Aufwendungen entstanden sind. Er liegt damit auf der Linie der Rechtsprechung,[70] die dem Steuerpflichtigen auch nur die Aufwendungen, die tatsächlich mit der Sache verbunden sind oder waren, als Gewinnminderung zubilligt. Er meint, daß es deswegen z.B. nicht möglich sei, für die Nutzung eines schon abgeschriebenen Kfz, das der Ehefrau gehöre, über eine Einlage nochmal AfA geltend zu machen, weil "kein Aufwand zugeflossen" sei.[69a] Drenseck arbeitet auch mit dem Rechtsgedanken des § 11 d EStDV, demzufolge der unentgeltliche Rechtsnachfolger in die Rechtsstellung des Rechtsvorgängers eintritt und nur das abschreiben könne, was vom Rechtsvorgänger an AfA-Volumen übrig geblieben sei.[71]

4.2.3.4 <u>Wie ist die Nutzungseinlage zu bewerten?</u>

Mit dem von Drenseck verwendeten Begriff Aufwandeinlage ist bereits das Problem der Bewertung von Nutzungseinalgen angesprochen. Hierbei geht es vor allem um die Frage, ob § 6 Abs. 1 Nr. 5 EStG anwendbar ist. Die meisten Autoren, die sich mit dieser Frage beschäftigen, haben wie der BFH[72]

69) FR 81, S. 150 69a) Ebenso Stadie DB 84, S. 578

70) insbesondere von BFH 81, 68

71) In gleichen Zusammenhang verweisen auf § 11 d EStDV Söffing FR 75, S. 361, Littmann DB 80, S. 1040 und Hutter DStZ 81, S. 47. A.A. Wolff-Diepenbrock DStZ 82, S. 331

72) in BFH 81, 68

bei den einschlägigen Fällen Schwierigkeiten mit dem Teilwertbegriff. Praktisch geht es darum, ob als Teilwert der marktübliche Preis der Nutzung anzusetzen ist, oder ob der Teilwert nur der Aufwand ist, den der Betriebsinhaber hätte, wenn er selbst Eigentümer des genutzten Gegenstandes wäre [73]. Auch Kramer [74] meint, der Teilwert tauge hier nicht als Bewertungsmaßstab. Bordewin [75] ist der Meinung, der Teilwert eines Nutzungsrechts sei identisch mit der Summe der Jahresmieten.[76] Paus [77] hält diese Auffassung für falsch und frägt vordergründig, warum die Jahresmieten nicht wenigstens abgezinst werden sollen. Letztlich verneint er aber die Einlagefähigkeit von Nutzungen überhaupt. Er argumentiert damit, daß das Nutzungsrecht vom Eigentum abgespalten werde und dann nur die Einlage dieses Eigentumsplitters in Betracht komme. Im Abspalten sieht er einen Herstellungsvorgang. Das so im PV neu geschaffene WG werde dann in das BV eingelegt.[78] Da zwischen Herstellung und Einlage ein unmittelbarer zeitlicher Zusammenhang bestehe, müsse das WG nach § 6 Abs. 1 Nr. 5 a EStG bewertet werden. Da das Herstellen des Nutzungsrechts nichts koste, muß es nach Paus immer mit Null bewertet werden. Damit scheide eine Bilanzierung und Abschreibung aus.

Die Mehrheit der Meinungen hierzu [79] deckt sich im Ergebnis mit der BFH-RSpr., die als betrieblichen Aufwand maximal

73) z.B. Knobbe-Keuk StuW 79, S. 305: "Mit der üblichen Begriffsbestimmung des Teilwerts ist hier nicht weiterzukommen"

74) DStR 79, S. 363 (374) u. DB 81, S. 1584

75) DStZ 79, S. 429

76) Ebenso Beck FR 78, S. 281 (287) u. Röhrkasten BB 74, S. 825 (832)

77) FR 81, S. 5. s.o. FN 50.

78) Ebenso Stadie DB 84, S. 578.

79) H-H-R § 2, 40 j; Littmann § 2, 110; Heinicke in Schmidt § 4, 51 b, cc, und 59 "Nutzung" c, bb,; Seeger in Schmidt § 6, 3 e; Klein-Flockermann-Kühr aaO § 4, 12 a; Lademann-Söffing-Brockhoff §§ 4,5,124; L. Schmidt FR 80, S. 199; Drenseck FR 81, S.150; Trzaskalik StuW 83, S. 126; Stadie DB 84, S. 578.

nur die Kosten zuläßt, die der genutzte Gegenstand beim Eigentümer verursacht. Abgesehen von den laufenden Kosten sei das die AfA. Auf diese Weise kann der Nutzende höchstens die tatsächlichen Kosten des Eigentümers steuerlich geltend machen. Der Aufwand des Eigentümers wird in den Betrieb des Nutzenden übertragen. Groh[79] bringt aus dem Zivilrecht den Gedanken der Drittschadensliquidation in die Diskussion ein. Er meint, es müsse auch im Steuerrecht möglich sein, Aufwand geltend zu machen, der bei einem Dritten entstanden sei.

Einige Beiträge in der Literatur, vor allem solche aus der Zeit vor der neuen BFH-RSpr., nehmen zu dem Problem der unentgeltlichen Nutzungsüberlassung durch nicht betriebführende Ehegatten Stellung, ohne das Problem Nutzungseinlage anzusprechen. Sie argumentieren nur mit § 4 Abs. 4 EStG, d.h. mit dem Begriff der BA. Sie sind mehrheitlich der Auffassung, daß der Stpfl. nur die Kosten als BA geltend machen könne, die er selbst im Zusammenhang mit der betrieblichen Nutzung des Gegenstands aufgewendet habe. Nicht unter diese Kosten falle die AfA, die beim Eigentümer verbleibe.[80] Nur Weingart[81] und Beker [82]wollen schon vor 1978 auch die AfA auf den betriebführenden Ehegatten übertragen.[82a]

4.2.4 Finanzverwaltung

Die Finanzverwaltung bejaht in A 31 a Abs. 2 S.11 u.12 EStR 1984 die Einlagefähigkeit und Bewertungsfähigkeit

79) BB 82, 136

80) Richter StBP 74, S. 208; Hoffmann DStR 69, S. 349; neuerdings Paus FR 81, S.5, der die Folgen der neuen BFH-Rspr. drastisch aufzeigt und besonders darauf hinweist, daß nun auch die AK nicht abnutzbarer WG über den Umweg der Nutzungseinlage abgeschrieben werden können.

81) DB 77, S. 602

82) DStR 75, S. 355, der von einem "Gewohnheitsrecht" spricht, daß der betriebsführende Ehegatte auch ohne Eigentum die AfA geltend machen könne.

82a) Auch D. Meyer will das Problem mit dem Veranlassungsprinzip des § 4 Abs. 4 EStG lösen. Er meint, daß etwa die AfA durch die Einkunfts-

immaterieller WG. Es kann jedoch davon ausgegangen werden, daß man dabei nicht an die Einlage von unentgeltlich erworbenen Nutzungsrechten u.ä. gedacht hat.

4.2.5 Eigene Meinung: Nutzungen mit einem feststellbaren wirtschaftlichen Wert sind einlagefähig.

4.2.5.1 Einlagen und Entnahmen als spiegelbildliche Begriffe

Die Überlegungen, ob eine Nutzung einlagefähig ist, müssen vom Wortlaut des Gesetzes ausgehen. § 4 Abs. 1 S. 5 EStG erwähnt Nutzungen nicht ausdrücklich. Er spricht nur von Bareinzahlungen und sonstigen WG. Daraus kann man aber nicht den Schluß ziehen, daß Nutzungen nicht einlagefähig sind. § 4 Abs. 1 S. 5 darf nur zusammen mit § 4 Abs. 1 S. 2 gelesen werden. Dort sagt das Gesetz, was alles entnommen werden kann. Danach gehören zu den entnahmefähigen WG auch die Nutzungen.

Entnahmen und Einlagen sind zwei spiegelbildliche Begriffe. Sie gehören zum stl. Gewinnbegriff des § 4 Abs. 1 S. 1, der auf dem Vermögensvergleich beruht. Gewinn ist der tatsächliche Zuwachs, den das BV innerhalb des Gewinnermittlungszeitraums erfährt. Zum Gewinn kann aber vernünftigerweise nicht gehören, was dem BV aus außerbetrieblichen Gründen zugewachsen ist. Diese außerbetrieblichen Zuwachsungen nennt das Gesetz Einlagen. Umgekehrt dürfen dann auch außerbetrieblich verursachte Vermögensminderungen den Gewinn nicht mindern. Diese nennt das Gesetz Entnahmen. Es ist ein Postulat der Logik, daß Entnahmen und Einlagen inhaltlich gleiche Vermögensbewegungen sein müssen, nur eben in jeweils entgegengesetzter Richtung. Wenn Nutzungen entnahmefähig sind, müssen sie auch einlagefähig sein. Um

erzielung des unentgeltlich Nutzungsberechtigten veranlaßt sind und deshalb nur von ihm berücksichtigt werden können. Damit erübrige sich die Konstruktion der Einlage eines Nutzungsrechts.

dieses Ergebnis zu erreichen, muß man dem Wortlaut des § 4 Abs. 1 S. 5 keine Gewalt antun. Es ist offensichtlich, daß sich S. 5 inhaltlich an S. 2 anlehnt. S. 2 definiert die Entnahmen, indem er den Begriff WG verwendet. Gleichzeitig wird das, was das Gesetz unter WG im Rahmen des § 4 Abs. 1 versteht, aufgezählt. [83] Wenn dann in S. 5 gesagt wird, daß WG Gegenstand der Einlage sind, braucht dieser Begriff nicht nochmal erläutert werden. Dennoch fügt der Gesetzgeber auch hier eine Erläuterung in Klammer bei. Dies aber doch nur, weil die in S. 2 genannten Barentnahmen nicht unverändert auf die Einlage übertragen werden können. Aus den Barentnahmen werden deswegen in der Klammer zu S. 5 Bareinzahlungen. Der Rest der 2. Klammer deckt sich mit dem Inhalt der 1. Klammer und konnte somit getrost mit "sonstigen WG" bezeichnet werden.

Fazit: Auch Nutzungen sind einlagefähig.

4.2.5.2 Nutzung als tatsächliches Geschehen, das einen wirtschaftlichen Wert hat - Nutzung als Wirtschaftsgut

Das Gesetz bezeichnet das, was entnommen werden kann, in § 4 Abs. 1 S. 2 als WG. Es zählt dann in Klammer auf, was es zu den entnahme- und einlagefähigen WG rechnet. Dazu gehören nach dem eindeutigen Wortlaut die Nutzungen. Es ist deshalb müßig, den Begriff WG näher zu durchleuchten, wenn man über die Einlagefähigkeit von Nutzungen nachdenkt. Es mag sein, daß es im EStG vom Wortlaut her zwei verschie-

83) Obwohl die Aufzählg. vom Wortlaut her abschließend ist, kann es sich vom Sinn her nur um eine beispielhafte Aufzählung handeln, da z.B. das Anlagevermögen überhaupt nicht erwähnt ist. Es wird aber kaum jemand bezweifeln, daß auch Gegenstände des Anlagevermögens einlage- und entnahmefähig sind.

dene WG-Begriffe gibt, den des § 4 Abs. 1 und den des § 6, wobei letzterer umfassender ist. Man kommt aber in keinem Fall um die Feststellung herum, daß Einlagen nach beiden Begriffen zu den WG gehören. Und damit gehören auch die Nutzungen zu den WG.

§ 4 Abs. 1 S. 2 EStG bezeichnet Nutzungen als WG. Es heißt dort nicht Nutzungsrechte oder Nutzungsmöglichkeiten o.ä., sondern schlicht Nutzungen. Was Nutzungen sind, wird nicht erläutert. Nach der hier verwendeten Definition ist Nutzung der geldwerte Vorteil, der im Gebrauch oder Verbrauch eines Vermögensgegenstands liegt.

Es handelt sich also um ein tatsächliches Geschehen, nicht um einen Begriff aus der Rechtsordnung. Es ist unerheblich, ob das Nutzen auf einem Rechtsgeschäft beruht und auf welchem, ob es eine Rechtsgrundlage hat oder nicht, ob es von längerer Dauer ist oder nur kurzfristig, entscheidend ist nur, daß vom Betrieb etwas gebraucht oder verbraucht wird und daß dieses Gebrauchen und Verbrauchen Gegenstand des Wirtschaftsverkehrs sein kann und einen marktüblichen Wert hat.

Fazit: Die Nutzung ist ein tatsächliches Geschehen, das einen wirtschaftlichen Wert hat und deswegen vom Gesetz als WG bezeichnet wird.

4.2.5.3 Für die Einlagefähigkeit kommt es auf die Bilanzierungsfähigkeit nicht an - Nutzungseinlage als fortwährende Zuführung eines Vermögensvorteils zum BV mit fortwährendem Verbrauch im BV

Nutzungen haben im Wirtschaftsleben ihren Preis. Sie kosten etwas. Die gängigen Nutzungen kann man "kaufen" wie andere Gegenstände des Wirtschaftsverkehrs. Der Betriebsinhaber kann vor einer echten wirtschaftlichen Alternative stehen, wenn es darauf ankommt, ob er sich die Sache selbst kauft oder herstellt oder ob er nur die Nutzung kauft. Was wirtschaftlich günstiger ist, hängt vom Einzelfall ab. Kauft er sich die Sache, so wird sie BV, kauft er sich die Nutzung, gehört nur diese, nicht die Sache selbst zum BV. Beide Alternativen kosten etwas, weil sie etwas wert sind. Die Nutzung verliert nicht deswegen ihren Wert, wenn für sie nichts bezahlt werden muß, weil sie dem Stpfl. "geschenkt" wird.

Jeder Betriebsinhaber, der für eine Nutzung, die für seinen Betrieb wichtig ist, nichts bezahlen muß

erspart sich Aufwendungen,
wird aber nicht reicher.

Das sind zwei wichtige Aussagen. Sie werden in der Diskussion um die Einlagefähigkeit von Nutzungen immer wieder besonders hervorgehoben und als Argumente dafür benutzt, daß Nutzungen nicht einlagefähig sind. Diese Schlußfolgerung ist falsch. Beide Aussagen zusammen und jede für sich sind richtig. Trotzdem ist keine der beiden Aussagen für sich allein oder zusammen mit der anderen geeignet, die Nichteinlagefähigkeit von Nutzungen zu beweisen.

Zu Aussage 1: Hätte der Betrieb die Sache oder das Recht genutzt, wäre ihm aber die Nutzungsmöglichkeit nicht unentgeltlich eingeräumt worden, hätte er dafür bezahlen müssen. Nur infolge eines außerbetrieblichen Vorgangs entsteht kein Aufwand. Ersparter Aufwand führt zu höherem Gewinn. Die Gewinnerhöhung hat aber eine außerbetriebliche Ursache. Sie kann deswegen nicht der Besteuerung unterliegen. Der stl. Gewinn darf nur aus dem betrieblichen

Bereich stammen. Aussage 1 trifft eine Feststellung zum Aufwand. Damit ist eine bestimmte Gewinnermittlungsmethode angesprochen: die sog. GuV-Methode. Sie ist nur mit Hilfe der Buchführung anwendbar. Der Gewinn ergibt sich durch Gegenüberstellung aller erfolgswirksamen Buchungen, aus dem Saldo zwischen betrieblich verursachtem Aufwand und Ertrag. Privat verursachte Vorgänge erscheinen nicht. Durch eine privat ermöglichte unentgeltliche Nutzung darf das Ergebnis nicht beeinflußt werden, auch nicht dadurch, daß aus privaten Gründen kein Aufwand entsteht. Die Buchung, die den zu hohen Ertrag richtig stellt, lautet: Aufwand an Einlage.

Zu Aussage 2: Während die Gewinnermittlungsmethode, die Aufwand und Ertrag gegenüberstellt, auf die Vermögensbewegungen abstellt, die in der Buchführung erscheinen, stellt die sog. Bilanzpostenmethode auf den Vermögensstatus am Bilanzstichtag ab. Während die Buchführung die Entwicklung des Vermögens während des Wirtschaftsjahres zeigt, gibt die Bilanz das stl. BV am Bilanzstichtag wieder, sie macht eine Momentaufnahme vom Umfang und Wert des BV an einem festen Zeitpunkt. Dann vergleicht sie diesen Vermögensstand mit dem Vermögensstand des vorangegangenen Bilanzstichtags. Daraus ergibt sich eine betragsmäßig feststellbare Differenz, die Vermögensmehrung oder -minderung. Die Differenz wird korrigiert durch Entnahmen und Einlagen.[84] Während die Feststellung des Vermögens etwas statisches ist, weil sie auf einem bestimmten Zeitpunkt fixiert ist,

84) Die Ermittlung des Gewinns durch die Bilanzpostenmethode ist aus steuerrechtlicher Sicht der GuV-Methode vorzuziehen, weil sie ausschließlich mit dem stl. Gewinnbegriff des § 4 Abs. 1, S. 1 EStG arbeitet. Beide Methoden kommen aber zwangsläufig zum selben Ergebnis.

ist die Feststellung der Entnahmen und Einlagen etwas Dynamisches. Entnahmen und Einlagen erstrecken sich über den ganzen Gewinnermittlungszeitraum. Es handelt sich um Vermögensbewegungen, die sich auf eine bestimmte Zeit verteilen. Entnahmen und Einlagen sind deswegen auch keine echten Bilanzposten, sondern nur Korrekturposten zum Ergebnis des Vermögensvergleichs (s.o. 3.1.4).

Wendet man die Bilanzpostenmethode auf Nutzungen an, die dem Betrieb aus privaten oder sonstigen außerbetrieblichen Gründen unentgeltlich zur Verfügung gestellt werden, muß man erst eine Vermögensmehrung nachweisen, die während des Jahres eingetreten ist. Wenn keine Vermögensmehrung vorliegt, darf auch keine Korrektur durch das Abziehen der Einlage erfolgen. Der Nachweis einer Vermögensmehrung will zunächst nicht gelingen, weil am Bilanzstichtag infolge der Nutzung keine Aktivmehrung feststellbar ist: Der Betrieb ist durch die unentgeltliche Nutzung nicht reicher geworden. Er ist aber nur deswegen nicht reicher geworden, weil er den Vermögenswert Nutzung sofort wieder verbraucht hat. Das ist ja gerade das Typische an einer Nutzung: Sie wid dem Betrieb fortlaufend als geldwerter Vorteil zugeführt, hält sich aber nicht im BV, weil sie ebenso fortlaufend verbraucht wird. Deshalb kann eine Nutzung nie zu einem Aktivposten in der Bilanz werden. Sie hat am Bilanzstichtag keinen feststellbaren Wert, weil sich zu diesem Zeitpunkt Wertzuführung und Verbrauch gegenseitig aufheben.[85] Man muß auseinanderhalten: Die

85) Die Lage ist ähnlich, wenn der Stpfl. aus dem Privatbereich für seinen Betrieb eine Sache geschenkt bekommt, die er während des Wirtschaftsjahres verbraucht. Auch in diesem Fall ist am Jahresende kein Aktivposten mehr vorhanden, der der Einlage entspricht. Dennoch liegt hier wohl unbestritten ein Einlage vor.

Vermögensmehrung, die in der Möglichkeit liegt, etwas unentgeltlich zu benutzen und die Vermögensminderung, die durch den Gebrauch bzw. Verbrauch dieser Möglichkeit eintritt. Obwohl also die Nutzung nicht bilanzierbar ist, weil sie als Vermögensgegenstand nicht greifbar wird, kann sie eine Einlage sein. Der Begriff Einlage setzt nur voraus, daß während des Jahres eine außerbetrieblich verursachte Vermögensmehrung stattgefunden hat. Sie setzt nicht voraus, daß diese Vermögensmehrung am Bilanzstichtag noch vorhanden ist. Damit wird der zweite Teil des o.a. Buchungssatzes verständlich: Aufwand an Einlage. Beide Elemente des Buchungssatzes zusammen haben nun eine starke Aussagekraft (nicht Beweiskraft!): Die durch die Einlage herbeigeführte Vermögensmehrung (Einlage im Haben), wird sofort wieder verbraucht (Aufwand im Soll). Bilanzierungsfähig sind in der Tat nur Nutzungsrechte oder gesicherte Rechtspositionen, die einen Wert für die Zukunft darstellen, einen Wert, der dem Betrieb nicht jeder Zeit entzogen werden kann.

Fazit:

> Die Nutzung ist ein geldwerter Vorteil, der dem Betrieb zugeführt wird, der aber sofort wieder verbraucht wird. Deswegen kann sie nicht bilanziert werden. Dennoch kann der Vermögensvorteil, den eine Nutzung darstellt, als Einlage qualifiziert werden.

4.2.5.4 Keine Bindung an das Handelsrecht

Das Handelsrecht kann keine Argumente für oder gegen die stl. Einlagefähigkeit von Nutzungen bringen. Der handelsrechtliche Gewinn hat eine ganz andere Funktion als der steuerrechtliche. Im Handelsrecht stehen die Bilanzierungsvorschriften im Vordergrund. Die Bilanzierung ist aber im Handelsrecht nicht deshalb wichtig, weil sich aus der Bilanz der Gewinn ergibt, sondern weil der Kaufmann nach außen oder für sich selbst sichtbar machen soll, wieviel Vermögen er hat. Er darf sich nicht reicher machen als er ist, er soll aber sein Vermögen aber auch nicht verstecken. Dieser Tendenz des Handelsrechts liegt der Gedanke des Gläubigerschutzes zugrunde. Daß die Frage der Gewinnermittlung für das Handelsrecht nebensächlich ist, zeigt am deutlichsten die Tatsache, daß im HGB nirgends eine Definition des Gewinns vorkommt.

Das gilt auch nach der geplanten Neufassung des HGB durch das Bilanzrichtliniegesetz.[86)] Man findet dort zwar sehr detaillierte Vorschriften über die Bilanzierung und Bewertung des Vermögens, aber keine Begriffsbestimmung des Gewinns. Was Gewinn i.S.d. HGB ist, kann zwar aus dem Inhalt der Gewinn- und Verlustrechnung (§ 253 HGBE) im Zusammenhang mit der Darstellung der Ergebnisverwendung (§ 258 HGBE) abgeleitet werden, eine echte Beschreibung des Gewinns i.S.v. § 4 Abs. 1 EStG ist jedoch im HGBE nicht enthalten. Dasselbe gilt für die anderen handelsrechtlichen Gesetze, die Vorschriften über die Gewinnermittlung enthalten (z.B. AktG, GmbHG). Hier zeigt sich eine deutliche Diskrepanz zum Steuerrecht. Das Steuerrecht orientiert seinen Gewinnbegriff am Betriebsvermögensvergleich. Dafür braucht es zwangsläufig die Begriffe Entnahmen und Einlagen, weil sonst privat verursachte Vermögensänderungen erfolgswirksam wären. Das Handelsrecht hat einen an der Buchführung orientierten Gewinnbegriff, der sich als Saldo zwischen Ertrag und Aufwand ergibt (Jahresüberschuß) und - im krassen Gegensatz zum Steuerrecht - sogar Zuführungen aus Rücklagen und Ergebnisverwendungen mit einbezieht

86) BR - DrS 257/83 v. 3.6.83

(§ 239 Abs. 5 HGBE). Die Begriffe Einlage und Entnahme sind damit zwangsläufig als Gewinnkomponenten entbehrlich. Vergleichbar mit dem stl. Gewinn ist nur der handelsrechtliche Jahresüberschuß. Beiden Begriffen liegt derselbe Kerngedanke zugrunde: Außerbetriebliche Vorgänge bleiben unberücksichtigt. Wo sich im Steuerrecht nur betrieblich veranlaßte Vermögensänderungen auf den Gewinn auswirken, spricht das Handelsrecht ausdrücklich von "betrieblichen Erträgen und betrieblichen Aufwendungen" (§ 253 Abs. 1 Nr. 4 u. 8 HGBE).

Daraus ergibt sich, daß das Handelsrecht nicht als Argument gegen die Einlagefähigkeit von Nutzungen und Leistungen herangezogen werden kann,[86a] da es den Begriff der Einlage i.S.d. Steuerrechts im Handelsrecht nicht gibt. Es ist vielmehr so, daß das Handelsrecht eher für die Einlagefähigkeit von Nutzungen und Leistungen spricht, weil es nur betrieblich verursachte Erträge erfaßt.

Schließlich sei noch darauf hingewiesen, daß der Begriff des immateriellen WG in § 244 Abs. 2 HGBE nicht nur Rechte oder rechtsähnliche Werte umfaßt, sondern auch sonstige Vorteile. Darunter lassen sich unschwer Vorteile aus Nutzungen und Leistungen einordnen, die nicht auf einer gesicherten Rechtsposition beruhen. Abgesehen davon, daß es nach der hier vertretenen Auffasssung auf die Bilanzierungsfähigkeit von eingelegten WG nicht ankommt, ist auch das ein Argument gegen die Auffassung des BFH, daß die Einlagefähigkeit an der Bilanzierungsfähigkeit scheitert.

Fazit: Die Einlagefähigkeit von Nutzungen kann nicht auf Grund des Handelsrechts verneint werden.

86a) Ebenso Gocke FR 84, S. 606.

4.3 Leistungseinlage

4.3.1 Die Problematik: Unternehmerleistung - Unterpreisleistungen Dritter

Die Leistungseinlage wird im Schrifttum und in der Rechtsprechung nur selten erörtert. Das kommt von dem sehr engen Blickwinkel, unter dem man den Begriff der Leistung sieht. Wie oben (4.1) gezeigt, denkt man im Zusammenhang mit Leistungseinlage meist an die Einlage eigener oder fremder Arbeitskraft. Es geht dabei um die eigene Arbeitsleistung des Unternehmers und um die Arbeitskraft Dritter, die aus betriebsfremden Erwägungen im Betrieb mitarbeiten. In beiden Fällen erspart sich der Betrieb Kosten. Das bedeutet Gewinn. Die Kernfrage ist denn auch, ob die Einbringung unentgeltlicher oder verbilligter Arbeitskraft in den Betrieb den Gewinn erhöht oder als Einlage behandelt werden kann mit der Folge, daß möglicherweise fiktive Lohnkosten als Aufwand berücksichtigt werden. Erweitert man den Begriff der Leistung auf andere Leistungen, die nicht Nutzungen oder Lieferungen sind, stellt sich das Problem des fiktiven Aufwands in breitem Rahmen.

4.3.2 Die Argumente für und gegen die Leistungseinlage

Die Einlage der eigenen Arbeitskraft des Unternehmers im Bereich der Einkommensteuer ist fast kein Thema. Es besteht Einigkeit darüber, daß Leistungen des Einzelunternehmers für seinen Betrieb nicht als Einlagen in Betracht kommen.[87] Als Argument wird vorgebracht, die eigene Arbeitskraft des Unternehmers sei kein WG und damit

87) z.B. H-H-R § 4, 45 h und § 6, 831; Schmidt (Heinicke) § 4, 51 c; Klein-Flockermann-Kühr aaO § 4, 12 a; Biergans aaO, S. 357; Nolte DB 80, S. 1364.

nicht einlagefähig. Leistungen Dritter, die aus betriebsfremden Zwecken unentgeltlich oder unter Preis für den Betrieb erbracht werden, werden von der h.M. ebenfalls nicht als Einlagen anerkannt. Insoweit setzt man sich aber kaum mit dem Begriff der Leistungseinlage auseinander. Man stützt das Ergebnis vielmehr darauf, daß Aufwand nur dann anerkannt wird, wenn ein Arbeitsverhältnis ernsthaft vereinbart und durchgeführt wird.[88] Das ist die Problematik der Familienverträge.

Der Haupteinwand gegen die Einlage von Arbeitskraft ist, daß nicht fiktiver Lohnaufwand geschaffen werden darf. Wenn weder beim Unternehmer noch beim Leistenden für die Arbeitskraft Kosten anfallen, erscheint die Schaffung von Aufwand über die Konstruktion der Einlage eines mit den üblichen Lohnkosten zu berwertenden WG "Leistung" ungerechtfertigt.

Als Gegenargument kann geltend gemacht werden, daß Leistungen nach dem Wortlaut des § 4 Abs. 1 S.2 EStG entnahmefähig und damit nach § 4 Abs. 1 S. 5 auch einlagefähig sind. Außerdem ist die Arbeitsleistung durchaus etwas, das im Wirtschaftsleben seinen Preis hat und daß sich für den Betrieb somit als geldwerter Vorteil erweist.

4.3.3 Eigene Meinung: Leistungen sind einlagefähige Wirtschaftsgüter, wenn sie einen feststellbaren Wert haben

Zunächst ist darauf hinzuweisen, daß der Leistungsbegriff zu eng gesehen wird, wenn er nur auf Arbeitskraft bezogen wird. Nach der hier vertretenen Auffassung ist Leistung alles, was im Wirtschaftsleben Gegenstand eines entgelt-

88) A 174 a EStR 1984

lichen Geschäfts sein kann. Leistung im engeren Sinne ist alles, was nicht unter die Sonderform der Nutzung und auch nicht unter Lieferung einzuordnen ist (s.o. 4.1). D.h., daß so verschiedene Dinge wie gewerbliche und freiberufliche Dienstleistungen (z.B. Planungen, Beförderungsleistung, Reparaturen, Werbeleistungen.), also Dienstleistungen jeder Art, aber auch Leistungen wie Bürgschaften, unterlassener Wettbewerb, Überlassung von Urheberrechten u.s.w. unter den Begriff der Leistung fallen.

Grundsätzlich gelten alle Argumente, die für die Einlagefähigkeit von Nutzungen sprechen, auch für die Einlagefähigkeit von Leistungen. Das Gewicht dieser Argumente ist so stark, daß man die Einalgefähigkeit von Leistungen generell bejahen muß. Auch die Leistung ist ein WG, das seinen Preis hat. Auf die Bilanzierungsfähigkeit kommt es nicht an. Der Vorteil, den ein Betrieb durch die Zuführung einer Leistung hat, konkretisiert sich nicht als eigenes WG in der Bilanz, weil die Leistung entweder sofort verbraucht wird oder in andere WG eingeht. Die bis zum Bilanzstichtag erbrachte Leistung ist grundsätzlich kein Wertgegenstand, der in die Zukunft wirkt.

Es muß betont werden, daß man mit der Einlagefähigkeit von Leistungen nicht automatisch zu fiktivem Aufwand kommt. Aufwand kann nur entstehen, wenn die eingelegte Leistung nach den stl. Bewertungsvorschriften einen feststellbaren Wert hat, der dann verbraucht werden kann mit der Folge, daß insoweit Aufwand entsteht. Das ist ein zusätzliches Problem, zu dem unter 4.4.3.3 Stellung genommen wird.

Eine Sonderrolle spielt die eigene Arbeitsleistung des Unternehmers. Der Unternehmer bringt zwar auch eine

Leistung in den Betrieb ein, man hat hier aber Schwierigkeiten mit dem allgemeinen Einlagebegriff. Dieser geht davon aus, daß etwas von außen in den Betrieb eingebracht wird. Das klingt im Fall der eigenen Unternehmerleistung ziemlich gekünstelt. Man könnte sich auf den Standpunkt stellen, daß diese Leistung nicht aus dem Privatbereich stammt, sondern unmittelbar im Betrieb erbracht wird. Dennoch soll aber hier aus systematischen Gründen kein Unterschied zwischen Unternehmerleistung und Drittleistung gemacht werden, weil aus der Sicht des Betriebes in beiden Fällen Leistungen eingebracht werden. Bei rein vermögensmäßiger Betrachtungsweise ist es für den Betrieb als besondere Vermögensmasse gleichgültig, von welcher Person eine Leistung erbracht wird, die geldwert ist. Diese Betrachtungsweise führt aber, wie gesagt, nicht automatisch dazu, daß fiktiver Unternehmerlohn als Aufwand geltend gemacht werden kann.

4.4 Die Bewertung der Nutzung und Leistung als Schlüssel für die steuerliche Auswirkung

4.4.1 Die im Privatvermögen entstandenen Kosten oder der übliche Marktpreis

Wenn man akzeptiert, daß Nutzungen und Leistungen einlagefähig sind, muß man sich mit der Bewertung der Einlage auseinandersetzen. Das Gesetz regelt die Bewertung von Einlagen ausdrücklich und eindeutig in § 6 Abs. 1 Nr. 5 EStG. Der normale Wertansatz für eine Einlage ist der Teilwert.[89] Auch der Begriff des Teilwerts ist im Gesetz definiert: § 6 Abs. 1 Nr. 1 S. 3 EStG. Der Zweck der

89) Die Sonderfälle des § 6 Abs. 1, Nr. 5 a und b EStG können hier zunächst außer Betracht bleiben.

Vorschrift ist klar. Man will die Bewertung in den Fällen, in denen die Gefahr einer zu subjektiven Bewertung durch den Stpfl. besteht, objektivieren, in dem man den fiktiven Erwerber des ganzen Betriebs erfindet. Das läuft darauf hinaus, an die Stelle des individuellen Stpfl. den normalen, gewissenhaften Betriebsinhaber zu setzen. Immer wenn es um den Ansatz des Teilwerts geht, muß man herausfinden, welchen Wert dieser objektivierte Geschäftsmann, der frei von allen nur auf seine Person bezogenen unsachlichen Überlegungen ist, aus der Sicht des Betriebsinhabers angesetzt hätte.

Welcher Wert fließt also dem Betrieb aus der Sicht des objektivierten Unternehmers zu? Die Frage spitzt sich im konkreten Fall z.B. im Fall der Geschäftsraumüberlassung auf zwei Möglichkeiten zu:

1. Ist der Betrieb um den Wert bereichert werden, der den tatsächlichen Kosten entspricht, die die Sache dem Eigentümer verursacht (lfd. Unkosten + AfA aus HK/AK des Eigentümers) oder
2. ist der Betrieb um einen evtl. abweichenden Marktwert der Nutzung (übliche Miete, üblicher Zins) bereichert?

Die Antwort darf nicht am Ergebnis orientiert sein. Das Ergebnis der 2. Möglichkeit ist für die meisten, die sich zu dem Problem geäußert haben, unbefriedigend. Das liegt sicher nicht daran, daß sie fiskalisch denken. Es wäre aber in der Tat seltsam, wenn man allein dadurch, daß man Eigentum von Nutzung trennt, zu einem höheren Aufwand für den Nutzenden käme als dann, wenn Eigentum und Nutzung zusammenfallen. Würde man die übliche Marktmiete als Wert der Nutzung ansetzen, hätte man beim Nutzenden denselben Aufwand wie im Fall eines echten Mietvertrags. Andererseits könnte aber der Teil der

Miete, der die Kosten übersteigt, beim Eigentümer nicht versteuert werden, weil bei ihm keine Einnahmen aus Vermietung und Verpachtung anfallen. Dazu folgendes Beispiel:

Eine Ehefrau überläßt ihrem Mann für dessen Betrieb Räume.

a) Sie hat mit ihm einen Mietvertrag abgeschlossen. Er zahlt an sie die marktübliche Miete von 30.000 DMjährlich, sie trägt die Kosten. Kosten und AfA betragen 24.000 DM jährlich.

b) Sie überläßt ihm die Räume unentgeltlich. Er trägt die laufenden Kosten.

Lösung:

a)	Er hat BA in Höhe von	./. 30.000 DM
	Sie hat Einnahmen in Höhe von	+ 30.000 DM
	lfd. Unkosten	./. 24.000 DM
	Differenz	./. 24.000 DM

b)	Falls man einen Einlagewert in Höhe der Marktmiete unterstellt, hat	
	er einen Aufwand in Höhe von	./. 30.000 DM
	sie hat keine Einnahmen	0 DM
	Sie kann deswegen auch ihre Kosten nicht geltend machen	0 DM
	Differenz	./. 30.000 DM

Die Variante b) würde dazu führen, daß man allein mit Hilfe einer Einlage abzugsfähige Kosten schaffen könnte, Kosten, die in Wirklichkeit nie entstanden sind.[90)]

90) Dagegen ausdrücklich Schmidt (Heinicke) § 4, 59 c, bb und Groh BB 82, S. 133. Ebenso Stadie DB 84, S. 578 und D. Meyer DB 84, S.2429.

4.4.2 Das Gesetz sieht beide Bewertungsmaßstäbe vor

4.4.2.1 Teilwert als Preis einer Fremdleistung

Geht man vom Teilwert als Bewertungsmaßstab aus, so kommt man mit der gesetzlichen Definition aus § 6 Abs. 1 Nr. 1 S. 3 EStG eher zum Marktpreis als zu den mit der Nutzung zusmmenhängenden Kosten des Eigentümers. Ein gedachter Erwerber des Betriebs würde eben für die Nutzung die Marktmiete aufwenden. Vergleicht man nun aber diesen Fall, in dem Nutzungsgeber und Nutzungsnehmer auseinanderfallen, mit dem Fall, daß der Stpfl. selbst Nutzungsgeber und Nutzungsnehmer ist, kommt man ohne größere Zweifel zu dem Ergebnis, daß nur die echten Kosten der Nutzung als Einlagewert anzusetzen sind. Die Vereinigung von Nutzungsgeber und Nutzungsnehmer in der Person des Spfl. tritt dann ein, wenn eine Sache des Stpfl. im Betrieb des Stpfl. genutzt wird, ohne BV zu sein. Es handelt sich um einen Fall der untergeordneten betrieblichen Nutzung. In diesem Fall bezweifelt, soweit ersichtlich, niemand, daß nur die Kosten, die mit der betrieblichen Nutzung zusammenhängen, als Aufwand geltend gemacht werden dürfen. Man bewertet die Nutzung nicht mit der marktüblichen Miete. Beispiel:

Der Stpfl. benutzt einen Raum seines Hauses für seinen Betrieb. Dieser Raum einschließlich der dazu gehörenden Grundstücksfläche ist von untergeordneter Bedeutung i.S.v. A 14 Abs. 2 EStR 1984. Der Stpfl. hat deswegen ein Bilanzierungswahlrecht.

Lösung A: Nimmt der Stpfl. den Grundstücksteil nicht in seine Bilanz auf, bemißt sich die AfA nach den ursprünglichen AK/HK.

Dennoch wäre es auch in diesem Fall an sich logisch, nach dem Teilwertbegriff zu fragen. Wäre nicht der Preis, den ein Erwerber des ganzen Betriebes für diese Nutzung zahlen würde, identisch mit der Marktmiete? Noch eine zweite Überlegung scheint gegen die Bewertung mit den Kosten zu sprechen. Warum nimmt man bei der Einlage eines Gegenstandes den gestiegenen Wiedergeschaffungspreis als Teilwert, während man bei der Einlage einer Nutzung den gestiegenen Wert der genutzten Sache nicht durch eine höhere AfA berücksichtigt?

> Lösung B: Nimmt der Stpfl. den Grundstücksteil in seine Bilanz auf, wird ein gestiegener Teilwert des Gebäudes bei der Bemessung der AfA berücksichtigt.

Die AfA ist also im Fall der Sacheinlage höher als im Fall der Nutzungseinlage. Dieses Beispiel zeigt, daß es durchaus nicht selbstverständlich ist, bei der Nutzungseinlage für die Berechnung der AfA die ursprünglichen AK/HK statt der gestiegenen Wiederbeschaffungskosten zugrundezulegen. Hält man am Teilwert als Bewertungsmaßstab fest, bleibt nichts anderes übrig, als den Teilwertbegriff zu vergewaltigen[91], oder man löst sich von der Teilwertbewertung und damit von § 6 Abs. 1 Nr. 5 EStG.

4.4.2.2 Die Anschaffungs- oder Herstellungskosten als Aufwand für die Eigenleistung

Weder eine Vergewaltigung des Teilwertbegriffs noch eine Loslösung vom Gesetz sind notwendig, wenn man § 6 Abs. 1 Nr. 5 a EStG für anwendbar hält.[92] Hier befaßt sich das Gesetz ausdrücklich mit der Frage, ob der

91) was BFH 81,68 sogar zugibt.

92) wie Mathiak StuW 81, S. 289 und Stadie DB 84, S. 578.

Stpfl. bei einer Einlage Aufwand schaffen darf, den er nicht gehabt hat. Wer einen Gegenstand in den ersten drei Jahren nach der Anschaffung oder Herstellung in das BV einlegt, darf die Differenz zwischen Restwert und höherem Wiederbeschaffungswert nicht aktivieren. Diese Differenz darf also auch nie zu Aufwand führen, weder im Fall des Verkaufs über den höheren Buchwert noch im Fall des Verbrauchs über die höhere AfA. Ausgangsbasis für die Aufwandsberechnung bleiben die ursprünglichen AK/HK. Durch die Einlage wird kein fiktiver Aufwand geschaffen.

4.4.3 Eigene Meinung: Nur die im Privatvermögen entstandenen Kosten kommen als Einlagewert in Betracht

Die entscheidende Frage ist, ob § 6 Abs. 1 Nr. 5 a auch für Nutzungen und Leistungen anwendbar ist. Die Idee erscheint zunächst befremdlich. Eine genaue Untersuchung zeigt jedoch, daß alle Voraussetzungen für die Anwendbarkeit erfüllt sind und daß die Lösung durchaus systemgerecht ist. Zweck der Vorschrift ist es, für eine gewisse Zeit nach der Anschaffung oder Herstellung eines WG eine feste Bewertungsgrundlage in Form der AK/HK zu haben und Unsicherheiten über die Höhe eines etwa im PV gestiegenen Teilwerts zu vermeiden. Das Ergebnis ist eindeutig: Dem Stpfl. wird es verwehrt, gestiegene Wiederbeschaffungskosten als Einlagewert anzusetzen. Er muß im PV entstandene stille Reserven ins BV überführen. § 6 Abs.1 Nr. 5 a EStG gilt für alle Einlagen, also auch für die Einlage von Nutzungen und Leistungen. Der kritische Punkt ist, ob man bei Nutzungen und Leistungen von AK/HK sprechen kann. Das fällt schwer. Leistungen, die aus dem PV stammen,entstehen originär im PV des Stpfl., sie werden nicht angeschafft. Damit erweist sich der Begriff Anschaffungskosten als ziemlich untauglich. Leichter könnte man von einer Herstellung sprechen. Sieht man in der Begründung eines Nutzungsrechts die Abspaltung eines selbständigen Eigentumsplitters, der dann in den Betrieb eingebracht wird, könnte das als Herstellung der Nutzungsmöglichkeit bezeichnet werden.[93)] Der BFH spricht im Zusammenhang mit der Schaffung eines Nießbrauchs von einer Abspaltung aus dem Eigentum. "Das Nutzungsrecht am Grundstück ist zwar unselbständiger Teil und Ausfluß des Eigentumsrechts am Grundstück, wenn es dem Eigentümer zusteht, aber als unabhängig vom Eigentum durch eine zur Privatsphäre gehörige Regelung begründetes Recht stellt es bilanziell ein neues, im Privatbereich geschaffenes selbständiges WG dar, das erst durch eine Einlage BV wird."[94)] Auch im Schrifttum wird die Abspaltungstheorie vertreten.[95)] Dennoch wirkt es befremdlich, in diesem Zusammenhang von der Herstellung eines WG zu sprechen. Mit dem Begriff Herstellung verbindet sich die Vorstellung von etwas, das neu geschaffen wird, bei HK denkt man an den Einsatz von Material und Arbeitskraft. Daher spricht einiges für die Auffassung, nur ein Gegenstand, nicht eine Nutzung könne hergestellt werden. Das heißt gleichzeitig, daß mit dem Herstellen der Nutzung bzw. des Nutzungsrecht keine HK anfallen können.[96)]

93) So Paus FR 81, S. 5 (s.o. FN 50 u. 77) und Stadie DB 84, S. 578.

94) BFH 74, 481. Ähnlich BFH 82, 735 u. 739; BFH 82, 378 u. 380.

95) Littmann § 2, 116 und DB 80, S. 1040; Söffing FR 74, S. 361 ff. A.A. Wolff-Diepenbrock DStZ 82, S. 331 m.w.N.,vor allem im Hinblick auf die im Zivilrecht ebenfalls herrschende Abspaltungstheorie.

96) So BFH 82, 454, wo der 8. Senat feststellt, daß im Fall des Zuwendungsnießbrauchs dem Eigentümer durch das Abspalten des Nutzungsrechts keine AK/HK entstehen. Ebenso Paus FR 81, 5.

Diese Auffassung ist zu formalistisch und wird dem Problem der Nutzungseinlage nicht gerecht. Die aus dem PV in den Betrieb eingebrachte Nutzung ist ein wirtschaftlicher Vorteil, ist ein WG. Solange Eigentum und Nutzung nicht auseinanderfallen, ist der Nutzungswert im Wert der Sache enthalten. Werden Eigentum und Nutzung getrennt, so wird der gesamte Wert der Sache in den Substanzwert und den Nutzungswert aufgespalten. Das ist der Fall, wenn nach den Bilanzierungsregeln nicht die Sache BV wird, sondern nur die Nutzung. Durch das Abspalten der Nutzung wird nichts Neues geschaffen, es wird nur etwas abgetrennt, aus einem WG werden zwei WG. Insoweit kann man von einem Herstellungsvorgang im weiteren Sinne sprechen. Dieser Herstellungsvorgang ist kein einmaliger, sondern ein andauernder. Die HK für die Nutzung entstehen dem Eigentümer nicht in einem bestimmten Zeitpunkt, sondern laufend während des ganzen Nutzungszeitraums. Nur die Anschaffung oder Herstellung der Sache ist der Vorgang, der einem bestimmten Zeitpunkt zugeordnet werden kann. Dieser Vorgang verursacht AK oder HK, die aber erfolgsneutral sind. Erst der Gebrauch der Sache führt zu Kosten, die als erfolgswirksamer Aufwand in Betracht kommen. Gestattet der Eigentümer die Nutzung der Sache in einem anderen Vermögensbereich - z.B. im Bereich seines oder eines fremden Gewerbebetriebs -, so schafft er damit für diesen Vermögensbereich einen Vermögensvorteil. Der Eigentümer wendet aber dafür nicht mehr auf als die ursprünglichen AK/HK der Sache. Auf diese Weise verwandeln sich die AK/HK der Sache in AK/HK der Nutzung. Die AK/HK entstehen im Privatbereich. Über die Nutzungseinlage werden sie in den Betriebsbereich transferiert.

Damit sind alle Voraussetzungen für die Anwendung des § 6 Abs. 1 Nr. 5 a EStG erfüllt:

- Es wird ein WG eingelegt: die Nutzung [97]
- Das WG verursacht AK/HK im Privatbereich
- Diese Kosten entstehen nicht in einem zurückliegenden Zeitpunkt, sondern fortlaufend und gleichzeitig mit der Nutzung. Damit liegt zwischen Entstehung der Kosten und Einlage des WG kein Zeitraum, der länger als 3 Jahre ist.

Folge: Die eingelegte Nutzung darf höchstens mit den Kosten bewertet werden, die im Privatvermögen für sie entstehen.

Denkt man also z.B. an die unentgeltliche betriebliche Nutzung eines Kfz, das zum PV des Betriebsinhabers oder eines Dritten gehört, so wendet der Eigentümer das für den Betrieb auf, was durch die Abnutzung verbraucht wird. Das ist die AfA. Bei der Berechnung der AfA muß der Eigentümer von seinen AK/HK für die genutzte Sache ausgehen, nicht von einem inzwischen gestiegenen höheren Wert. Das ist ein fester Grundsatz des deutschen Steuerrechts, der sich aus § 7 EStG ergibt.

Auf diese Weise wird es möglich, eine rechtliche Grundlage für die "Aufwandeinlage" zu finden, wie die Nutzungseinlage in letzter Zeit wörtlich oder sinngemäß bezeichnet wird.[98] § 6 Abs. 1 Nr. 5 a EStG ist die einzige Bewertungsvorschrift, mit der sich die Bewertung der Nutzung mit dem beim Eigentümer entstehenden Aufwand rechtfertigen läßt, wenn der Teilwert der Nutzung höher ist als die Kosten, die mit ihr zusammenhängen. Diese Vorschrift will die Erzeugung von Aufwand mit Hilfe einer Einlage vermeiden. Genau dieser

97) dazu ausführlich oben 4.2.5

98) s.o. 4.2.3.4

Tatbestand liegt bei der Nutzungseinlage vor. Kosten, die heute im PV entstehen, können nicht morgen im BV durch einen höheren Wert ersetzt werden.

§ 6 Abs. 1 Nr. 5 a EStG ist auch anwendbar, wenn die Nutzung von einer dritten Person stammt. Wenn die Nutzung dem Stpfl. von einer nahestehenden Person zugewendet wird, ohne daß für die Nutzung der übliche Preis bezahlt werden muß, wird dem Stpfl. aus privaten Gründen etwas ganz oder teilweise unentgeltlich zugewendet. Im Fall der unentgeltlichen Übertragung eines WG tritt der Rechtsnachfolger in die Rechtstellung des Rechtsvorgängers ein. Dieser im Steuerrecht allgemein angewendete Grundsatz kommt u.a. in § 11 d Abs. 1 EStDV zum Ausdruck. Es geht in dieser Vorschrift um die AfA-Bemessungsgrundlage beim Rechtsnachfolger im Fall des unentgeltlichen Erwerbs. § 11 d Abs. 1 EStDV ist allerdings nur anwendbar, wenn das geschenkte WG beim Rechtsvorgänger und beim Rechtsnachfolger zum PV gehört. Wechselt das WG ins BV, gilt ausschließlich § 6 Abs. 1 Nr. 5 EStG. Bei der unentgeltlichen Nutzungszuwendung unter nahestehenden Personen kann § 11 d Abs. 1 EStDV für die These der Aufwandeinlage insoweit nutzbar gemacht werden, als die Zuwendung zunächst als privater Vorgang angesehen werden muß. Der Stpfl. bekommt die Nutzung privat geschenkt. Damit ist er aber an die AfA-Bemessungsgrundlage des Zuwendenden gebunden. Überführt er nun die Nutzung in sein BV, kann nichts anderes gelten als wenn der genutzte Gegenstand zu seinem eigenen PV gehören würde. Eine echte Besonderheit läge dann vor, wenn der Zuwendende den genutzten Gegenstand vor der Zuwendung der Nutzung aus einem BV entnommen hätte. In diesem Fall müßte er stille Reserven, die bei der Entnahme vorhanden waren, versteuern. Dadurch würde sich seine AfA-Bemessungsgrundlage erhöhen.[99]

99) s.o. 4.5.3.1

Die hier vertretene Auffassung führt zu befriedigenden Ergebnissen. Im Fall der Sachnutzung werden nur die beim Eigentümer entstandenen tatsächlichen Kosten in den Betrieb transferiert. Das sind die AfA und die laufenden sonstigen Unkosten. Das bedeutet, daß es auf diese Weise weder zur Abschreibung von Grund und Boden noch zur Abschreibung eines schon abgeschriebenen WG kommen kann. Auch im Fall der unentgeltlichen Darlehensgewährung wird durch die Nutzungseinlage kein Aufwand produziert. Verursacht das dem Betrieb zur Verfügung gestellte Kapital[100] keine Kosten, können im Betrieb auch keine BA geltend gemacht werden. Der eingelegte Vorteil ist nur mit den im PV entstandenen Kosten zu bewerten. Daraus folgt, daß im Ergebnis nur die im PV entstandenen Zinsen und sonstigen Darlehenskosten in den Betrieb übertragen werden können. Hat also der Darlehensgeber (z.B. der Ehegatte oder eine andere nahestehende Person) dem Stpfl. für seinen Betrieb Eigenmittel zur Verfügung gestellt, kann der Stpfl. die Nutzungseinlage nur mit Null bewerten, sodaß kein Aufwand entsteht. Das Ergebnis deckt sich mit dem "Normalfall", in dem der Stpfl. sein eigenes Geld in den Betrieb einbringt.

Sogar im Fall der Leistungseinlage bewährt sich die Bewertung mit § 6 Abs. 1 Nr. 5 a EStG. Die Einlage der Arbeitskraft des Unternehmers in seinen Betrieb ist nicht mit Kosten verbunden. Es liegt damit keine bewertbare Einlage vor. Ebenso ist es im Fall der unentgeltlichen Mithilfe von Familienangehörigen. "Bewertbare" Einlagen von Arbeitskraft kommen also in der Praxis ganz selten vor. Es handelt sich um die Fälle, in denen jemand für den Betrieb tätig wird, dessen Tätigkeitsvergütung außerhalb des Betriebs bezahlt wird.

100) Dieses Darlehen wäre eine betriebliche Verbindlichkeit, auch wenn es von einer nahestehenden Person zu unüblichen Bedingungen gewährt würde. Entscheidend ist, daß das Darlehen für Zwecke des Betriebs gewährt wird. Vgl. dazu Schmidt (Heinicke) § 4, 42 d.

Beispiel:

Jeder der beiden Ehegatten hat einen eigenen Betrieb. Die Frau leiht dem Mann einen Arbeitnehmer, ohne dafür den Ersatz der Lohnkosten zu verlangen.

Schmidt (Heinicke)[101] erkennen in diesem Fall eine Leistungseinlage an, sprechen aber ebenso wie bei der Nutzungseinlage von Wertbewegungen in Höhe der Lohnkosten. Bedenken bestehen nur gegen den Ausdruck, nicht gegen das Ergebnis.

Fazit:

Die Einlage von Nutzungen und Leistungen ist nach § 6 Abs. 1 Nr. 5 a EStG mit den im Privatvermögen entstandenen Kosten zu bewerten, weil zwischen Entstehung der Kosten und Einlage ein unmittelbarer zeitlicher Zusammenhang besteht.

4.5 Zusammenfassung

4.5.1 Stellungnahme zur Rechtsprechung

Die hier vertretene Auffassung unterscheidet sich von der des BFH in einem wesentlichen Punkt: Während für den BFH nur Nutzungsrechte als einlagefähige WG in Betracht kommen, werden hier auch Gefälligkeitsnutzungen, die einen wirtschaftlichen Wert haben, für einlagefähig gehalten. Ein wichtiges Argument, mit dem der BFH seine Auffassung begründet, findet sich in BFH 80,244. Der 8. Senat meint in diesem Urteil, daß § 4 Abs. 1 S. 1 EStG den Abzug von Einlagen nur gebiete, wenn diese die Eigenschaft eines WG besitzen. Dies folge aus § 6 Abs. 1 Nr. 5 EStG, der für die Bewertung von Einlagen auf den "Zeitpunkt der Zuführung des WG"

101) Schmidt (Heinicke) § 4, 51 b, dd,.

abstelle. Bei fortlaufender Einsparung von Aufwand lasse sich aber kein einheitlicher Zeitpunkt der Zuführung bestimmen.

Die Begründung stützt sich zunächst auf den WG-Begriff, der wie gezeigt, vom EStG nicht definiert wird, ja wie manche meinen, sogar widersprüchlich verwendet wird. Gleichgültig welche Auffassung man zum Begriff des WG vertritt, man muß immer zu dem Ergebnis kommen, daß eine Nutzung ein WG im Sinne der Einlagevorschriften ist, auch wenn sie nicht auf einer gesicherten Rechtsposition beruht. Dafür gibt es eine formalistische Begründung: § 4 Abs.1 S.5 EStG bezeichnet die Nutzung (nicht das Nutzungsrecht) im Klammerzusatz selbst als WG. Dafür gibt es aber auch eine am Sinn des stl. Gewinnbegriffs orientierte Begründung: Die Nutzung ist etwas, das sich der Betrieb im Wirtschaftsverkehr kaufen kann, ihr Wert läßt sich in Geld ausdrücken, sie ist deswegen ein WG auch in dem Sinn, wie es in § 6 Abs. 1 EStG verstanden wird und wie es die ständige RSpr. immer wieder formuliert. Der Hinweis des BFH[102], daß das gewerbliche BV neben den bewertbaren aktivierungsfähigen WG auch Gegenstände umfassen kann, die sich ihrer Natur nach einer Bewertung entziehen und deshalb nicht bilanzierungsfähig sind, paßt nicht recht ins Konzept der Urteile, die später in diesem Zusammenhang ergangen sind. Es soll wohl auch nicht so verstanden werden, daß diese "Gegenstände" einlagefähig sind.

Ein zweites wichtiges Argument des BFH ist der Zeitpunkt der Einlage. Der 8. Senat meint, es könne nur etwas eingelegt werden, das dem BV in einem bestimmten Zeitpunkt zugeführt wird. Dazu ist folgendes zu sagen: Wenn der

102) BFH 78, 386

Gesetzgeber für die Bewertung einer Einlage den Zeitpunkt für maßgebend hält, in dem das WG dem Betrieb zugeführt worden ist, dann ist damit nur gesagt, daß es für die Bewertung nicht auf den Bilanzstichtag ankommt wie bei der Bewertung von nicht eingelegten Vermögensgegenständen. Es wäre aber eine Überinterpretation, wenn man daraus schließen würde, daß es keine Dauereinlagen gibt. Eine Nutzung wird zu allen Zeitpunkten zwischen Nutzungsbeginn und Nutzungsende eingelegt.

Das wichtigste Argument des BFH ist schließlich, daß Nutzungen und Leistungen, soweit sie keine Rechte sind, nicht bilanzierungsfähig sind. Die reine Nutzung ist nicht aktivierbar, weil sie sich sofort wieder verbraucht. Sie hat keinen über den reinen Nutzungswert hinausgehenden Wert wie etwa ein Nutzungsrecht, das dem Betrieb über den Bilanzstichtag hinaus zur Verfügung steht und das wegen der Sicherheit, die es mit sich bringt, wertvoller ist als die Gefälligkeitsnutzung. Dennoch liegt auch in der reinen Gefälligkeitsnutzung ein Wert, sie hat ihren Preis. Bekommt sie der Stpfl. geschenkt, wird sein BV bereichert. Daß sich der Wert der Nutzung nicht über den Bilanzstichtag hinaus halten kann, weil er verbraucht wird, ist ein zweiter Schritt, der den ersten nicht ungeschehen machen kann.

Kein Hindernis für die Einlagefähigkeit sieht der BFH darin, daß Nutzungsrechte immaterielle Wirtschaftsgüter sind [103]. Auch wenn in dieser Arbeit davon ausgegangen wird, daß es auf die Aktivierbarkeit der Nutzungseinlage nicht ankommt, soll doch darauf hingewiesen werden, daß die Rspr. des BFH zur Nutzungseinlage auf einem sehr unsicheren Fundament steht. Abgesehen von der Problematik,

103) BFH 80, 244 und 83, 739

ob Nutzungsrechte überhaupt bilanziert werden dürfen, ergeben sich zusätzlich bisher fast ganz ungeklärte Probleme, die mit dem Wertansatz der Nutzungsrechte in der Bilanz zusammenhängen. Wie soll die Nutzungsdauer geschätzt werden? Ist eine Kapitalisierung notwendig? Sind die AfA-Vorschriften überhaupt anwendbar [104] oder muß am Jahresende eine Teilwertabschreibung gemacht werden? Welche AfA-Art ist anzuwenden, insbesondere bei der Nutzung von Gebäuden?

Das Handelsrecht, auf das der 1. Senat [105] verweist, kann die Einlagefähigkeit von Nutzungen oder Nutzungsrechten im Steuerrecht nicht begründen. Wie o. (4.2.5.4) gezeigt, sind die Begriffe Einlage und Entnahme rein stl. Begriffe, die dem handelsrechtlichen Gewinnbegriff fremd sind.

Schließlich soll noch zu dem Argument Stellung genommen werden, das der BFH in den erwähnten Urteilen zwar nicht ausdrücklich gebraucht, das aber dem Zusammenhang seiner Ausführungen zu entnehmen ist. Es geht um die fiktiven Aufwendungen, die man unterstellen müsse, wenn man Gefälligkeitsnutzungen für einlagefähig halte. Das Gericht läßt in seinen Ausführungen immer wieder anklingen, daß es der Auffassung ist, fiktive Aufwendungen seien keine echten Aufwendungen und damit nicht abzugsfähig. Dazu ist zu sagen, daß im Zusammenhang mit einer unentgeltlich dem Betrieb überlassenen Nutzung kein fiktiver, sondern tatsächlicher Aufwand entsteht. Das Problem wird deutlich, wenn man an die AfA denkt, die für ein WG des PV, das betrieblich genutzt wird, anfällt. Wird z.B. das Auto des Stpfl. gelegentlich im Betrieb benutzt, ohne daß es BV

104) Bejahend BFH 78, 386 | 79, 38 | 80, 244 | BFH 81, 68 | 83, 735 | 83, 736 | BFH 83, 739

105) BFH 78, 386

wird, dann ist die damit zusammenhängede AfA betrieblicher Aufwand. Es handelt sich aber nicht um die AfA des Autos, diese fällt im PV an. Es handelt sich vielmehr um den Verbrauch der dem Betrieb zugeführten Nutzung, deren Wert mit der AfA identisch ist. Ganz offensichtlich wird das Problem, wenn das Auto der Ehefrau des Stpfl. gehört.[106] In diesem Fall kann der Stpfl. keine AfA für das Auto geltend machen, sondern nur den Verbrauch der Nutzung. Das läuft natürlich im Ergebnis auf dasselbe hinaus. Er müßte in all diesen Fällen buchen: Aufwand (in Höhe der Kfz-AfA) an Einlage. Der Aufwand liegt im Verbrauch des Wertes der Nutzung.

Übereinstimmung mit dem BFH besteht aber insoweit, als nicht durch eine Einlage Aufwand kreiert werden darf. Die Nutzungseinlagen sind nach § 6 Abs. 1 Nr. 5 a EStG das wert, was sie im PV gekostet haben. Der BFH begründet das nicht mit § 6 Abs. 1 Nr. 5 a, sondern mit einer Modifizierung der Legaldefinition des Teilwerts.[107] Dies ist rechtlich äußerst bedenklich. Der Begriff des Teilwerts ist genau und ausführlich im Gesetz beschrieben, er wird in § 6 Abs. 1 Nr. 5 ausdrücklich für anwendbar erklärt. Eine Modifizierung des Begriffs geht über eine interpretierende Auslegung hinaus und ist von der Systematik her rechtlich bedenklich. Der hier gewählte Weg bleibt dagegen der Begriffswelt des EStG verbunden. Er hat den Vorteil, daß der Teilwertbegriff nicht gebraucht wird, weil zumindest dann, wenn die Kosten der Nutzung niedriger sind als der marktübliche Preis, die niedrigeren Kosten und nicht der höhere Teilwert für die Bewertung maßgebend sein sollen.

106) vgl. BFH 82, 594

107) BFH 81, 68

Der BFH muß den Teilwertbegriff übrigens nochmal modifizieren, wenn der genutzte Gegenstand vor der Einlage aus einem BV entnommen wurde und die stillen Reserven dabei aufgedeckt worden sind. In diesem Fall soll der Teilwert der Nutzung dem Marktwert entsprechen.[108] Das Ergebnis deckt sich mit der hier vertretenen Auffassung insoweit, als infolge der Entnahme wegen der aufgedeckten stillen Reserven eine höhere Gebäude-AfA entsteht. Ein deutlicher Gegensatz besteht aber, weil die Rspr. des BFH indirekt zu einer Abschreibung des Grund und Bodens führt. Das ist Erzeugung von künstlichem Aufwand, das ist das Ergebnis, dem der BFH immer aus dem Weg gehen wollte. Schließlich besteht jetzt ein Widerspruch zum Normalfall ohne vorherige Entnahme, bei dem der Grundstückswert nicht in den Wert der Nutzung mit eingeht und damit nicht zu Aufwand führt.

4.5.2 Stellungnahme zur Literatur

Die hier vertretene Auffassung unterscheidet sich von den in der Literatur geäußerten Meinungen, soweit sie dem BFH darin folgen, daß nur Nutzungsrechte einlagefähig und abschreibungsfähig sind. Das sind L. Schmidt, Bühler-Paulick, Birkholz in Lademann-Söffing-Brockhoff, Bordewin, Hutter und Thoma.[109] Das ist insbesondere Knobbe-Keuk[110], die nicht einmal (unentgeltlich erworbene) Nutzungsrechte für einlage- und abschreibungsfähig hält. Sie stellt für die Einlagefähigkeit eines WG auf die Aktivierbarkeit ab. Darauf kann es aber, wie gezeigt, nicht ankommen, wenn man der Auffassung ist, daß sich Nutzungen mit Zuführung zum BV verbrauchen. Aus dem gleichen Grund sind die Äußerungen von Plückebaum[111] und Paus[112] abzulehnen.

108) BFH 83, 735

109) s.o. FN 60

110) s.o. FN 48

111) s.o. FN 49

112) s.o. FN 50

Die hier vertretene Meinung stimmt im Ergebnis mit H-H-R[113] überein. Übereinstimmung ergibt sich auch mit Biergans[114], der der Meinung ist, daß generell alle Wertzuführungen in die betriebliche Sphäre, unabhängig von ihrer Aktivierbarkeit, einlagefähig sind. Auf der selben Linie liegt die Auffassung von Heinicke[115], der die Einlagefähigkeit weder von der Bilanzierbarkeit noch von der Buchungsmöglichkeit abhängig macht. Nicht glücklich formuliert erscheint bei Biergans und Heinicke der Begriff Wertzuführung. Ein Wert an sich kann nicht zugeführt werden. Es muß immer etwas sein, das einen Wert hat, sei es eine Sache, ein Recht, eine Nutzung oder eine Leistung. Aber das ist nur Sprachkritik. Im Ergebnis deckt sich die hier vertretene Auffassung auch mit der von Littmann[116], Rohner[117], Hundertmark-Herms[118] und Röhrkasten[119]. Entscheidend ist, daß sich alle von der Bilanzierbarkeit und einem engen WG-Begriff trennen. Sie stellen darauf ab, ob dem Betrieb etwas zugeführt worden ist, das einen Wert hat. Und das bejaht zumindest Heinicke ausdrücklich auch bei einer Gefälligkeitsnutzung.

Die wichtigste Übereinstimmung besteht aber mit den Meinungen von Kramer[120] u. Beck[121], soweit sie zwischen Wertzuführung und gleichzeitigem Wertverzehr bzw. Verbrauch der Nutzung unterscheiden. Sie arbeiten klar den Unterschied zwischen plus und minus heraus, der das Typische bei einer Nutzungseinlage ist. Die Einlage besteht in der Zufüh-

113) s.o. FN 53

114) s.o. FN 55

115) s.o. FN 54

116) s.o. FN 57

117) s.o. FN 58

118) s.o. FN 56

119) s.o. FN 53

120) s.o. FN 66

121) s.o. FN 67

rung der Nutzungsmöglichkeit, die für sich einen Wert hat, auch wenn sie nur auf Gefälligkeit beruht. Kramer stellt richtig fest, daß es unerheblich sei, ob die Nutzungsmöglichkeit in der Bilanz ihren Niederschlag finden könne.[122] Beck flüchtet sich völlig unnötig zu dem Gedanken, daß der Wert der Nutzung in andere WG eingehe. Beide Autoren grenzen aber dann klar den mit der Nutzungseinlage unmittelbar zusammenhängenden zweiten Schritt ab: Das Entstehen von Aufwand durch Verbrauch des zugeführten Nutzungswerts. Auf diese Weise wird das Problem der Bilanzierung logisch und konsequent vom Problem der Einlage abgekoppelt.

Hinsichtlich der Bewertung der Nutzungseinlagen besteht Übereinstimmung mit den Autoren, die im Ergebnis nur die sog. Aufwandeinlage [123] bejahen. Erhebliche Divergenzen bestehen aber über den Weg, wie man zur Aufwandeinlage kommt. Hier wird dies mit dem Rechtsgedanken des § 6 Abs. 1 Nr. 5 a EStG begründet. Damit ergibt sich eine Übereinstimmung mit Mathiak [124], der diesen Gedanken erstmals formuliert hat. Diese Auffassung hat den Vorteil, daß der im Gesetz verankerte Teilwertbegriff nicht modifiziert wird (wie durch den BFH) oder entgegen § 6 Abs. 1 Nr. 5 EStG für nicht anwendbar erklärt wird (wie bei Kramer). Eine Übereinstimmung mit der Meinung von Paus[125] besteht nur insoweit, als auch er § 6 Abs. 1 Nr. 5 a EStG als Bewertungsvorschrift heranzieht. Paus behauptet, daß für das WG Nutzung keine HK entstehen, weil das Erlauben der Nutzung, der Akt der Einwilligung (der Vorgang des Abspaltens) für den Eigentümer keine Kosten verursache. Diese

122) Er betont sogar, daß er nicht einmal Nutzungsrechte für einlagefähig hält, wenn sie unentgeltlich erworben werden.

123) s.o. FN 79

124) StuW 81, S. 281

125) s.o. FN 50

Behauptung ist richtig, wenn man sie auf die Schaffung eines Nutzungsrechts bezieht. Die Begründung des Nutzungsrechts kostet i.d.R. nichts, wenn man von den Kosten des Vertragsabschlusses (z.B. Eintragung des Nießbrauchs im Grundbuch, damit zusammenhängende Notarkosten) absieht. Es geht aber bei der unentgeltlichen Nutzungsüberlassung nicht darum, was das Jawort der Einwilligung kostet, sondern was die Nutzung kostet.[125a] Das sind die entscheidenden Kosten des Eigentümers für das WG Nutzung. Die Ausführungen von Beck sind in sich widersprüchlich. Es geht nicht an, den Ansatz der Marktmiete für richtig zu halten und gleichzeitig nur die Bewertung mit den Kosten zu empfehlen. Die Auffassungen, die davon ausgehen, daß nicht die Nutzung, sondern nur ihr Wert[126] als eingelegt anzusehen sei bzw. daß dem Betrieb von außen Aufwand zufließe[127], bieten keine ausreichende gesetzliche Begründung an. Abgesehen davon sollte man, wie gesagt, mehr auf die sprachlichen Konsequenzen dieser Ausdrücke achten: Sie vermischen den Gegenstand der Einlage mit der Bewertung der Einlage. Weder ein Wert noch ein Aufwand sind einlagefähig. Groh[128] zeigt die rechtlichen Schwierigkeiten bei der Bewertung von Nutzungseinlagen deutlich auf und hält sie noch nicht für gelöst. Sein Gedanke, über die Drittschadensliquidation zur Aufwandeinlage zu kommen, zeigt nur das Bedürfnis nach einer rechtlich fundierten Konstruktion. Eine direkte Übertragung dieses Rechtsinstituts in das Steuerrecht wird von Groh nicht ernsthaft vorgeschlagen. Auch Trzaskalik[129] lehnt den Gedanken der Drittschadensliquidation und überhaupt die Idee der Übertragung von

125a) Ebenso Stadie DB 84, S. 578.

126) Schmidt (Heinicke) § 4, 51 b, cc, und 59 "Nutzungen"

127) Drenseck in FR 81, S. 150

128) BB 82, S. 136

129) StuW 83, S. 126

Aufwand auf den Nutzenden ab. Er geht davon aus, daß ein Nutzungsrecht kein WG ist. Das ergibt sich für ihn insbesondere aus dem Vergleich der entgeltlichen mit der unentgeltlichen Nutzung. Daraus leitet er einen gewichtigen Einwand gegen die hier vertretene Auffassung ab: Wer die Nutzung als WG bezeichnet, müsse dies konsequenterweise auch bei entgeltlich erworbener Nutzung tun. Das würde bedeuten, daß in der Zahlung des Mieters oder Pächters der Aufwand für die Anschaffung des WG Nutzung zu sehen sei. Dieses Ergebnis widerspricht scheinbar dem grundsätzlichen Einverständnis, daß im Steuerrecht über die Abgrenzung von Anschaffungsgeschäften und laufenden Unkosten herrscht. Mieten, Zinsen, Lohnkosten u.ä. werden gemeinhin als laufende Unkosten bezeichnet, die nicht zu einer Aktivierung von WG führen. Dies ist im Ergebnis nicht zu beanstanden. Man muß nur fragen, warum das so ist. Die entgeltlich erworbene Nutzung oder Leistung ist für den Betrieb ein Vorteil, der i.d.R keinen über den Bilanzstichtag hinausgehenden Vorteil hat. Der Wert der Nutzung erschöpft sich mit ihrem Verbrauch.[130] Deswegen kommt es nicht zu einer Bilanzierung. Das ist bei entgeltlich erworbener Nutzung genau so wie bei unentgeltlich erworbener. Der Verbrauch des Vermögensvorteils im Betrieb führt zu Aufwand, unabhängig davon, ob der Vorteil durch ein Anschaffungsgeschäft oder durch eine Einlage in das BV gelangt ist. Das ist ja gerade das Wesen der Einlage. Sie führt dazu, daß gleichsam fiktive AK des Betriebs für das WG unterstellt werden. Schwierigkeiten macht der von Trzaskalik angesprochene Fall des für ein künftiges Jahr voraus bezahlten Nutzungs-

130) Das ist nur anders, wenn die Dauer des Nutzungsrechts ein darüber hinausgehender besonderer Vorteil für den Betrieb ist, der über den Bilanzstichtag hinauswirkt und damit aktiviert werden muß.

entgelts. Er meint, wenn man die Nutzung als WG ansehe, müsse man die Vorauszahlung als Anschaffungspreis für das WG aktivieren und könne sie nicht als aktiven Rechnungsabgrenzungsposten nach § 5 Abs. 4 Nr. 1 EStG behandeln. Das ist richtig, doch nur im Hinblick auf Nutzungsrechte, die einen in die Zukunft wirkenden Vorteil darstellen. Bei jederzeit kündbaren Nutzungsverträgen oder gar bei Gefälligkeitsnutzungen besteht dagegen kein bilanzierbarer Vermögensvorteil. Hier hilft für den (unwahrscheinlichen) Fall der Vorauszahlung nur § 5 Abs. 4 Nr. 1 EStG: Mit der Vorauszahlung erwirbt der Stpfl. keinen Gegenwert in Form eines in die Zukunft wirkenden Nutzungsrechts, sondern er zahlt für ein WG, das ihm erst in einem künftigen Wirtschaftsjahr zur Verfügung gestellt wird.[131] Auch Ülner[132] vergleicht entgeltliche und unentgeltliche Nutzungsverhältnisse und kommt zu dem Ergebnis, daß die Aktivierung eines unentgeltlichen Nutzungsrechts nicht zulässig sei. Er meint, die Aktivierung eines unentgeltlich erworbenen Nutzungsrechts sei ebensowenig zulässig wie die Aktivierung eines Nutzungsrechts, das auf einem langfristigen Mietvertrag beruhe. Das ergebe sich aus den Grundsätzen über die Bilanzierung schwebender Geschäfte. Dieses Argument richtet sich wieder gegen die Bilanzierung von unentgeltlich erworbenen Nutzungsrechten. Da es auf die Bilanzierung nach der hier vertretenen Auffassung nicht ankommt, gelten die gegen Trzaskalik vorgebrachten Einwände auch für die Auffassung Ülners.

131) Es ist zuzugeben, daß diese Auffassung den Unterschied zwischen Anzahlungen und ARP einebnet (ebenso BFH 74,25, BFH 76,675 u. 84,747).

132) s.o. FN 52

4.5.3 Vergleich der Meinungen anhand von praktischen Fällen

4.5.3.1 Unentgeltliche Nutzung eines Grundstücks

Fall 1:

Die Ehefrau überläßt ihrem Mann für dessen Gewerbebetrieb unentgeltlich die Benutzung eines Gebäudes, dessen Eigentümerin sie ist. Die HK für das Gebäude betrugen 1 Mio.. Die Frau hat die HK selbst getragen, sie trägt auch die laufenden Unkosten (jährlich 5.000 DM). Eine rechtlich verbindliche Vereinbarung besteht zwischen den Ehegatten nicht. Die marktübliche jährliche Miete beträgt 30.000 DM.

Lösung: Einlage der laufenden Nutzung. Der Wert der Nutzung entspricht den laufenden Unkosten incl. der aus den HK berechneten AfA, nicht der marktüblichen Miete. Die AfA muß nach § 7 Abs. 1 EStG berechnet werden, da nicht das Gebäude, sondern die Nutzungsmöglichkeit verbraucht wird. Für die Ehefrau fallen keine Einkünfte an.

Nach BFH [133] liegt das Problem darin, ob der Mann eine rechtlich gesicherte Position hat. Besteht eine solche Rechtsposition, dann ergibt sich dieselbe Lösung. Besteht sie nicht, können Kosten und AfA von keinem der Ehegatten abgezogen werden.

Fall 2:

Sachverhalt wie bei Fall 1, aber der Mann trägt die laufenden Unkosten.

Lösung: Wie bei Fall 1 -

133) s.o. FN 29

Falls keine gesicherte Rechtsposition besteht, liegt nach BFH keine Nutzungseinlage vor. Die AfA könnten weder vom Ehemann noch von der Ehefrau geltend gemacht werden. Im Unterschied zu Fall 1 wären aber die laufenden Unkosten auch ohne die Annahme einer Einlage abzugsfähig, weil sie unmittelbar durch den Betrieb verursacht sind.

Fall 3:

Der Ehemann hat auf dem Grundstück seiner Frau ein Gebäude errichtet und die HK von 1 Mio. DM selbst getragen. Auch die laufenden Unkosten zahlt er selbst. Ein Mietvertrag besteht zwischen den Ehegatten nicht; sie haben auch nichts darüber vereinbart, wie lange der Mann das Gebäude nutzen kann und ob die Frau bei vorzeitiger Beendigung der Nutzung einen Teil der HK ersetzen muß.

Lösung: Die Frau ist rechtlicher und wirtschaftlicher Eigentümer des Gebäudes. Der Mann hat einen Ersatzanspruch gegen sie in Höhe der HK. Deswegen liegt keine unentgeltliche, sondern eine entgeltliche Nutzung vor. Der Ersatzanspruch des Mannes wird durch die Nutzung verbraucht. Dadurch ergibt sich ein jährlicher Aufwand, der ebenso hoch ist wie die lineare Gebäude-AfA. Daneben sind die laufenden Kosten BA. Die Frau hat keine Einkunftsquelle, weil sie keine Einnahmen erzielt. Sie kann deswegen auch keine AfA geltend machen. Anders wäre es, wenn der Mann nachweislich auf einen Ersatz der HK verzichtet hat. Dann liegt wieder eine Nutzungseinlage vor, die sich linear verbraucht, so daß Aufwand in Höhe einer linearen AfA entsteht (§ 7 Abs. 1 EStG). -

Der BFH kommt zum gleichen Ergebnis, jedoch mit anderer Begründung. Er gibt dem Mann die AfA für ein materielles WG eigener Art (§ 7 Abs. 1 EStG). Bei nachweislichem Verzicht des Mannes auf Ersatz der HK kann jedoch im

Gegensatz zur hier vertretenen Meinung keine AfA geltend gemacht werden.[134]

Fall 4:

Ein Vater schenkt seinem Sohn aus seinem BV ein bebautes Grundstück. Das Grundstück wird aber trotzdem weiterhin im BV des Vaters genutzt, weil ihm der Sohn unentgeltlich die Nutzung für die Restnutzungsdauer des Gebäudes von 10 Jahren überläßt. Der Vater erspart sich dadurch die marktübliche Miete. Im Zeitpunkt der Übereignung des Grundstücks waren folgende stille Reserven vorhanden:

Grund und Boden:	Buchwert	200	
	Teilwert	600	400
Gebäude:	Buchwert	500	
	Teilwert	800	300
Aufgedeckte stille Reserven			700

Als AfA wurden bisher für das Gebäude jährlich 5 % von 1.000 (= HK) geltend gemacht. Die Restnutzungsdauer für das Gebäude beträgt nach der Übereignung nachweislich 10 Jahre.

Lösung: Aufgrund der Entnahme verändert sich die AfA-Bemessungsgrundlage für das entnommene Gebäude, weil stille Reserven aufgedeckt worden sind:

Buchwert:	500
aufgedeckte stille Reserven	300
neue Bemessungsgrundlage	800
davon 10 % AfA	80,[135]

Die veränderte AfA-Bemessungsgrundlage muß der Sohn als

134) s.o. FN 28

135) Diese Berechnung entspricht A 42 a III EStR 1984.

unentgeltlicher Erwerber übernehmen (§ 11 d Abs. 1 EStDV). Überläßt der Sohn nach der Übereignung die Nutzung des Grundstücks wieder dem Vater, so liegt insoweit eine unentgeltliche Übertragung des WG Nutzung in das Privatvermögen des Vaters vor, die den Vater wieder nach § 11 d Abs. 1 EStG zwingt, die neue AfA des Sohnes zu übernehmen. Bewertet man dann die Einlage der Nutzung in das Betriebsmögen mit den Kosten, die im Privatvermögen für die Nutzung entstehen (§ 6 Abs. 1 Nr. 5 a EStG), kommt man am Ende dazu, daß der Vater die AfA für das Nutzungsrecht nur in der Höhe ansetzen darf, in der sie beim Sohn zu berechnen wäre, wenn er das Gebäude selbst nutzen würde. Die AfA ist somit für den Vater um 30 höher geworden als vor der ganzen Transaktion. Eine AfA für den Grund und Boden über die Abschreibung eines entsprechenden Nutzungsrechts ist bei dieser Lösung nicht möglich. -

Der BFH [136] kommt in diesem Fall zu einem Einlagewert, der der tatsächlichen Marktmiete entspricht. Damit wird über die AfA des Nutzungsrechts auch der Teil abgeschrieben, der auf den Grund und Boden entfällt. Der Vater kann eine AfA in Höhe der jährlichen Marktmiete geltend machen. Eine Abzinsung oder Kapitalisierung kommt nicht in Betracht, weil der BFH den Ansatz eines Ertragswerts ablehnt.

4.5.3.2 Zinsloses Darlehen

Fall 5:

Der Stpfl. bekommt von seiner Mutter ein unverzinsliches Darlehen in Höhe von 100.000 DM für seinen Betrieb. Er verpflichtet sich, das Darlehen spätestens nach 10 Jahren zurückzuzahlen. Er erspart sich dadurch marktübliche Zinsen von jährlich 11.000 DM. Die Mutter mußte ihrerseits

136) BFH 83, 735

zu diesem Zweck einen Kredit i.H.v. 40.000 DM aufnehmen, für den sie jährlich 4.500 DM Zinsen bezahlt.

Lösung: Einlage der laufenden Nutzung. Der Einlagewert entspricht den von der Mutter aufgewendeten Zinsen. Auf diese Weise kommt der Stpfl. zu einem jährlichen betrieblich verursachten Aufwand von 4.500 DM. -

Ob der BFH auch hier die Abschreibung eines auf einer gesicherten Rechtsposition beruhenden Nutzungsrechts zulassen würde, ist nicht entschieden.

4.5.3.3 Unentgeltliche Mitarbeit

Fall 6:

Die Ehefrau arbeitet unentgeltlich im Betrieb des Mannes mit. Es besteht darüber keine förmliche Vereinbarung zwischen den Ehegatten.

Lösung: Die Arbeitsleistung wird aus privaten Gründen in den Betrieb eingebracht. Es handelt sich um eine Leistungseinlage. Da im außerbetrieblichen Bereich für diese Leistung keine Kosten entstehen, ist die Einlage nach § 6 Abs. 1 Nr. 5 a EStG mit Null zu bewerten. Für den Betrieb tritt keine Gewinnminderung ein. -

Der BFH würde zum selben Ergebnis kommen mit der Begründung, daß zwischen den Ehegatten kein steuerlich anzuerkennendes Arbeitsverhältnis vorliegt. Auf das Problem der Leistungseinlage geht die Rspr. nicht ein.

5. Nutzungen und Leistungen als Gegenstand von verdeckten Gewinnausschüttungen

5.0 Vorbemerkung

In einer Untersuchung über die stl. Auswirkungen von Vorteilszuwendungen unter Schwestergesellschaften läßt es sich nicht vermeiden, auch auf das Institut der vGA näher einzugehen, auch wenn der Schwerpunkt der Untersuchung auf dem Problem der vE liegt. Wie oben bei der Vorstellung des Themas angedeutet, muß untersucht werden, ob die Zuwendung unter Schwestergesellschaften nicht gleichzeitig als vGA der leistenden Schwestergesellschaft (S1) an die Muttergesellschaft (M) und als vE der M an die empfangende Schwestergesellschaft (S2) zu beurteilen ist. Sollte dies der Fall sein, wird der Vorteil gleichsam durch die M durchgeleitet. Er fließt von S1 über M an S2. Die vGA wäre damit der erste Schritt, vielleicht sogar die Vorbedingung für eine vE. Es ist deswegen zweckmäßig, mit diesem ersten Schritt zu beginnen.

5.1 Begriff und Gegenstand der vGA

§ 8 Abs. 3 S. 2 KStG schreibt vor, daß vGA das Einkommen nicht mindern dürfen. Eine gesetzliche Definition der vGA gibt es nicht. Der Begriff ist eigentlich eine Schöpfung der Rspr., die vom Gesetz übernommen wurde.[137)] Deswegen ist es legitim, die von der Rspr. verwendete Definition hier zu übernehmen. Sie lautet:

> "Eine vGA liegt vor, wenn die Gesellschaft ihrem Gesellschafter außerhalb der gesellschaftsrechtlichen Gewinnverteilung einen Vermögensvorteil zuwendet, den sie bei Anwendung der Sorgfalt eines ordentlichen und

137) s.o. FN 15

gewissenhaften Geschäftsleiters einem fremden Dritten, der nicht Gesellschafter ist, unter sonst gleichen Umständen nicht zuwenden würde."[138)]

Nach dieser Begriffsbestimmung kann Gegenstand einer vGA jeder vermögenswerte Vorteil sein. Einzige Voraussetzung ist, daß dieser Vorteil wirtschaftlich meßbar und bewertbar ist.[139)] Das deckt sich mit dem weiten Begriff des WG, von dem oben die Rede war.[140)] Auf die Bilanzierbarkeit dieses Vorteils bzw. WG kommt es nicht an. Das deckt sich mit dem, was oben über den Gegenstand einer Entnahme gesagt worden ist.[141)] Alles was entnommen und eingelegt werden kann, kann auch Gegenstand einer vGA sein. Dazu gehören auch Nutzungen[142)] und Leistungen[143)] und andere immaterielle WG[144)].

5.2 Bewertung der vGA

5.2.1 Teilwert, gemeiner Wert oder ersparte Aufwendungen als mögliche Bewertungsmaßstäbe

Es gibt keine eigene Bewertungsvorschrift für vGA. § 8 Abs. 3 S. 2 KStG ordnet nur an, daß vGA das Einkommen der Körperschaft nicht mindern dürfen. Für die Bewertung kommen mehrere Möglichkeiten in Betracht: Der Teilwert, der gemeine Wert und die Aufwendungen, die der Gesellschaft im Zusammenhang mit der vGA entstanden sind.

138) vgl. z.B.: BFH 82,631; 81,612; 81,492; 78,110

139) H-H-R § 6 KStG a.F., 86; Frotscher-Maas aaO Anhang zu § 8, 52.

140) s.o. 4.2.5.2

141) s.o. 3.1.4

142) vgl. z.B. BFH 75,21 und 81,612 für unverzinsliche Darlehen; BFH 71,408 und 77,679 für verbilligte Mieten.

143) vgl. z.B. BFH 82,631 für unentgeltliche Bürgschaftsübernahme.

144) vgl. z.B. 71,69 für unentgeltliche Übertragung des Geschäftswerts.

5.2.2 Argumente für oder gegen die einzelnen Bewertungsmaßstäbe

Die h.M. in Literatur und Rspr. bevorzugt die Bewertung mit dem gemeinen Wert.[145] Dem liegt der Gedanke zugrunde, daß die Gesellschaft im Fall der vGA so behandelt werden muß wie bei einem Leistungsaustausch unter Fremden (sog. Fremdvergleich). Sie muß also die Höhe der vGA gleichsetzen mit dem Entgelt, das ein fremder außenstehender Nicht-Gesellschafter für die Leistung der Gesellschaft am freien Markt bezahlt hätte. Oder anders formuliert: Es ist der Preis maßgebend, den ein ordentlicher Geschäftsführer der Kapitalgesellschaft von einem Fremden verlangt hätte. Die Festlegung dieses Preises macht im konkreten Fall natürlich Schwierigkeiten, weil der Fremdvergleich immer einen hypothetischen Sachverhalt zugrundelegen muß. Dennoch führt die Methode zu praktikablen Ergebnissen. Eine Mindermeinung in der älteren Literatur stellt auf den Teilwert ab[146]. Hierbei stützt man sich auf eine direkte oder analoge Anwendung des § 6 Abs. 1 Nr. 4 EStG. Man setzt die vGA mit einer Entnahme gleich. Schließlich wird in einigen Fällen die Höhe der Aufwendungen[147] als Wert der vGA angenommen. Das läuft auf das einfache Prinzip hinaus, den Aufwand, den die vGA verursacht hat, durch eine Einkommenskorrektur zu beseitigen.

145) H-H-R § 6 KStG a.F., 225 m.w.N.; Lange aaO, Tz 29; Döllerer, S.81 u. BB 71, S. 1245 (in BB 79,57 legt sich Döllerer nicht auf den gemeinen Wert, sondern auf den vom ordentlichen Geschäftsführer erzielbaren Preis fest); Brezing StBP 74,25; Herzig FR 77, S.405; Bise StBJB 68/69, S. 353 (386); Hermann StBJB 68/69,S.192; Felix-Streck § 8, A 90.
BFH 65,176; 65,618; 66, 97; 67,328; 68,105
BFH 69,243; 69,501; 71, 69; 75,306

146) Meyer-Arndt DB 67, S. 1281; Voss DStR 65, S.30; Thiel DB 62, S. 1482; Kohlenbach DB 59, S.606; Westerfelhaus/Glade aaO, S. 377; Ballerstedt aaO, S. 23.

147) RFH 36,252; Lange aaO, Tz. 29 und Westerfelhaus/Glade aaO, S. 377 (beide für den Fall, daß die Aufwendungen höher sind als der gemeine Wert).

Dieser Weg bietet sich vor allem dann an, wenn die Aufwendungen höher sind als der Marktwert des Vorteils, den der Gesellschafter von der Gesellschaft bekommen hat.

Man meint zunächst, daß die einzelnen Bewertungsmaßstäbe zu völlig verschiedenen Ergebnissen führen. Dabei geht man von der Vorstellung aus, daß der gemeine Wert grundsätzliche höher ist als der Teilwert. Die verschiedenen Bewertungsmethoden führen bei der praktischen Anwendung jedoch nur im Ausnahmefall zu verschiedenen Ergebnissen. Sehr häufig ergibt sich keine Abweichung zwischen gemeinem Wert und Teilwert, weil der Einkaufspreis (Teilwert) und der Verkaufspreis (gemeiner Wert) einer Leistung aus der Sicht des Unternehmens gleich sind. Trotzdem kann man mit diesem Hinweis dem Problem nicht aus dem Weg gehen. Vor allem im Bereich des Umlaufvermögens und der Nutzungen und Leistungen gibt es eindeutige Fälle, in denen der Teilwert eines WG geringer ist als der Marktwert.

5.2.2.1 Gesetzeswortlaut - Vergleich mit Entnahmebewertung

Der Wortlaut des § 8 Abs. 3 S. 2 KStG bietet keine Hilfe für die Lösung des Problems. Bei einer unbefangenen Interpretation der Formulierung "vGA mindern das Einkommen nicht" kommt man zu dem Ergebnis, daß durch vGA keine Gewinnminderung entstehen darf. Ist also infolge der vGA in der Handelsbilanz Aufwand entstanden, so darf davon keine Gewinnminderung und damit auch keine Minderung des Einkommens im stl. Sinne ausgehen. § 8 Abs. 3 S. 2 KStG hätte so dieselbe Funktion wie etwa § 4 Abs. 5 EStG. Das würde zu einer Bewertung der vGA mit der Summe der Aufwendungen führen. Der Wortlaut des § 8 Abs. 3 S. 2 KStG könnte aber auch so interpretiert werden, hier nur den grundsätzlichen Gesetzesbefehl zu sehen, daß vGA dem

Grunde nach das Einkommen nicht mindern dürfen. Das würde bedeuten, daß die Bestimmung keine Aussage über die Bewertung der vGA bzw. die Höhe der Zurechnung enthält. Auf diese Weise würde man dem § 8 Abs. 3 S. 2 nur den Charakter einer Gewinnkorrekturvorschrift, nicht einer Bewertungsvorschrift geben. Die Funktion des § 8 Abs. 3 S. 2 entspräche der Funktion des § 4 Abs. 1 S. 1 EStG, wo gesagt ist, daß Entnahmen den stl. Gewinn nicht mindern dürfen. Auf diese Weise käme man zu der Schlußfolgerung, daß es sich bei § 8 Abs. 3 S. 2 um eine körperschaftsteuerliche Spezialvorschrift handelt, die den Entnahmebegriff in § 4 Abs. 1 S. 1 EStG ersetzt. Über die Bewertung der vGA hätte man aber mit dieser Schlußfolgerung noch keine Aussage getroffen.

5.2.2.2 Einheitlicher Gewinnbegriff im EStG und KStG

Für die Bewertung der vGA mit dem Teilwert spricht die hier vertretene These, daß es in der Einkommensteuer und Körperschaftsteuer nur e i n e n Gewinnbegriff gibt. Das ist oben ausführlich begründet worden.[148] Wenn das so ist, müssen an sich Vermögensänderungen, die außerbetrieblich verursacht sind, in beiden Steuerarten gleich behandelt werden. Wenn man Gewinnausschüttungen mit Entnahmen gleichstellt, sollte man die Gleichstellung auch auf die Bewertung ausdehnen. Das würde zu einer Anwendung von § 6 Abs. 1 Nr. 4 EStG auch für Gewinnausschüttungen führen. Warum soll eine Körperschaft dann, wenn sie einen Vermögensgegenstand aus nichtbetrieblichen Gründen an ihren Gesellschafter unentgeltlich abgibt, mehr versteuern müssen als die natürliche Person, die denselben Gegenstand aus ihrem Betrieb an ein Familienmitglied

148) s.o. 3.2.2.3

abgibt, falls der gemeine Wert höherist als der Teilwert? Dieses Argument wiegt schwer.

5.2.2.3 Entstehungsgeschichte der vGA

Für die Bewertung mit dem gemeinen Wert spricht die Entstehungsgeschichte des § 8 Abs. 3 S. 2 KStG. Der Begriff der vGA ist von der Rspr. entwickelt worden. Die Rspr. hat von Anfang an auf den Fremdvergleich abgestellt. Sie ging schon vor einer gesetzlichen Regelung von dem Preis aus, den ein ordentlicher und gewissenhafter Geschäftsleiter von einem Fremden verlangt hätte. Es liegt deswegen nahe, nicht nur den Begriff, sondern auch die Bewertung der vGA in Anlehnung an den Fremdvergleich vorzunehmen und damit der gesetzlichen Vorschrift über die vGA die Doppelfunktion zu geben, die die Rspr. in den Begriff der vGA hineingelegt hat: Gewinnkorrektur und Bewertungsvorschrift.

5.2.2.4 Kongruenz der Bewertung bei der Gesellschaft und beim Gesellschafter wegen § 8 Abs. 2 EStG

Für die Bewertung mit dem gemeinen Wert spricht ferner § 8 Abs. 2 EStG. Diese Bestimmung kommt dann zur Anwendung, wenn der Vermögensvorteil, den der Gesellschafter von der Gesellschaft bekommt, ins PV des Gesellschafters geht. Der Gesellschafter muß den Vorteil nach dem Wortlaut der Vorschrift mit dem üblichen Mittelpreis des Verbrauchsorts ansetzen. Dieser Preis kann höher sein als der Teilwert. Es gibt keine Möglichkeit, an § 8 Abs. 2 EStG vorbeizukommen, wenn die vGA in der Zuwendung eines Sachwerts besteht. Auf den ersten Blick spricht alles für eine kongruente Bewertung der vGA beim Gesellschafter und bei der Gesellschaft, und zwar mit dem gemeinen Wert. Man ist geneigt zu sagen, daß derselbe Vorteil nicht mit 100 aus dem Vermögen der Gesellschaft abfließen kann, um dann im selben Moment mit 150 beim Gesellschafter zuzufließen. Aber: Warum soll ein Vorteil nicht für den Geber weniger wert sein als für den Empfänger? Gegen die kongruente Bewertung könnte man einwenden, daß es im Steuerrecht sogar einen vergleichbaren Sachverhalt mit derselben Problematik gibt, wo man auch zu einer divergierenden Bewertung kommen kann. Wendet der Arbeitgeber seinem Arbeitnehmer einen Sachwert zu, muß der Lohnaufwand nach den Kosten berechnet werden, die dem Betrieb des Arbeitgebers entstanden sind, also z.B. mit dem Einkaufspreis; die Einnahme aus nichtselbständiger Arbeit wird dagegen nach § 8 Abs. 2 EStG bewertet, also mit dem mittleren Preis des Verbrauchsorts, der i.d.R. höher sein wird als der Einkaufspreis.

Dennoch ist die Situation bei der vGA anders. Der vGA liegt nach herkömmlichen Verständnis die Idee des fiktiven Fremdgeschäfts zugrunde. Wichtigstes Kriterium für die Beurteilung einer vGA ist das Verhalten des ordentlichen und gewissenhaften Geschäftsführers. Man frägt nicht nur, ob der fiktive Idealgeschäftsführer den Vorteil überhaupt an einen Fremden abgegeben hätte, sondern auch danach, was er von einem Fremden als Gegenleistung für die Leistung der Gesellschaft verlangt hätte. Das Argument des Fremdvergleichs ist so stark, daß man der Bewertung der vGA mit dem gemeinen Wert den Vorzug geben muß. Das heißt gleichzeitig kongruente Bewertung des Vorteils bei der Gesellschaft und beim Gesellschafter. Die Kongruenz wird nicht nur erreicht, wenn der Anteil beim Gesellschafter PV ist. Sie wird über § 7 Abs. 2 EStDV auch erreicht, wenn der Anteil zum BV des Gesellschafters gehört. Besteht die vGA in diesem Fall nicht in Geld, was die Regel ist, wird das BV des Gesellschafters durch eine Sachzuwendung vermehrt. Dieser Sachzuwendung steht keine Gegenleistung gegenüber. Der Betrieb erwirbt sie unentgeltlich. Der Grund für die Unentgeltlichkeit ist betrieblich. Er liegt in der Tatsache, daß die Beteiligung BV ist, sodaß alle Erträge, die mit diesem betrieblichen WG zusammenhängen, ebenfalls betrieblich verursacht sind. Bestehen diese Erträge nicht in Geld, müssen sie nach § 7 Abs. 2 EStDV bewertet werden. Bewertungsmaßstab ist wieder der gemeine Wert.

5.2.2.5 Kongruenz der Bewertung bei der Gesellschaft und beim Gesellschafter wegen des Anrechnungsverfahrens

Für eine Kongruenz der Bewertung beim Gesellschafter und bei der Gesellschaft spricht schließlich die Konzeption des Anrechnungsverfahrens nach KStG 1977. § 20 Abs. 1 Nr. 3 EStG begründet einen Anrechnungsanspruch des Gesellschafters in Höhe von 9/16 der ihm zugeflossenen Einnahmen. Die korrespondierende Vorschrift ist § 27 Abs. 1 KStG. Danach ist in Höhe der Ausschüttung die Ausschüttungsbelastung herzustellen. Am Ende soll diese Ausschüttungsbelastung auf die ESt oder KSt des Anteileigners angerechnet werden. Die dem Anrechnungsverfahren zugrundeliegende Idee des Gleichgewichts einer spiegelbildlichen Be- und Entlastung von ESt und KSt kann nur eintreten, wenn die Größe, auf die sich der Anrechnungsanspruch bezieht, und die Größe, auf die sich die Ausschüttungsbelastung bezieht, gleich sind. Wäre also z.B. der mittlere Preis des Verbrauchsorts, nach dem sich der Anrechnungsanspruch bemißt, größer als der Teilwert, für den die Ausschüttungsbelastung errechnet wird, wäre die Entlastung beim Gesellschafter höher als die Belastung bei der Gesellschaft. Dieses Ergebnis würde der Systematik des Anrechnungsverfahrens eindeutig widersprechen.

5.2.3 Eigene Meinung: Bewertung zum Fremdvergleichspreis (= i.d.R. zum gemeinen Wert)

Der Bewertung der vGA mit dem gemeinen Wert ist der Vorrang zu geben. Für diese Lösung spricht vor allem der Gedanke des Fremdvergleichs, der der Definition der vGA zugrundeliegt. Die vGA muß mit dem Preis bewertet werden, den ein ordentlicher und gewissenhafter Geschäftsleiter von einem Fremden verlangt hätte. Für den Fremdvergleichspreis, der i.d.R. mit dem gemeinen Wert identisch ist, spricht ferner die systemimmanente Kongruenz der Bemessungsgröße für die Ausschüttungsbelastung und den Anrechnungsanspruch seit dem KStG 1977.

§ 8 Abs. 3 S. 2 KStG erhält also eine Doppelfunktion: er ist Gewinnkorrektur- und Bewertungsvorschrift.[149] Damit erfährt die oben festgestellte Spiegelbildlichkeit zwischen Entnahme und vGA[150] eine deutliche Einschränkung.

5.3 Auswirkung der vGA auf die Bilanz der Gesellschaft

VGA führen zu außerbilanzmäßigen Zurechnungen.[151] Sie können grundsätzlich weder in der Handelsbilanz[152] noch in der Steuerbilanz erfaßt werden. § 8 Abs. 3 S. 2 KStG ist eine rein stl. Zurechnungsvorschrift, keine Bilanzierungsvorschrift. Die vGA wird dem Bilanzgewinn zugerechnet und erhöht so das Einkommen. Insoweit deckt sich die vGA

149) so ausdrücklich Döllerer, S. 81 und BB 67, S. 1437 (1446).

150) s.o. 3.2.2.3

151) ebenso H-H-R § 6 KStG a.F., 229; Frotscher-Maas aaO Anhang zu § 8, 100; Schuhmann-Greif aaO § 8, 83 ("Auswirkungen von vGA"); Knobbe-Keuk § 19 I 3; Lange aaO, Tz. 124; Kießling aaO, Tz. 3.2.1; Glempt-Gerhardt-Winter aaO, "vGA Nr. 2"; Westerfelhaus/Glade aaO, S.379.

152) falls der nach §§ 57,62 AktG entstandene Rückforderungsanspruch aktiviert wird, liegt keine vGA vor.

wieder mit dem Begriff der Entnahme. Auch Entnahmen sind keine Bilanzposten, sie sind nur stl. Korrekturposten zum Vermögensvergleich.[153]

5.4 Zeitpunkt der vGA

5.4.1 Berichtigung des Einkommens der Gesellschaft

5.4.1.1 Abfluß des Vermögensvorteils als maßgeblicher Zeitpunkt

Problematisch ist, ob eine vGA nur vorliegt, wenn etwas aus dem BV der Gesellschaft abfließt. Das Abfließen des Vorteils ist durch zwei neuere Urteile des BFH[154] in den Mittelpunkt des Interesses gerückt. In diesen Urteilen wurde die Pflicht der ausschüttenden Gesellschaft zur Einbehaltung der Kapitalertragsteuer deshalb verneint, weil dem Gesellschafter nichts zugeflossen sei. Zufluß beim Gesellschafter setzt Abfluß bei der Gesellschaft voraus. Das Wort abfließen erinnert an § 11 Abs. 2 EStG, der den Zeitpunkt des Abzugs von Ausgaben in der Einkommensteuer regelt. Die Vorschrift stellt auf die Zahlung oder einen der Zahlung gleichzusetzenden wirtschaftlichen Vorgang ab. Darauf kann es im Hinblick auf eine vGA nicht ankommen. Das ergibt sich aus der Gleichstellung von Entnahme und vGA.[155] Beide Begriffe kommen zum Tragen, wenn eine Verminderung des BV eingetreten ist. Eine Vermögensminderung liegt vor, wenn das aktive Vermögen kleiner oder das passive Vermögen größer geworden ist. Das ist regelmäßig der Fall, wenn eine entsprechende Verbindlichkeit bei der Gesellschaft entsteht.[156] Die vGA setzt keine Verminderung des bilanzierten Vermögens,

153) s.o. 3.1.4

154) BFH 81,612 und 82,631

155) s.o. 3.2.2.3

156) Sogar eine Vermögensminderung infolge einer Rückstellung genügt. Ebenso BFH 68,809 bei einer überhöhten Pensionszusage an den Gesellschafter; Frotscher-Maas aaO Anhang zu § 8, 99.

sondern nur eine Verminderung des tatsächlichen Vermögens voraus. Es genügt also z.B. die Übertragung eines nicht aktivierten immateriellen WG oder eines voll abgeschriebenen materiellen WG.

Die nächste Frage ist, ob eine vGA erst anzunehmen ist, wenn dem Gesellschafter ein vermögenswerter Vorteil zufließt. Die übliche Definition der vGA verlangt, daß dem Gesellschafter ein Vorteil zugewendet wird.[157] Das deutet darauf hin, daß bei ihm eine Vermögensmehrung eintreten muß.

Sicher ist es nicht erforderlich, daß dem Gesellschafter der Vorteil im selben Zeitpunkt zufließt, in dem bei der Gesellschaft eine Vermögensminderung eintritt.[158] Das ergibt sich aus der Systematik des EStG. Vorteile aus einer Kapitalgesellschaft i.S.v. § 20 Abs. 2 Nr. 1 EStG werden erst bei Zufluß versteuert, falls der Vorteil nicht in einem Betriebsvermögensvergleich einbezogen werden muß (§ 11 Abs. 1 EStG). Gerade der Fall der überhöhten Pensionszusage an einen Gesellschafter[159] macht das deutlich: Der Vorteil der überhöhten Pension fließt dem Gesellschafter möglicherweise erst Jahre nach der Pensionszusage zu. Dennoch liegt bei der Kapitalgesellschaft schon im Zeitpunkt der Bildung der Rückstellung eine vGA vor.[160] Insoweit ist der Ausdruck vGA sprachlich

157) vgl. z.B. BFH 61,69: "Die vGA setzt voraus, daß Werte aus dem Vermögen der Gesellschaft den Gesellschaftern unmittelbar oder mittelbar zugewendet werden". Noch deutlicher ist BFH 69,243: "Der Vermögensvorteil muß einem Gesellschafter zufließen."

158) vgl. BFH 69,243

159) s.o. FN 156

160) Ebenso BFH 71,408: "Daher ist auch der Betrag einer in der Bilanz der Kapitalgesellschaft ausgewiesenen Schuld, deren Ursache im Gesellschaftsverhältnis liegt, als vGA dem Einkommen der Kapitalgesellschaft zuzurechnen, ohne Rücksicht darauf, ob und wann die entsprechende Forderung des Gesellschafters bei ihm steuerlich zu Einkünften führt." Zustimmend Baranowski DStR 82, S. 406 (407).

irreführend. Das Wort Ausschüttung bringt die Assoziation eines Wegfließens mit sich. Genau die gleiche Situation entsteht aber bei einer offenen Ausschüttung: Das Vermögen der Kapitalgesellschaft wird auch in diesem Fall bereits gemindert, wenn die Gesellschafter einen Gewinnverteilungsbeschluß fassen. Der Zufluß beim Gesellschafter richtet sich aber nach anderen Kriterien, nämlich denen des § 11 Abs. 1 bzw. des § 44 Abs. 2 EStG.

5.4.1.2 Abfluß ohne Zufluß?

Die eben angestellten Überlegungen haben gezeigt, daß die Annahme einer vGA nicht davon abhängt, daß dem Gesellschafter im selben Jahr, in dem die vGA bei der Gesellschaft zu einer Vermögensminderung führt, der Vorteil zufließt. Noch nicht beantwortet ist jedoch ein weiterer Teilaspekt, der mit dem Zufluß beim Gesellschafter zusammenhängt: Kann eine vGA auch angenommen werden, wenn es nie zu einem Zufluß beim Gesellschafter kommt oder kommen kann? Die Frage klingt im ersten Moment widersinnig, der Sachverhalt scheint nicht vorstellbar zu sein. Wie kann es zu einer Vermögensminderung bei der Gesellschaft kommen, wenn der Vorteil nie beim Gesellschafter ankommt? Tatsächlich würde es schwer fallen, einen solchen Sachverhalt zu finden, hätte ihn nicht der BFH entdeckt. Es handelt sich um die Urteile, die sich mit der Zuwendung von Nutzungen und Leistungen an eine Schwestergesellschaft befassen. Im Vordergrund stehen zwei Urteile des 1. Senats [161)]. Der zu beurteilende Sachverhalt war in beiden Urteilen sehr ähnlich: S1 wendete S2 einen Nutzungsvorteil (unangemessener niedriger Zins für ein Darlehen) bzw. eine Leistung (unentgeltliche Übernahme einer Bürgschaft) zu.

161) BFH 81,612; 82,631.

Der 1. Senat kommt zu der - allerdings nicht entscheidungserheblichen - Feststellung, daß in der Vorteilszuwendung eine vGA liegt[162], die der gemeinsamen M über die ihr nahestehende S2 zugewendet worden ist.[163] In beiden Fällen stellt der BFH aber auch fest, daß dem Gesellschafter M nichts zugeflossen ist. Die Rechtsfolge, die an dieser Stelle am meisten interessiert, ist, daß es nie zu einem Zufluß beim Gesellschafter M kommen kann, weil sich das Bilanzvermögen der S2 nicht erhöht und auch nie erhöhen wird.[164] Damit fehlt es an der mittelbaren Zuwendung an M. Da M nichts zugeflossen war, konnte sie auch nicht KapESt-pflichtig werden (das war die entscheidungserhebliche Rechtsfrage). Die Urteile haben Erstaunen ausgelöst. Man hatte sich zwar schon daran gewöhnt, daß das Gericht in solchen Fällen eine vE der M bei S2 ablehnt[165], hatte diesen weiteren Schritt aber nicht erwartet. Sollte es der BFH wirklich so meinen, daß zwar auf Seiten der Kapitalgesellschaft eine vGA vorliegen könne, ohne daß es beim Gesellschafter jemals zu einem Zufluß kommt[166], muß diese Auffassung abgelehnt werden. Sie widerspräche eindeutig der Gesetzessystematik und der über Jahrezehnte in der Rspr. und Literatur gefestigten Definition der vGA. Es besteht ein untrennbarer gesetzlicher Zusammenhang zwischen § 8 KStG und § 20 EStG: Alles was eine Kapitalgesellschaft ausschüttet,

162) "Zu entscheiden ist, ob die Klägerin "wegen dieser vGA an die M" zur Einbehaltung und Abführung von KapESt verpflichtet war" (BFH 82,631).

163) Fiedler meint in BB 83, S.240, der BFH habe diese Aussage nicht gemacht.

164) Deswegen ist Fiedler aaO der Meinung, es könne auch zu keiner Besteuerung einer vGA bei S1 kommen.

165) Nach langem Zögern hat die Finanzverwaltung ihre Meinung der BFH-Rspr. (71,408) angepaßt (BdF BStBl.79 I, S.564 und BStBl. 83 I, S. 218; A.36a KStR 1981).

166) Die Ausführungen in den Urteilen sind m.E. eindeutig (a.A. Fiedler BB 83, S.240 und 1014). Schon in 69,243 hatte der BFH gesagt, daß es für die Annahme einer vGA nicht darauf ankomme, ob und wann der Vorteil dem Gesellschafter zufließt. Dennoch läßt sich das Gericht in 81,612 einen Spalt in der Türe offen, indem es ausdrücklich erklärt, es habe nicht über die vGA bei der ausschüttenden Gesellschaft entschieden.

muß bei den Gesellschaftern ankommen. Es ist undenkbar, daß sich ein ausgeschütteter Vorteil verflüchtigt, bevor er den Gesellschafter erreicht. Die Ausschüttung setzt begrifflich einen Ausschüttenden und einen Empfänger voraus. Es gibt keine dritte Möglichkeit, auch nicht für den Fall, daß die Ausschüttung an eine nahestehende Person geleistet wird (s.u. 5.5). Wenn feststeht, daß bei der Kaptialgesellschaft etwas abgeflossen ist, ohne daß dem Gesellschafter etwas zugeflossen ist, kann keine Ausschüttung vorliegen. Das gilt in gleicher Weise für offene und für verdeckte Gewinnausschüttungen. Die Ausschüttung ist ein Vermögenstransfer von einem Rechtssubjekt zum anderen, der ohne zweiseitiges Rechtsgeschäft nicht möglich ist. Das ist eine Folge der rechtlichen Verselbständigung von Kapitalgesellschaften. Aus all dem ergibt sich: Eine Gewinnausschüttung liegt begrifflich nicht vor, wenn beim Gesellschafter kein Vermögensvorteil ankommt. Es bleibt in den vom BFH entschiedenen Fällen nur eine logisch korrekte Möglichkeit, nämlich das Vorliegen einer vGA überhaupt zu verneinen. Wenn das Gericht feststellt, daß beim Gesellschafter nichts zufließt, weil kein bilanziell meßbarer Vermögensvorteil erkennbar ist, muß es auch eine vGA auf Seiten der zuwendenden Gesellschaft verneinen.[166a] Die rechtliche Situation wäre dann ganz einfach: Der von S1 an S2 gewährte Nutzungsvorteil würde überhaupt keine ertragssteuerlichen Folgen auslösen. Es läge

weder eine vGA bei S1 vor (keine Erhöhung des Einkommens)
noch ein Zufluß bei M (keine Erhöhung des Einkommens, keine KapESt-Pflicht)
noch eine vE bei S2 (keine Verminderung des Einkommens).

166a) Die Finanzverwaltung weist im Erlaß vom 9.12.83 (vgl. FR 84 S.73) daraufhin, daß eine vGA nach wie vor anzunehmen sei, wenn die Gesellschaft ihrem Gesellschafter unmittelbar eine Nutzung oder Leistung unter Preis zuwende. A. 80 Abs.2, S. 1 KStR 81 sei auf diese Normalfälle nicht anwendbar.

Es ist nicht auszuschließen, daß der BFH diese Lösung anstrebt.

5.4.2 Herstellen der Ausschüttungsbelastung, Entwicklung des Eigenkapitals

Der Zeitpunkt der vGA ist nicht nur für die Ermittlung des Einkommens von ausschüttender Gesellschaft und begünstigtem Gesellschafter wichtig, sondern auch für das Anrechnungsverfahren. Daraus ergeben sich möglicherweise bedeutsame Rückschlüsse für die Beurteilung der Vermögensbewegungen zwischen den Beteiligten. Eine vGA hat im Anrechnungsverfahren mehrere Auswirkungen. Zunächst muß für die vGA wie für jede andere Ausschüttung die Ausschüttungsbelastung hergestellt werden. Das für die Ausschüttung verwendete Eigenkapital muß mit 36 % KSt belastet sein. Auf diese Weise kann sich die KSt-Schuld der ausschüttenden Gesellschaft verändern, wenn das für die Ausschüttung verwendete Kapital vor der Ausschüttung mit mehr oder weniger als 36 % belastet war. Bei vGA tritt die Änderung der KSt nach § 27 Abs. 3 S. 2 KStG für den Veranlagungszeitraum ein, in den die Ausschüttung fällt. Es kommt also darauf an, den genauen Zeitpunkt der vGA zu bestimmen. Zweifel über den Zeitpunkt ergeben sich in den Fällen, in denen der Zeitpunkt der Besteuerung einer vGA bei der ausschüttenden Gesellschaft und beim begünstigten Gesellschafter auseinanderfallen. Das ist zwar relativ selten, aber dennoch möglich. Die Zeitverschiebung hängt damit zusammen, daß die vGA bei der Gesellschaft nach dem Soll-Prinzip zu erfassen ist, während sie bei dem Gesellschafter, der seinen Anteil im PV hält, im Jahr des Zuflusses berücksichtigt wird.[167)]

167) Beispiele: Die Gesellschaft muß die (überhöhte) Zinsverbindlichkeit für ein Gesellschafterdarlehen am Bilanzstichtag des abgelaufenen Wirtschaftsjahres passivieren, während die Zinsen erst in einem späteren Jahr ausbezahlt werden. Oder die überhöhte Pensionsrückstellung aus dem Urteil 68,809.

5.4.2.1 Kein notwendiger Zusammenhang zwischen dem Zeitpunkt der Ausschüttung und dem Entstehen des Anrechnungsanspruchs

Die interessanteste Frage in diesem Zusammenhang ist, ob der Zeitpunkt der Ausschüttung i.S.v. § 27 Abs. 3 S. 2 KStG und der Zeitpunkt, in dem die vGA beim Einkommen der Gesellschaft nach § 8 Abs. 3 S. 2 KStG berücksichtigt wird, in verschiedenen Veranlagungszeiträumen liegen können. Diese Frage wird von der Finanzverwaltung[168] und und einem Teil des Schrifttums[169] bejaht. Die Finanzverwaltung stützt sich auf ein Urteil des BFH vom 28.1.81[170]. In diesem Urteil hatte das Gericht festgestellt, daß keine KapESt einbehalten werden muß, solange beim Empfänger einer vGA nichts zugeflossen ist. Gleichzeitig hatte es aber dennoch eine vGA auf Seiten der ausschüttenden Gesellschaft bejaht.[171] Die Finanzverwaltung zieht daraus die kühne Schlußfolgerung, daß "die Ausschüttungsbelastung nur herzustellen ist, wenn in der Vorteilszuwendung ein Zufluß beim Gesellschafter liegt"[172]. Argumente für diese Auffassung finden sich bei Singbartl/Hundt/Dötsch[173], Frotscher-Maas[174] und Wrede[175]. Sie sind der Auffassung, daß es für das Herstellen der Ausschüttungsbelastung auf den tatsächlichen Abfluß des ausgeschütteten Betrags ankommen müsse, weil hier der Bezug zur Besteuerung des Gesellschafters im Vordergrund stehe.[175a] Das Herstellen der Ausschüttungsbelastung soll an das Entste-

168) A.77 Abs. 5; 80 Abs.2, S.1 KStR 1981

169) H-H-R § 27 KStG n.F. D II; Frotscher-Maas aaO Anh. § 8, 124 ff.; Jünger in Lademann aaO § 27, 22 und § 8 Abs.3, II 3; Singbartl/Hundt/Dötsch DB 82, S. 68; Wrede DB 79, S. 1619 (1620); Widmann JBFSt 79/80, S. 475 (477) und 78/79, S. 387; Herzig FR 77, S. 405; Winter FR 77, S. 273; Tillmann aaO, S. 55 ff..

170) BFH 81,612

171) s.o. FN 165

172) s.o. FN 168

173) DB 82, S. 68

174) aaO Anh. § 8, 125 ff.

175) DB 79, S. 1619

175a) Ebenso Ebert BB 84, S. 1221.

hen des Anrechnungsanspruchs angebunden werden. Das Wort Ausschüttung sei mit dem Begriff Auszahlen gleichzusetzen.

Die Gegenmeinung [176], die vor allem von Döllerer ausführlich begründet wird, kommt dagegen zu dem Ergebnis, daß die Ausschüttungsbelastung synchron mit der Berichtigung des Einkommens der Gesellschaft herzustellen sei. Zur Begründung führt Döllerer vor allem an, daß es nicht angehe, den Zeitpunkt der vGA für § 8 Abs. 3 S. 2 KStG anders zu definieren als für §§ 27 ff. KStG. Man könne nicht bei der Einkommensermittlung auf die Vermögensminderung, im Anrechnungsverfahren auf den Abfluß der Liquidität abstellen. Man müsse davon ausgehen, daß das Gesetz von einem einheitlichen Begriff der vGA, und zwar einschließlich des Zeitpunkts, ausgehe. Auch bei der offenen Gewinnausschüttung komme es nicht auf das Abfließen, sondern auf die Vermögensminderung an. Dort mindere sich das Vermögen auch bereits mit dem Zustandekommen des Gewinnverteilungsbeschlusses, durch den eine Verbindlichkeit gegenüber den Gesellschaftern entstehe; der Abfluß des Geldes sei irrelevant. Schließlich weist Döllerer noch auf praktische Schwierigkeiten hin, die die andere Auffassung mit sich bringt.

5.4.2.2 Abfluß als Vermögensminderung, nicht als Liquiditätsverlust

Das Abwägen der Argumente führt dazu, daß man der Meinung den Vorzug geben muß, die auch bei der vGA auf den Zeitpunkt der Vermögensminderung und nicht auf den Abfluß der Liquidität abstellt. Es ist zuzugeben, daß

176) Bühler-Paulick-Freerichs aaO § 27, 58; Kläschen aaO § 29,73; Felix-Streck aaO § 27, 10; Knobbe-Keuk § 19 I 3 c, bb, und cc,; Baranowski DStR 82, S. 406; Fuchs-Lempenau BB, S. 484; Herzig IWB Fach 3 Gruppe 4, S. 227 und FR 77, S. 405; Reuter DStR 83, S. 317; Döllerer DStR 80, S. 395 und BB 79, S. 57.

der allgemeine Sprachgebrauch, vielleicht sogar der Sprachgebrauch im Handels- und Steuerrecht, mit dem Wort Ausschüttung den Vorgang des Auszahlens verbindet. Das gilt vor allem für den Fall der offenen Ausschüttung. Unter Ausschüttung wird nicht der Gewinnverteilungsbeschluß, sondern der Vollzug des Gewinnverteilungsbeschlusses verstanden. Einen allgemeinen Sprachgebrauch für die vGA gibt es dagegen wohl nicht.

Das wichtigste Argument der Gegenmeinung ist, daß es nicht angehe, die Ausschüttungsbelastung herzustellen, solange der Gesellschafter keinen Anrechnungsanspruch hat. Dieser entstehe in der Regel erst, wenn dem Gesellschafter die vGA zufließe. Man will damit den Zeitpunkt der Herstellung der Ausschüttungsbelastung zeitlich mit dem Entstehen des Anrechnungsanspruchs verbinden. Unverständlich ist, wieso sich die Finanzverwaltung dabei auf das Urteil 81,612 beruft. Das Urteil hatte nur über den Zeitpunkt des Zuflusses für die Besteuerung des Gesellschafters (KapESt) zu entscheiden. Die Besteuerung der Gesellschaft war nicht entscheidungserheblich, also weder die Frage, wann die vGA bei der Ermittlung des Einkommens zu berücksichtigen, noch die Frage, wann die Ausschüttungsbelastung herzustellen ist. Die KStR 1981 berufen sich allerdings auch noch auf ein anderes Urteil des BFH [177]. Dieses Urteil hat mit dem Anrechnungsverfahren nichts zu tun, sondern beschäftigt sich mit der Gewährung des ermäßigten Steuersatzes nach § 19 KStG i.d.F. bis 1977. Der ermäßigte Steuersatz war nach diesem Gesetz nur zu gewähren, wenn die offene Gewinnausschüttung "vorgenommen" war. Dafür genügte nach der Auffassung des Gerichts nicht der Gewinnverteilungsbe-

177) BFH 73,806

schluß, sondern es war erforderlich, daß die Ausschüttung den Gesellschaftern zugeflossen war. Die damalige Rechtslage ist nicht vergleichbar mit der neuen, in der das Gesetz nirgends von "Vornehmen der Gewinnausschüttung" i.S.v. Durchführen, Vollziehen, Auszahlen spricht. Jedenfalls kann man nicht behaupten, daß aus dem KStG 1977 abzulesen sei, die Ausschüttungsbelastung solle erst hergestellt werden, wenn die Ausschüttung dem Gesellschafter zufließt.

5.4.2.3 Vergleich mit offenen Ausschüttungen

Zwischen dem Zeitpunkt der Ausschüttung und Entstehung des Anrechnungsanspruchs kann schon bei einer offenen Ausschüttung eine deutliche Lücke klaffen.[178] Beispiel:

> Die Gesellschaft beschließt im Jahr 02 für das Jahr 01 eine Ausschüttung, die erst in 03 durchgeführt wird.
>
> Lösung: Nach § 27 Abs. 3 S. 1 KStG muß die Ausschüttungsbelastung für das Jahr 01 hergestellt werden, obwohl die Anrechnung erst im Jahr 03 erfolgen kann, vorausgesetzt der Anteil ist im PV des Gesellschafters.

Gegen den Zeitpunkt des Abfließens spricht der Vergleich mit der offenen Ausschüttung auch insoweit, als § 27 Abs. 3 S. 1 KStG auf den Gewinnverteilungsbeschluß und nicht auf die tatsächliche Ausschüttung abstellt. Damit ist klar, daß Ausschüttung hier identisch ist mit Verminderung des Vermögens. Es ist unbestritten, daß mit dem Gewinnverteilungsbeschluß der Anspruch des Gesellschafters auf

178) Ebenso Knobbe-Keuk § 17 II 2 b und Herzig FR 77, S. 405. Zum Zeitpunkt der Entstehung des Anrechnungsanspruchs vgl. z.B. H-H-R § 36 EStG, A II 2 a.

Ausschüttung und somit eine entsprechende Verbindlichkeit der Gesellschaft entsteht.[179)]

Großes Gewicht hat schließlich das Argument, das KStG verwende nicht zwei verschiedene Begriffe der vGA. Streng genommen verwendet es ja überhaupt keinen, weil es die vGA nicht selbst definiert. Es ist in jedem Fall eine Frage der Auslegung. Im Zweifel ist einer einheitlichen Auslegung der Vorzug zu geben. Von Seiten des Gesetzes besteht kein Zwang, eine divergierende Begriffsbestimmung vorzunehmen. Die Meinung über die zeitliche Zuordnung einer vGA bei der Einkommensermittlung ist seit Jahren gefestigt und nahezu unbestritten (s.o. 5.4.1). Nachdem aber auch bei einer offenen Ausschüttung die durch den Gewinnverteilungsbeschluß herbeigeführte Vermögensminderung als Ausschüttungszeitpunkt anzunehmen ist, wäre es abwegig, bei der vGA anders zu verfahren.

Das Gleichsetzen der Ausschüttung mit dem Abfluß der Liquidität ist im übrigen im Hinblick auf die Intentionen der Vertreter dieser Meinung nicht konsequent. Wenn man das Herstellen der Ausschütttungsbelastung an das Entstehen des Anrechnungsanspruchs anbinden will, kommt es nicht auf den Abfluß bei der Gesellschaft, sondern auf den Zufluß beim Gesellschafter an. Damit verlangt man aber von der Gesellschaft Unmögliches. Woher soll sie wissen, wann das Geld beim Gesellschafter ankommt? Auf den Zufluß kommt es ja beim Gesellschafter nur an, wenn er seine Beteiligung im PV hält. Befindet sich die Beteiligung im BV und wird der Gewinn durch Bestandsvergleich ermittelt, dann kommt es nicht mehr auf den Zufluß, sondern auf das Entstehen der Forderung an.

179) vgl. z.B. Knobbe-Keuk § 5 VI 2 a; Kläschen aaO § 29,72

Dies alles müßte die Gesellschaft wissen, wenn sie die Ausschüttungsbelastung im richtigen Zeitpunkt herstellen will.

5.4.2.4 Zeitpunkt der Veränderung des Eigenkapitals

Das wichtigste Argument gegen die Meinung der Finanzverwaltung und der Literaturmeinungen, die auf den Abfluß bei der Gesellschaft bzw. den Zufluß beim Gesellschafter abstellen, ist aber der Hinweis auf die Entwicklung des Eigenkapitals im Zusammenhang mit einer vGA. Dieser letzte Teilaspekt wird zeigen, daß es auf den Zeitpunkt der Vermögensminderung ankommen muß. Der Zeitpunkt, an dem sich das EK infolge einer Ausschüttung verändert, ist aus dem Gesetz nicht ohne weiteres ablesbar. Er kann jedoch ohne große Mühe aus § 29 Abs. 1 KStG hergeleitet werden. Diese Bestimmung setzt das EK der Gesellschaft mit deren StB-Vermögen gleich. StB-Vermögen ist das Vermögen, das sich nach Anwendung der stl. Bilanzierungs- und Bewertungsvorschriften ergibt (§ 60 Abs. 3 EStDV). Im Fall der offenen Ausschüttung wird das StB-Vermögen und damit zugleich das EK verringert. Der Zeitpunkt der Verringerung ist genau genommen der Tag, an dem durch den Gewinnverteilungsbeschluß die Forderung der Gesellschafter auf ihren Gewinnanteil begründet wird. Die Ausschüttung ist ein tatsächlicher Vorgang, der einem bestimmten tatsächlichen Zeitpunkt zugeordnet werden muß. Unklar ist, wie hoch das EK an diesem Tag ist. Eigentlich müßte man das EK täglich fortentwickeln, weil sich das Vermögen der Gesellschaft täglich ändert. Das wäre aber natürlich praktisch unmöglich, da man sonst für den Tag der Ausschüttung (= des Gewinnverteilungsbeschlusses) eine Bilanz aufstellen müßte.[180] Deshalb

180) ebenso Tillmann aaO, S. 51

ist es wichtig, daß das Gesetz festlegt, welcher Feststellungsstichtag i.S.v. § 47 KStG für die Höhe des EK im Zeitpunkt der Ausschüttung maßgebend sein soll. Für offene Ausschüttungen ist das der vorangegangene Feststellungszeitpunkt (§ 28 Abs. 2 S. 1 KStG). Der Gewinnverteilungsbeschluß vermindert also das EK tatsächlich ex nunc. Dabei wird aber aus Vereinfachungsgründen der Stand des EK vom vorangegangenen Feststellungszeitpunkt zugrundegelegt. Auf den Tag des Abfließens im Sinne einer Auszahlung kommt es nicht an.

Im Falle der verdeckten Gewinnausschüttungs kann sich das Vermögen der Gesellschaft nicht durch einen Gewinnverteilungsbeschluß mindern, sondern, wenn überhaupt, durch einen anderen tatsächlichen Vorgang. Die mögliche Minderung tritt während des Veranlagungszeitraums ein, das Gesetz verlegt sie aber durch eine Fiktion an das Ende des Veranlagungszeitraums (§ 29 Abs. 1 KStG). § 29 zeigt, daß das Gesetz auch bei vGA auf die Vermögensminderung, nicht auf den tatsächlichen Abfluß der vGA abstellt. Die Vorschrift geht von der Steuerbilanz aus. Deswegen müssen Ausschüttungen immer schon dann im EK berücksichtigt werden, wenn sie das StB-Vermögen der Gesellschaft mindern. Hierfür genügt das Entstehen einer Verbindlichkeit, nicht erforderlich ist, daß die dieser Verbindlichkeit beispielsweise zugrundeliegenden Darlehenszinsen schon ausbezahlt sind.

5.4.3 Gleicher Zeitpunkt der vGA bei der Einkommsermittlung und im Anrechnungsverfahren

Zusammenfassend kann festgestellt werden, daß es für die ausschüttende Gesellschaft nur einen Zeitpunkt der vGA gibt. Die Ausschüttungsbelastung ist in dem Jahr herzustellen, in dem das Einkommen der Gesellschaft berichtigt wird. Dabei ist nicht auf das Abfließen oder Zufließen des Vorteils, sondern auf die Vermögensauswirkung bei der Gesellschaft abzustellen.

Mit dieser Auffassung vermeidet man auch praktische Schwierigkeiten für die Gesellschaft. Die andere Auffassung führt dazu, daß sowohl der Zeitpunkt der Vermögensminderung (für § 8 Abs. 3 S. 2 KStG) als auch der Zeitpunkt des Abflusses bzw. Zuflusses beim Gesellschafter (für das Herstellen der Ausschüttungsbelastung) wichtig sind. Ein abschließendes Beispiel soll dies verdeutlichen:

> Eine GmbH verbürgt sich in 01 für eine betriebliche Verbindlichkeit (50.000) ihres Gesellschafters und verzichtet von vornherein auf einen Regreßanspruch. Da am 31.12.02 mit einer Inanspruchnahme zu rechnen ist, bildet sie in der Bilanz eine Rückstellung. In den Jahren 03 und 04 wird sie für jeweils einen Teil der Forderung (je 25.000) in Anspruch genommen. Der HB-Gewinn für 02 beträgt 20.000, das EK 56 zum 31.12.01 100.000.
>
> Lösung:
> Die vGA ist bei der Einkommensermittlung des Jahres 02 zu berücksichtigen.[181] Sie führt gleichzeitig zu einer Erhöhung des EK zum 31.12.02. Vom Eigenkapital zum 31.12.02 werden die 50.000 wieder als Ausschüttung abgezogen (§ 28 Abs. 2 S. 2 KStG). Die Ausschüttungsbelastung ist für den VZ 02 herzustellen, weil die Ausschüttung in das Wirtschaftsjahr 02 fällt (§ 27 Abs. 3 S. 2 KStG). Das EK 56 entwickelt sich wie folgt:

181) Die vGA, die im Verzicht auf Bürgschaftsprovision liegen kann, bleibt außer Betracht.

31.12.01		100.000
HB-Gewinn	+	20.000
vGA	+	50.000
Tarifbelastung	./.	39.200
EK 31.12.02		130.800
vGA	./.	50.000
KSt-Minderung	+	15.625
StB-Vermögen 31.12.02		96.425

Mit der anderen Auffassung käme man ebenfalls zu dem Ergebnis, daß die vGA in 02 zu versteuern ist. Die Ausschüttung müßte man aber in die Jahre 03 und 04 verlegen, weil der Gesellschafter erst durch die Zahlung des Bürgen von seiner Schuld befreit wird, der Vorteil ihm also damit erst zufließt. Das hätte zur Folge, daß die Ausschüttungsbelastung mit Wirkung auf die KSt dieser beiden Jahre herzustellen wäre. Bei der EK-Entwicklung ergäben sich aber fast unlösbare Schwierigkeiten. Wenn man das Einkommen des Jahres 02 um die vGA erhöht und dieses Einkommen dem EK zum 31.12.02 zurechnet, stimmt das StB-Vermögen solange nicht mehr mit dem EK überein, bis der Geldbetrag abfließt. Deswegen müssen die KStR 1981 (A 83 Abs. 3 S.3 Nr. 2) in solchen Fällen beim EK 02 einen Korrekturposten bilden.

5.4.4 Zusammenfassung

Eine vGA führt zu einer Vermögensminderung bei der ausschüttenden Gesellschaft. Die Vermögensminderung muß nicht StB-Vermögen betreffen. Sie kann auch darin liegen, daß das tatsächliche Vermögen der Gesellschaft vermindert wird oder daß das tatsächliche Vermögen ohne die vGA höher wäre. Soweit die vGA das tatsächliche Vermögen ändert, wird sie außerhalb der Bilanz zugerechnet. Der Zeitpunkt der vGA ist nicht der Abfluß des Vermögensvorteils bei der Gesellschaft oder der Zufluß beim Gesellschafter, sondern der Zeitpunkt, in dem das Vermögen der Gesellschaft belastet wird.

Werden dem Gesellschafter Nutzungen oder Leistungen zugewendet, vermindert sich das Vermögen der Gesellschaft fortlaufend. Ob dadurch das Bilanzvermögen des Gesellschafters erhöht wird, spielt keine Rolle. Bei der Einkommensermittlung der Gesellschaft ist der zugewendete Vorteil einer Nutzung oder Leistung solange fortlaufend zuzurechnen, bis die Überlassung der Nutzung oder Leistung endet. Es ist unerheblich, ob der Gesellschafter einen Rechtsanspruch darauf hat. Synchron zur Berichtigung des Einkommens erfolgt das Herstellen der Ausschüttungsbelastung.

5.5 VGA an nahestehende Personen

Ein wichtiger Aspekt der vGA, der bereits öfter angesprochen worden ist, ist das Problem der Zuwendung an nahestehende Personen. Es ist traditionelle und unveränderte Rspr. seit den frühen Tagen des RFH [182], daß vGA nicht unbedingt an den Gesellschafter adressiert werden müssen, sondern ihm auch über nahestehende Personen zugeleitet werden können. Die Idee, die hinter dieser Rspr. steckt, ist klar: Auch in einer Zuwendung an einen Dritten kann

182) RFH E 32,S.85	BFH 62,338	BFH 75,306
RFH 34,668	65,27	81,612
36,951	68,322	82,631
	69,243	82,761
	72,320	
	73,449	

eine Vorteilsgewährung an den Gesellschafter liegen. Ist der Gesellschafter durch die Zuwendung an den Dritten mittelbar oder indirekt bereichert, so hat er auf diese Weise etwas von der Gesellschaft bekommen. Die Zuwendung an den Dritten ist gleichzeitig eine Zuwendung an ihn. Daraus ergibt sich die zwingende Schlußfolgerung, daß Ausschüttungen an nahestehende Personen den durch sie begünstigten Gesellschaftern stl. zuzurechnen sind. Eine zweite Schlußfolgerung ist ebenso zwingend: Wenn der Gesellschafter durch die Zuwendung an den Dritten keinen feststellbaren Vermögensvorteil hat, liegt überhaupt keine Ausschüttung vor.[183)]

Die Eigenschaft "nahestehend" kann durch Beteiligung begründet werden. Sie liegt insbesondere vor bei Schwestergesellschaften, deren Anteile denselben Gesellschaftern gehören oder von denselben Gesellschaftern beherrscht werden.[184)] Auch durch Konzernverbundenheit kann dieses besondere Verhältnis entstehen.[185)]

Die Rspr. wird von der Literatur grundsätzlich für richtig gehalten[186)], wenn auch etliche Details umstritten sind. Die Finanzverwaltung hat den wesentlichen Inhalt der Rspr. in die KStR übernommen.[187)]

183) BFH 68,322 BFH 75,306
72,320 82,761
75,48

184) BFH 61,460 BFH 66,285
62,338 69,243
65,27

185) RFH 33,1201; 38,464; 43,658

186) H-H-R § 6 KStG a.F., 80 und 82;
Knobbe-Keuk § 19 I 2d; Lange aaO, Tz.11.

187) A 31 Abs. 2 KStR 1981

Die Rspr. ist in ihrer Argumentation überzeugend und führt zu wirtschaftlich sinnvollen Ergebnissen. Es würde den Rahmen dieser Untersuchung sprengen, die Einzelheiten der verschiedenen Urteile aufzugreifen und die verschiedenen Begründungen, die im Einzelfall gegeben werden, wissenschaftlich nachzuvollziehen. Deshalb muß es genügen, auf die wichtigsten Urteile und das Schrifttum zu verweisen. Sofern für die Weiterentwicklung des Themas Einzelheiten aus dem Bereich der Zuwendungen an nahestehende Personen wichtig werden, wird ad hoc darauf eingegangen.

5.6 Fiktionstheorie

Bei der Lösung von Fällen, in denen es um eine vGA geht, wird häufig mit Fiktionen gearbeitet. Man unterstellt statt des wirklich abgelaufenen Sachverhalts einen fiktiven Sachverhalt. Am Ende kommt man dann aufgrund des fiktiven Sachverhalts zu Rechtsfolgen, die sowohl die Gesellschaft als auch den Gesellschafter betreffen. Dazu zwei Beispiele:

Fall 1: Die Gesellschaft gibt dem Gesellschafter ein zinsloses Darlehen, das dieser für den Bau eines Miethauses verwendet. Dadurch spart er sich marktübliche Zinsen von 12.000 jährlich. Die Beteiligung ist im PV des Gesellschafters.

Zur Lösung des Falles unterstellt man folgenden fiktiven Sachverhalt: Die Gesellschaft gibt dem Gesellschafter ein Darlehen, der Gesellschafter zahlt dafür jährlich 12.000 Zinsen, die Gesellschaft schüttet daraufhin an den Gesellschafter 12.000 Mark aus.

Lösung: Die Gesellschaft hat einen um 12.000 Mark höheren Gewinn (Zinserträge), der durch die nachfolgende Ausschüttung nicht mehr berührt wird. Der Gesellschafter kann 12.000 Zinsen als Werbungskosten bei seinen Einkünften aus Vermietung und Verpachtung geltend machen; die Ausschüttung ist als Beteiligungsertrag nach § 20 Abs. 1 Nr. 1 EStG zu versteuern.

Fall 2: Die Gesellschaft übereignet dem Gesellschafter für dessen Gewerbebetrieb einen abgeschriebenen LKW, der noch einen Wert von 10.000 hat. Sie verlangt dafür keine Gegenleistung. Die Beteiligung ist im BV des Gesellschafters.

Zur Lösung des Falles wird unterstellt: Die Gesellschaft verkauft dem Gesellschafter den LKW für 10.000; danach schüttet sie 10.000 an den Gesellschafter aus.

Lösung: Die Gesellschaft hat einen um 10.000 höheren Gewinn (a.o.E.), der durch die nachfolgende Ausschüttung nicht mehr berührt wird. Der Gesellschafter hat AK für ein betriebliches WG i.H.v. 10.000; die Ausschüttung ist als betrieblicher Beteiligungsertrag nach §§ 20 Abs. 1 Nr. 1, 20 Abs. 3, 15 Abs. 1 Nr. 1 EStG zu versteuern.

Die Lösungen sind, soweit sie die Gesellschaft betreffen, im Ergebnis wohl unbestritten. Dagegen ergeben sich auf der Gesellschafterseite Zweifel, und zwar vor allem auf der Kostenseite. Die Lösungen beruhen auf der sog. Fiktionstheorie.

Die Zulässigkeit solcher Fiktionen im Steuerrecht ist

sehr fragwürdig. Die Rspr.[188] hat sich im Zusammenhang mit vGA öfter einer Fiktion bedient. In der Literatur wird die Fiktionstheorie vor allem von Hermann-Heuer-Raupach[189] vertreten. Sie meinen, die Fiktionstheorie sei nach wie vor der Schlüssel zum Verständnis der vGA, vor allem im Hinblick auf das Anrechnungsverfahren. Die Fiktionstheorie sei mehr als nur eine Denkhilfe, sie sei das notwendige Zwischenglied zwischen dem tatsächlichen und dem besteuerten Sachverhalt. In der neueren Literatur wird die Fiktionstheorie vor allem von Brezing[190] vertreten. Auch L. Schmidt[191], Frotscher-Maas[192], Baranowski[193] und Lange[194] stehen ihr nicht ablehend gegenüber.

Gegen die Fiktionstheorie wendet sich nachdrücklich und ausführlich Meßmer[195]. Er meint, daß eine Fiktion im Zusammenhang mit einer vGA nicht notwendig sei, weil zulängliche menschliche Erkenntnismittel für die Lösung der Fälle zur Verfügung stehen. Es gelte nicht, einen Geschehensablauf umzudenken, vielmehr solle der wirkliche Sachverhalt erfaßt werden. Etwas anderes verlange auch die gesetzliche Bestimmung über die vGA im KStG nicht. Weitere Gegner der Fiktionstheorie im Zusammenhang mit

188) BFH 61,80 BFH 71,408
62,338 73,449
71,53 76,88

189) H-H-R § 8 Abs. 3 KStG nV., II 3 und § 6 KStG a.F., 73 m.w.N.;

190) FR 79, S. 499

191) FR 75, S. 430; StBJB 76/77, S. 326 (340 u. 381).

192) Frotscher-Maas Anh. § 8, 96 (Kombiniert mit der sog. Aufteilungstheorie)

193) DStR 82, S. 406

194) Lange aaO, Tz. 6 c

195) StBJB 77/78, S. 117 ff.

vGA sind Döllerer [196], Westerfelhaus [197], Schneider [198] und Meyer-Arndt [199]. Knobbe-Keuk lehnt sie verbal ab, kommt ihr im Ergebnis aber doch nahe [200].

Fragwürdig ist die Rechtmäßigkeit der Fiktionstheorie wegen des fundamentalen Rechtsgrundsatzes der Tatbestandsmäßigkeit der Besteuerung. Eingriffe in die Rechte des Bürgers bedürfen einer genau beschriebenen gesetzlichen Grundlage. Das ergibt sich aus dem Grundgesetz (Art. 20 Abs. 3). Weder die Verwaltung noch der Richter dürfen belastende Rechtsfolgen für den Bürger herstellen bzw. sanktionieren, die das Gesetz nicht oder so nicht vorsieht. Das Konstruieren eines Sachverhalts, der in Wirklichkeit nicht stattgefunden hat, mit dem Ziel, daraus Rechtsfolgen zu ziehen, die nur aufgrund des erfundenen Sachverhalts möglich sind, ist eine Variante des Verstoßes gegen die Tatbestandsmäßigkeit der Besteuerung. Es ist gleichgülig, ob auf einen wirklichen Sachverhalt eine nicht existierende Norm oder ob auf einen nicht wirklichen Sachverhalt eine existierende Norm angewandt wird, in beiden Fällen ist der notwendige Zusammenhang zwischen Gesetz und Wirklichkeit nicht vorhanden.

Dennoch kommt die Fiktionstheorie nicht nur zu vernünftigen Ergebnissen, sondern ist bei vGA auch mit dem Gesetz

196) BB 67, S. 1446; JBFSt 72/73, S. 142 (154)

197) DB 67, S. 1738

198) Diss., S. 489 ff.

199) DB 67, S. 1281 und S. 1740; JBFSt 76/77, S. 375. Meyer-Arndt arbeitet mit der Aufspaltungstheorie, die das Geschäft in einen schuldrechtlichen und einen gesellschaftsrechtlichen Teil aufteilt.

200) Knobbe-Keuk § 19 I 1: sie spricht lateinisch von "negotium mixtum" und einem Teil, der "causa societatis" vereinbart sei.

zu vereinbaren. Die Rechtsgrundlage, die ihre Anwendung rechtfertigt, ist § 8 Abs. 3 S. 2 KStG und die korrespondierenden Bestimmungen des EStG. Das KStG wollte mit § 8 Abs. 3 S. 1 und 2 klar stellen, daß offene Ausschüttungen und vGA in der KSt gleich zu behandeln sind. Anders kann das Hintereinanderstellen dieser beiden Sätze des Abs. 3 nicht verstanden werden. Ebenso ist das Verhältnis von § 20 Abs. 1 Nr. 1 und Abs. 2 Nr. 1 EStG zu verstehen: Ob es sich um eine Ausschüttung handelt, die formell als Dividende bezeichnet wird, oder ob es sich um einen sonstigen Vorteil handelt, der dem Gesellschafter von der Gesellschaft zugewendet wird, die Besteuerung bleibt gleich. Bis zu diesem Punkt ergeben sich wohl auch keine Reibungspunkte zwischen den Anhängern und Gegnern der Fiktionstheorie. Kritisch wird es erst, soweit es um die fiktiven Aufwendungen geht, die man dem Beteiligungsertrag beim Gesellschafter gegenüberstellt. Aber hier zeigt sich nun erst die Konsequenz der Gleichbehandlung beider Ausschüttungsarten.

Im Fall 1 (s.o.) ist der Gesellschafter infolge des zinslosen Darlehens per Saldo nicht reicher geworden. Das ist kein Widerspruch zu der Feststellung, daß er einen geldwerten Vermögensvorteil in Form des ersparten Zinses bekommen hat. Dieser Vorteil wird zu Recht als Beteiligungsertrag versteuert. Kann man einen geldwerten Vorteil erhalten und am Ende doch nicht reicher werden? Man kann! Es handelt sich um einen Nutzungsvorteil, der mit Zufluß verbraucht wird. Die Situation ist die gleiche wie bei der Nutzungseinlage (s.o. 4.2.5.3). Wer von einer ihm nahestehenden Person aus privaten Gründen ein zinsloses Darlehen für seinen Betrieb erhält, wird per Saldo auch nicht reicher, weil sich dieser Vorteil sofort im Betrieb verbraucht. Dennoch handelt es sich um eine Einlage, weil logisch vor dem Verbrauch die Zuwendung des Vorteils steht. Der Verbrauch für den Betrieb ist im Fall der Nutzungseinlage betrieblicher Aufwand. Der Verbrauch des Vorteils der Zinslosigkeit für den Bau eines Miethauses ist im oben geschilderten Fall 1 Aufwand für die Einkünfte aus Vermietung und Verpachtung. Damit ist ein Abzug der "fiktiven" Zinsen als Werbungskosten durchaus legitim.

Ähnlich im Fall 2 (s.o.). Der zugewendete Vorteil ist hier keine Nutzung, sondern ein körperlicher Gegenstand. Der Gesellschafter wird durch die Zuwendung reicher, die Zuwendung verbraucht sich nicht auf der Stelle, weil der LKW sich nicht sofort im Betrieb verflüchtigt wie die reine Nutzung. Dem Vermögensvorteil, der als Beteiligungsertrag zu versteuern ist, steht als Aufwand nur die AfA gegenüber.

Der hier aufgezeigte Lösungsweg hat nichts mit einer Fiktion zu tun. Insoweit hat Meßmer recht: Die erkenntnistheoretischen Mittel des Steuerrechts reichen für die Lösung der Fälle aus, ohne daß man Zuflucht zur Fiktion nehmen muß. Die Ausführungen von Brezing und Hermann-Heuer-Raupach, daß es einer echten Fiktion bedürfe, überzeugen nicht. Sie argumentieren zu sehr vom Ergebnis her. Man kann schadlos auf die Fiktionstheorie verzichten, ja man sollte darauf verzichten, um auch nur den Anschein des Verstoßes gegen Art. 20 Abs. 3 GG zu vermeiden. Dennoch ist die Fiktionstheorie als Lösungshilfe und als Denkhilfe äußerst wertvoll und nützlich.

6. Nutzungen und Leistungen als Gegenstand einer verdeckten Einlage

6.0 Vorbemerkung

Ein Vermögensvorteil, der einer Kapitalgesellschaft von ihrem Gesellschafter zugewendet wird, mehrt das Vermögen der Gesellschaft. Diese Vermögensmehrung ist nach §§ 8 Abs. 1 KStG i.V.m. 4 Abs. 1 S. 1 EStG nur dann nicht als steuerpflichtiger Gewinn zu behandeln, wenn sie auf eine Einlage zurückzuführen ist. Einlagen führen zu nicht steuerbaren Vermögensmehrungen.

Jede Kapitalgesellschaft muß mit Kapital ausgestattet werden, um juristisch und wirtschaftlich existenzfähig zu werden. Dieses Kapital stammt von den Gesellschaftern. Es ist Eigenkapital der Gesellschaft, die Verpflichtung, es irgendwann an die Gesellschafter zurückzuzahlen, ändert daran nichts. Das Kapital, daß die Gesellschaft von ihren Gesellschaftern bei ihrer Gründung oder bei einer späteren Kapitalerhöhung bekommt und das ihr Vermögen begründet bzw. vermehrt, ist nicht steuerbar, weil es nicht durch die betriebliche Tätigkeit erwirtschaftet ist. Es handelt sich für jedermann sichtbar um Gesellschafterbeiträge und damit um offene Einlagen.

Die Kapitalgesellschaft ist ein durch die Rechtsordnung geschaffenes Rechtssubjekt, das mit allen anderen Rechtssubjekten Rechtsgeschäfte aller Art durchführen kann, auch mit ihren eigenen Gesellschaftern. Solche Geschäfte können zu Vermögensmehrungen bei der Gesellschaft führen. Die entscheidende Frage ist: Muß der Gesellschafter den ihm vom Handelsrecht vorgeschriebenen Weg gehen, um einen Gesellschafterbeitrag zu leisten und damit seiner Gesellschaft zu einer nicht steuerbaren Vermögensmehrung zu verhelfen oder kann er auch andere Wege gehen, ohne daß es zu einer steuerpflichtigen Vermögensmehrung bei der Gesellschaft kommt? Anders ausgedrückt: Gibt es auch Gesellschafterbeiträge, die nicht als solche erkennbar sind, die verdeckt sind durch ein Geschäft, wie es jedermann mit der Gesellschaft abschließen kann? Gibt es also neben den offenen Einlagen auch verdeckte Einlagen (v.E.), die zwar nicht nach Handelsrecht, wohl aber nach Steuerrecht als echte Einlagen zu behandeln sind?

Das Thema "verdeckte Einlagen" ist offenbar längst nicht so ergiebig für die stl. Rspr. und Literatur wie der Bereich der vGA. Das zeigt schon ein flüchtiger Blick in die Seiten der Kommentare, auf die Zahl der Urteile und Äußerungen in der Literatur. Offenbar ist dieses Thema nicht von der stl. Brisanz wie die vGA. Das hat seine guten Gründe.

Die vGA führt in aller Regel zu einem Steuermehrergebnis. Steuermehrergebnisse werden von den Stpfl. verständlicherweise bekämpft, es kommt zu Rechtsstreitigkeiten, die zu Urteilen führen. Urteile provozieren das Pro u. Contra der Meinungen. Die vGA ist offenbar als so rechtserheblich empfunden worden, daß sich der Gesetzgeber schon 1934 entschloß, im KStG etwas dazu zu sagen. Die vE findet man dagegen bis heute nicht im Gesetz.

Ein weiterer Grund dafür, daß die vE nicht so viel Echo erzeugt, ist die geringere Häufigkeit, mit der sie vorkommt. Es ist ganz natürlich, daß viel mehr Geld aus den Gesellschaften heraus- als hineinfließt. Gesellschaften werden gegründet, um Gewinne zu machen, Anteile an Gesellschaften werden erworben, um Rendite abzuwerfen. Sie sollen nicht Geld kosten, man will keine Nachschüsse zahlen. Die vE ist eher ein Produkt schlechter Geschäfte, hat im weitesten Sinne etwas mit Sanierung zu tun.

Die vE ist in den 70-er und 80-er Jahren aber doch plötzlich interessant geworden, weil Konzernbildungen häufiger geworden sind. In einem Konzern werden oft Leistungen zwischen den einzelnen Mitgliedern bewegt, die ihre Ursache in der Konzernverbundenheit haben. Diese Leistungen haben, wenn sie von der Obergesellschaft kommen und wenn sie zwischen Schwestergesellschaften zugewendet werden, häufig den Chrakter von Kapitalverstärkungen und damit von Einlagen. Sie werden als Fremdgeschäfte abgewickelt und können stl. nur dann als Einlagen behandelt werden, wenn man sich des Begriffs der vE bedient.

Die stl. Virulenz dieser Vermögensverschiebungen im Konzern wird insbesondere dann schlagartig sichtbar, wenn es sich um internationale Konzerne handelt, deren Steuersubstrat nicht im eigenen Lande bleibt. Nicht umsonst sind die Urteile, die die Diskussion um die vE in jüngster Zeit bereichert haben, mit solchen internationalen Sachverhalten befaßt gewesen.

6.1 Begriff und Gegenstand der verdeckten Einlage

6.1.1 Keine gesetzliche Regelung

Der Begriff der vE ist und war nie im KStG enthalten.

6.1.2 Entwicklung des Begriffs durch die Rechtsprechung

Der Begriff vE taucht schon relativ früh in der Rspr. des RFH auf. In dem Urteil, in dem sich der RFH zum ersten Mal ausführlich mit diesem Begriff beschäftigt[201], heißt es: "Vorteile, die ein Gesellschafer der Gesellschaft zuwendet und die ein an der Gesellschaft nicht Beteiligter der Gesellschaft nicht eingeräumt hätte, sind den gesellschaftlichen Einlagen gleich zu achten. Dasselbe gilt für Zuwendungen von Personen, die den Gesellschaftern oder einem der Gesellschafter nahestehen. Vermögensmehrungen, die durch derartige Zuwendungen (z.B. Verzicht auf eine Forderung gegen die Gesellschaft) entstanden sind, stellen daher keinen körperschaftsteuerpflichtigen Gewinn dar." Diese Aussage deckt sich, wie die weitere Entwicklung der Rspr. zeigen wird, schon im wesentlichen mit den heute verwendeten Begriffsbestimmungen.

Im Urteil des BFH vom 26.2.56 [202] wird ein neuer Akzent gesetzt. Zum ersten Mal wird auf die gesellschaftsrechtliche Verursachung der Gesellschafterleistung abgestellt: "Zu den Einlagen gehören alle Leistungen, die auf gesellschaftsrechtlichen Vorgängen beruhen und die von den Gesellschaftern der Gesellschaft ohne Gegenleistung zugeführt werden."

Das Urteil des BFH vom 19.2.70 [203] stellt auf die Sorgfalt eines ordentlichen Kaufmanns ab:"Durch ein Risikogeschäft zwischen einer Kapitalgesellschaft und ihrem Gesellschafter, das zum Nachteil des Gesellschafters und zum Vorteil der Gesellschaft ausschlägt, kann eine vE begründet sein, wenn ein Nicht-Gesellschafter bei Anwendung der Sorgfalt eines ordentlichen Kaufmanns auf das Geschäft nicht eingegangen wäre."

201) RFH 36,951

202) BFH 56,154

203) BFH 70,442

Im Urteil vom 14.8.74 [204] werden die gesellschaftsrechtliche Verursachung und die Sorgfalt eines ordentlichen Kaufmanns miteinander verbunden: "Eine vE setzt voraus, daß ein Gesellschafter seiner Gesellschaft einen .... Vermögensvorteil zuwendet und daß diese Zuwendung ihre Ursache im Gesellschaftsverhältnis hat. Die Ursächlichkeit des Gesellschaftsverhältnisses ist gegeben, wenn ein Nicht-Gesellschafter bei Anwendung der Sorgfalt eines ordentlichen Kaufmanns den Vermögensvorteil nicht eingeräumt hätte."

Aus den zitierten Urteilen [205] lassen sich zwei Begriffsmerkmale für die Definition der vE durch die Rspr. herausschälen:

- Vorteilszuwendung des Gesellschafters an die Gesellschaft
- Ursache im Gesellschaftsverhältnis (Beurteilungskriterium ist der sog. Fremdvergleich bzw. das Verhalten eines sorgfältigen Kaufmanns).

Die Entwicklung der Definition der vE zeigt eine auffallende Ähnlichkeit mit der Entwicklung des Begriffs der vGA. Um dies ganz deutlich zu machen, wird hier die Definition der vGA, wie sie der BFH in seinen jüngsten Urteilen gebraucht [206], wiederholt: "Eine vGA liegt vor, wenn die Gesellschaft ihrem Gesellschafter außerhalb der gesellschaftsrechtlichen Gewinnverteilung einen Vermögensvorteil zuwendet, den sie bei Anwendung der Sorgfalt eines ordentlichen und gewissenhaften Geschäftsleiters einem fremden Dritten, der nicht Gesellschafter ist, unter sonst gleichen Umständen nicht zuwenden würde." Die wesentlichen Merkmale sind:

204) BFH 75,123

205) vgl. neuerdings BFH 83,704

206) s.o. FN 138

- Vorteilszuwendung der Gesellschaft an den Gesellschafter
- Ursache im Gesellschaftsverhältnis (Beurteilungsmaßstab auch hier der Fremdvergleich und das Verhalten eines ordentlichen und gewissenhaften Geschäftsleiters)

Ursprünglich war auch eine spiegelbildliche Umkehrung der beiden Begriffe vGA und vE gewollt. Der RFH hatte darauf ausdrücklich hingewiesen. [207] Erstmals im Urteil des BFH vom 8.11.60 [208] löst die Rspr. diese Spiegelbildlichkeit ausdrücklich auf. Der Grund für diesen wichtigen Schritt liegt darin, daß der 1. Senat der Auffassung ist, niemand sei verpflichtet, aus seinem Vermögen bestimmte Nutzungen zu ziehen, nicht gezogene Nutzungen dürften nicht als gezogen unterstellt werden. Hierin unterscheidet sich die Situation des Gesellschafters deutlich von der der Gesellschaft. Die Gesellschaft sei verpflichtet, bei Geschäften mit ihrem Gesellschafter die übliche Gegenleistung zu verlangen bzw. nicht durch Verzicht auf die übliche Gegenleistung ihr Einkommen zu schmälern. Diese Verpflichtung der Gesellschaft ergäbe sich aus dem Gesetz. Eine ähnliche Verpflichtung gäbe es zumindest als Grundsatz im übrigen Ertragsteuerrecht nicht. Das konkrete Ergebnis für den im Urteil entschiedenen Fall war dann auch, daß der BFH den Gesellschafter nicht für verpflichtet hielt, von der Gesellschaft den üblichen Pachtzins für die Nutzung von Gegenständen zu verlangen. Das Gericht sah in dieser Vorteilszuwendung keine vE. Eine Ausnahme sei nur dann zu machen, wenn der niedrige Pachtzins beim Gesellschafter laufend zu

207) RFH 36,951

208) BFH 60,513

stl. relevanten Verlusten führe. Auf diese Ausführungen stützt sich der BFH dann erneut in seinem berühmten Urteil vom 3.2.71 [209]. In späteren Urteilen [210] wird dann nochmal ausdrücklich festgestellt, "daß sich aus rechtssystematischen Gründen die Behandlung von vGA und vE nicht deckt."

Eine weitere Abkehr von dem Spiegelbild zwischen vGA und vE ergab sich für den BFH im Hinblick auf den Gegenstand der vE. Während es bis dahin nicht zweifelhaft war, daß Gegenstand der vGA und der vE jeder geldwerte Vorteil sein könne, kommt der BFH im Urteil vom 3.2.71 plötzlich zu der Meinung, Nutzungen könnten nicht verdeckt eingelegt werden. Diese Meinung hatte der BFH im Ergebnis zwar schon früher [211] vertreten, aber mit einer anderen Begründung. In 71,408 wird eine neue These aufgestellt, an der das Gericht trotz starker Kritik seither unverändert festhält. [212] Diese These lautet, daß "jedenfalls für die KSt nur solche WG als Einlagen geeignet sind, die das Vermögen der Gesellschaft vermehrt haben, sei es durch den Ansatz eines Aktivpostens oder die Verminderung eines Passivpostens." Verkürzt heißt das: Die Einlage muß das StB-Vermögen der Gesellschaft erhöhen. Wichtig ist in diesem Zusammenhang die Feststellung des Gerichts, daß die Vermehrung der Erträge, die für die Gesellschaft in Folge der ersparten Aufwendungen eintritt, nicht als Vermögensmehrung im Sinne einer Einlage angesehen werden kann. [213]

209) BFH 71,408

210) BFH 81,612; 82,631; 84,747

211) BFH 60,513 und 62,338

212) BFH 81,181 und 612; BFH 82,631; BFH 84,535 und 747

213) Im Gegensatz dazu können Nutzungs- und Gebrauchsvorteile nach Auffassung der st. Rpsr. verdeckt ausgeschüttet werden.

Auf derselben Linie liegt das Urteil vom 29.1.75 [214], das zu dem Ergebnis kommt, ein selbstgeschaffener Firmenwert könne nicht Gegenstand einer vE sein, weil er nicht aktivierungsfähig ist. Das Aktivierungsverbot beruhe darauf, daß die Bewertungsunsicherheiten in Bezug auf solche immateriellen WG vermieden werden sollen. Im Fall der Einlage könne von dem Aktivierungsverbot nicht abgewichen werden. Sei aber eine Aktivierung nicht möglich, könne auch keine vE vorliegen. Das Urteil vom 19.5.82 [215] übernimmt diese Begründung in Bezug auf ein Nutzungsrecht, das der BFH aus diesem Grund ebenfalls nicht für einlagefähig hält.

Ein zusätzlicher Gesichtspunkt ist für die Begriffsbestimmung der vE durch die Rspr. von außerordentlicher Bedeutung: Der Gesellschafter kann mit seiner Gesellschaft entweder als Gesellschafter oder als Außenstehender rechtlich verkehren. Er kann Vermögenswerte als Gesellschafter in die Gesellschaft einbringen, also auf gesellschaftsrechtlicher Basis. Er kann aber auch auf anderer Rechtsgrundlage in eine Rechtsbeziehung mit der Gesellschaft treten. [216] Der BFH weist darauf hin, daß es ständige Rspr. sei, daß "der Gesellschafter seiner Kapitalgesellschaft Darlehen, WG oder seine Arbeitsleistung ohne Entgelt, für ein besonders niedriges Entgelt oder auch für ein unangemessenes Entgelt zur Verfügung stellen könne." [217] Der BFH hat auch immer wieder betont,

214) BFH 75,553

215) BFH 82,631

216) BFH 56,288: "Ein Gesellschafter kann wählen, ob er an seine Gesellschaft Leistungen auf schuldrechtlicher Grundlage oder auf gesellschaftsrechtlicher Grundlage erbringt." Ebenso BFH 55,397; 58,381, 59,197; 61,68.

217) RFH StuW 38, Nr. 71; BFH 56,288

daß es dem Gesellschafter grundsätzlich frei stehe, ob er der Gesellschaft Mittel als Eigenkapital oder als Fremdkapital zur Verfügung stelle.[218] Ein Mißbrauch der Gestaltungsformen sei in diesem Zusammenhang praktisch ausgeschlossen. Das gelte sogar, wenn die Gesellschaft das Darlehen zinslos und ohne feste Rückzahlungsvereinbarung bekomme, ja sogar im Fall der Überschuldung der Gesellschaft. Nur wenn die Rechtsform der Einlage rechtlich zwingend sei, müsse sie gewählt werden. Bisher hat der BFH erst ein konkretes Beispiel erwähnt, wo ein solcher Zwang besteht.[219]

Die Rspr. lehnt es ab, bei der Definition der vE auf die Begriffe des KapVStG zurückzugreifen. Die Urteile lassen allerdings eine eingehende Begründung vermissen.[220]

Im Ergebnis kommen nach der Rspr. des BFH als vE nur noch in Betracht:

- Vorteilszuwendungen des Gesellschafters an die Gesellschaft,
- die unmittelbar die Aktiva erhöhen oder die Passiva mindern
- und ihre Ursache im Gesellschaftsverhältnis haben, weil sie ein Nicht-Gesellschafter so nicht gemacht hätte.

218) Für die Ertragsteuern:

RFH 33,1220	BFH 51,12	BFH 59,197
38, 901	54,336	60, 10
38, 902	56, 11	66,197
42,1075	56,179	65,119
		66,197

Die Bewertungsenate deuteten ursprünglich Gesellschaftsdarlehen, die unter besonders günstigen Bedingungen der Gesellschaft überlassen werden, oft in verdecktes Stammkapital um:

RFH 32,1088	RFH 37,348	BFH 53,208
33, 50	38,525	53,328
33, 400	41,269	60,400
33,1167	43,765	68, 74
36,692		69,430

Später schlossen sich auch die Bewertungssenate der strengeren Rspr. der Ertragsteuersenate an: BFH 72,518 und 74,330.

219) BFH 59,197. Zur gesamten Problematik äußert sich kritisch Wrede DB 79, S. 1619 (1676)

Hauptanwendungsfälle sind

- Veräußerungsgeschäfte zu unüblichen, für die Gesellschaft vorteilhaften Bedingungen [221]
- der Gesellschafter bezahlt oder erläßt Schulden der Gesellschaft [222]

Nicht einlagefähig sind dagegen:

- Nutzungen und Leistungen [223]
- immaterielle WG, soweit sie nicht bilanziert werden können [224]
- Dienstleistungen [225]

6.1.3 Meinung der Finanzverwaltung

Die Finanzverwaltung hat die vom BFH entwickelte Definition der vE übernommen. [226]

6.1.4 Die Meinungen in der Literatur

In der Literatur reicht die Palette der Meinungen von der Auffassung, daß es praktisch keine vE gäbe bis zu der Auffassung, daß jeder geldwerte Vorteil, also nicht nur Gegenstände und Rechte, sondern auch reine Nutzungen und sogar Leistungen Gegenstand einer vE sein können. Der folgende Überblick über die im Schrifttum geäußerten Meinungen ist entsprechend gegliedert.

220) Für die KSt: RFH 34,46 BFH 66,197 BFH 84,747
34,634 70,442
Für die Bewertung : BFH 69,430

221) z.B. BFH 66,110; 67,733; 69,243; 73,449; 80,494; 82,631

222) z.B. BFH 68,722 u. 720; 70,469; 70,518; 77,515; 81,181; 82,631; 84,535

223) z.B. BFH 60,513; 70,442; 71,408; 81,612, 82,631; 84,747

224) z.B. BFH 75, 553; 82,631

225) z.B. BFH 82,631

226) A 36 a Abs. 1, S.1 KStR 1981 und BdF BStBl. 83 I, S. 218 (Tz.1.3.1.2)

6.1.4.1 Generelle Ablehnung einer vE

Knobbe-Keuk [227] hält es für inkonsequent, Unterpreislieferungen anders zu behandeln als Unterpreisleistungen. Der Grundsatz, daß niemand durch das Steuerrecht gezwungen werden könne, Einkünfte zu erzielen, gelte für beide Fälle. Aus dem Gesetz könne weder eine Rechtsgrundlage für die Berichtigung der Einünfte des zuwendenden Gesellschafters noch der begünstigten Gesellschaft hergeleitet werden. Auch Kohlenbach [228] will die Unterpreislieferung und die Unterpreisleistung gleichbehandeln und lehnt eine vE in beiden Fällen ab, weil es dem Gesellschafter überlassen bleiben müsse, der Gesellschaft WG oder seine Arbeitsleistung ohne Entgelt, für ein besonders niedriges oder für ein übliches Entgelt zu überlassen. Ossenbrügge [229] beruft sich auf denselben Grundsatz.

6.1.4.2 VE nur im Fall der Unterpreislieferung

Die meisten Autoren beschäftigen sich mit der vE im Zusammenhang mit dem pointierten Urteil des BFH (71,408). Aufgrund dieses Urteils haben sich etwa zwei gleich große Lager gebildet. Die Befürworter der BFH-Rspr. lehnen ebenso wie der BFH die Möglichkeit einer Nutzungs- und Leistungseinlage in eine Kapitalgesellschaft ab. Zu ihnen gehört vor allem Döllerer [230], der die Argumente des BFH in allen Einzelheiten unterstützt. Er wendet sich gegen eine zu weite Definition der vE: Man dürfe nicht sagen, daß der Gewinn der Gesellschaft von

227) Knobbe-Keuk § 19 II 2 c

228) DB 61, S.218. Ebenso Thiel DB 67, S.212

229) BB 70, S. 478

230) Döllerer, S. 125 ff; BB 71, S. 1245; BB 79, S. 57 (61); StBJB 81/82, S. 204; DStR 84, S. 383

allen Einflüssen frei bleiben müsse, die ihre Ursache im Gesellschaftsverhältnis haben. Es müsse auch Gesellschafterleistungen geben, die den Erfolg der Gesellschaft beeinflussen. Dazu gehören alle Vermögensvorteile, die sich nicht auf das Bilanzvermögen auswirken. Das komme vor allem im Bereich der Darlehens-, Miet- und Pacht- und Arbeitsverträge vor. Auch aufgrund des Handelsrechts ergebe sich keine andere Betrachtungsweise. Selbst wenn Nutzungsrechte im Handelsrecht einlagefähig sein sollten, gelte das nicht für das Steuerrecht.[231] Ähnlich argumentieren v. Wallis[232], Streck[233], Schmidt-Troschke[234], Reuter[235], Lange[236] und Schneider.[237]

Groh[238] kommt in seinen ausführlichen Stellungnahmen ebenfalls zum gleichen Ergebnis wie der BFH. Er bringt aber neue und gewichtige Argumente in die Diskussion ein. Er ist der Auffassung, daß es Kapitalbeiträge und Erfolgsbeiträge der Gesellschafter gäbe. Er leitet das aus dem Handelsrecht ab. Der Kapitalbeitrag sei dort erfolgsneutral, also wie eine Einlage des Steuerrechts zu behandeln. Er umfasse die im Gesellschaftsvertrag vorgesehenen Bar- bzw. Sachleistungen des Gesellschafters. Die Erfolgsbeiträge seien dagegen Nebenleistungen, mit denen der Gesellschafter sogar bewußt und sinnvoll den Gewinn der Gesellschaft erhöhen könne. Das Handelsrecht sehe solche erfolgswirksamen Nebenleistungen in § 55 Abs. 1 AktG und § 3 Abs. 2 GmbHG vor. Hierbei handle es

231) Döllerer JBFSt 80/81, S.239

232) FR 71, S. 287 und StBJB 73/74, S. 94

233) GmbHR 82,22

234) GmbHR 72, S. 65

235) FR 76, S. 206

236) aaO, Tz. 163 a

237) Diss. S. 164 und 512

238) Festschrift für Flume, S. 71 und BB 82, S. 133

sich vor allem um unentgeltliche Dienstleistungen des Gesellschafters, verbilligte Nutzungsüberlassungen und ähnliche Verträge, die für die Gesellschaft günstig sind, ohne daß ihr Nennkapital davon berührt wird. Groh gibt zu bedenken, daß es im Ergebnis nur noch Kapitalbeiträge gäbe, wenn man Nutzungsüberlassungen als vE behandeln würde, weil dann alle Nebenleistungen als entgeltlicher Leistungsaustausch abgewickelt werden müßten. Wenn man in diesen Fällen eine Einlage annähme, dann käme man zu fiktiven Darlehens-, Arbeits- und ähnlichen Verhältnissen. Das sei ein Verstoß gegen die Tatbestandsmäßigkeit der Besteuerung. Man müsse sogar die Gefahr einer stl. Doppelbelastung des Gesellschafters sehen, der dann u.U. fiktive Zinsen, fiktiven Arbeitslohn o.ä. und daneben seinen Beteiligungsertrag versteuern müsse. Groh macht schließlich noch einen Vergleich mit der Besteuerung des Einzelunternehmers. Auch dort würde nur als erfolgsneutrale Einlage anerkannt, was das BV erhöhe, also die Zuführung von Vermögensgegenständen aus der privaten Sphäre, nicht aber die Arbeitsleistung des Unternehmers und nicht der Wert der Nutzung, wenn der Einzelunternehmer dem Betrieb Kapital oder Vermögensgegenstände zur Nutzung überlasse. Etwas anderes sei es dagegen, wenn nicht nur die Nutzung, sondern die Gegenstände selbst verbilligt an die Gesellschaft abgegeben werden. Das seien echte meßbare Vermögensvorteile für die Gesellschaft, insoweit sei eine vE möglich. Auf diese Weise kommt Groh am Ende zum selben Ergebnis wie der BFH. [239)]

Von den Kommentaren folgen Frotscher-Maas [240)], Schuhmann-

239) Der BFH hat inzwischen die Argumentation Grohs mit dem Begriff "Erfolgsbeitrag" übernommen: vgl. BFH 80,244 und 81,612.

240) aaO § 8, 40,41,45

Greif[241], Gail-Goutier-Grützner[242] und Felix-Streck[242a] dem BFH, ohne neue Argumente vorzubringen.

6.1.4.3 Generelle Befürwortung einer vE

Der andere Teil der im Schrifttum vertretenen Meinungen befürwortet die Anwendung des Rechtsinstituts der vE auch im Bezug auf Nutzungen und Leistungen. Ranft [243] meint, es gäbe keinen Grundsatz, daß niemand zur Einkunftserzielung verpflichtet sei. Er verweist auf die Versteuerung von fiktiven Einnahmen bei der vGA, der unentgeltlichen Wohnungsüberlassung und unentgeltlicher Leistung des Arbeitgebers.[244] Lang[245] und de la Motte[246] wenden sich dagegen, daß der BFH Unterpreislieferungen und Unterpreisleistungen verschieden behandelt. Vor allem beanstanden sie den Verlustvorbehalt des BFH aus dem Urteil vom 8.11.60 [247], wo das Gericht andeutet, eine vE sei bei Unterpreisleistungen des Gesellschafters denkbar, wenn dies beim Gesellschafter zu laufenden Verlusten führe.

Hundertmark-Herms [248] halten dem BFH einen weiteren Widerspruch vor. Es sei nicht einzusehen, daß im Fall einer von vornherein unentgeltlich überlassenen Nutzung keine vE anzunehmen sei, während dann, wenn zunächst ein Entgelt vereinbart werde, der Gesellschafter aber nachträglich darauf verzichte, eine vE vorliegen solle.[249]

241) aaO § 8, 65 und 75

242) aaO § 8, 56 und 65

242a) aaO, § 8 Anm. 48 u. 49

243) StBJB 72/73, S. 269 ff.. Ähnlich Fasold DB 61, S. 218

244) Ebenso Brezing StuW 72, S. 361

245) FR 84, S. 629

246) Steuerkongreßreport 1973, S. 148

247) BFH 60,513

248) BB 76, S. 80

249) BFH 77,515. Der gleiche Einwand findet sich bei H-H-R § 6 EStG, 826

Die massivsten Einwendungen gegen das Ergebnis der BFH-Rspr. kommen von den Anhängern der Fiktionstheorie. Sie weisen darauf hin, daß der Gesellschafter zwar das Recht habe, frei darüber zu entscheiden, ob er mit der Gesellschaft einen schuldrechtlichen oder einen gesellschaftsrechtlichen Vertrag schließen wolle. Im Falle des schuldrechtlichen Vertrages müsse er aber so behandelt werden wie ein Fremder, d.h. Leistung und Gegenleistung müßten in einem angemessenen und ausgewogenen Verhältnis zueinander stehen. Es gehe nicht an, gesellschaftliche Dinge unter dem Mantel des Schuldrechts so zu gestalten, daß sich am Ende Gesellschafterbeiträge auf den Erfolg der Gesellschaft auswirkten. Das stl. richtige Ergebnis lasse sich nur finden, wenn man einen ordnungsmäßigen Ablauf des Geschäfts wie unter Fremden unterstelle. Man müsse also davon ausgehen, daß die Gesellschaft den angemessenen Zins, die angemessene Miete, das angemessene Gehalt bezahle. Diese Auffassung wird vor allem von Hermann-Heuer-Raupach [250] und Brezing [251] vertreten. H-H-R weisen auf die Spiegelbildlichkeit von vE und vGA hin und meinen, wenn Nutzungen und Leistungen verdeckt ausgeschüttet werden könnten, müßten sie auch verdeckt einlegbar sein. [252]

Hußmann [253] lehnt in seiner Dissertation zwar die Fiktionstheorie ab, kommt aber doch zu dem Ergebnis, daß Nutzungen Gegenstand einer vE sein können. Er meint, es könne

250) H-H-R § 6 EStG, 828 un § 6 KStG a.F., 43

251) aaO, S. 98; FR 71, S. 405; FR 79, S. 499

252) Ebenso v. Wallis StBJB 70/71, S. 113 (127); Lange aaO, Tz. 161; Fröhlich aaO, S.5; Flick-Wassermeyer-Becker aaO § 1, 233. Ausdrücklich abgelehnt wird diese Spiegelbildlichkeit von Döllerer BB 71, S. 1245 (1248) und Hußmann Diss., S. 61.

253) Diss. S. 83 ff.

keine Rolle spielen, ob das Vermögen der Gesellschaft sofort im Zeitpunkt der Einlage oder erst am Ende des Wirtschaftsjahres durch Einsparung von Aufwendungen erhöht werde. Er bejaht wie der BFH den Grundsatz, daß der Gesellschafter nicht zur Einkunftserzielung gezwungen werden könne, meint aber, dieser Grundsatz betreffe nur die Gesellschafterseite. Die Gewinnermittlung der Gesellschaft sei dagegen etwas anderes, das nicht mit diesem Grundsatz vermischt werden dürfe. Bei Hußmann findet sich auch der Hinweis, daß es nicht auf die Behandlung der Gesellschafterleistung im Handelsrecht ankommen könne: Ob eine Gesellschafterleistung im Handelsrecht als Ertrag oder Kapitalzugang behandelt werde, könne für das Steuerrecht nicht maßgebend sein, die Buchung sei nicht Voraussetzung für eine Einlage, sondern die Folge der Einlage.

H-H-R [254)] und Pezzer [255)] meinen, daß man die Rspr. des BFH über die Einlage von Nutzungsrechten in der ESt nicht auf vE übertragen könne. Es könne keinen Unterschied machen, ob die Nutzung auf einem Recht beruhe oder ob sie ohne Rechtsverpflichtung der Gesellschaft überlassen werde. Der Vermögensvorteil, den die Gesellschaft aus der außerbetrieblichen Sphäre zugewendet bekomme, bestehe auf jeden Fall im Wert der ersparten Aufwendungen. Meilicke/Meilicke [256)] weisen darauf hin, daß sich der Wert eines Gegenstandes in der Betriebswirtschaftslehre vor allem nach seinem Ertragswert bemesse. Es sei deshalb logisch, die Nutzung eines Gegenstandes, die

254) H-H-R § 6 EStG, 828, und § 6 KStG a.F., 43

255) StuW 75, S. 222 (229)

256) DB 77, S. 927

gerade dem Ertragswert entspreche, für einlagefähig zu erachten.

Für die Einlagefähigkeit von Zinsvorteilen sprechen sich Baranowski[257], Risse[257a] und Ebenroth [258] aus. Asseyer[259] bejaht die Einlagefähigkeit von Zinsvorteilen und know-how. Mathiak[260] und Röhrkosten[261] sind für die Einlagefähigkeit von Grundstücksnutzungen ebenso wie Quack[262], der aber die Einlage von Zinsvorteilen ablehnt.

Zum Problem der Einlagefähigkeit sonstiger immaterieller WG folgen Döllerer[263], Flick[264] und Knobbe-Keuck[265] dem BFH[266]. Für die Einlagefähigkeit sind Schuhmann-Greif [267], L. Schmidt[268] und Stadie[268a]. L. Schmidt begründet seine Meinung zweifach: Man könne nicht die offene Einlage eines Firmenwerts in eine Kapitalgesellschaft (Tausch!) anders behandeln als die vE und man könne nicht die Einlage eines immateriellen WG beim Einzelunternehmer[269] anders behandeln als bei der Kapitalgesellschaft. Brezing[270] bejaht die Einlagefähigkeit immaterieller WG als vE ebenfalls. Er argumentiert aber mit der Fiktionstheorie, mit deren Hilfe er zu fiktiven AK für den Firmenwert kommt.

257) DStZ 82,433
257a) DStR 84, S. 711
258) aaO, S. 35
259) FR 79, S. 60
260) StuW 81, S. 289
261) BB 74,825
262) DStR 72,19
263) JBFSt 80/81, S. 239 (244)
264) BB 75, S. 1381
265) Knobbe-Keuk § 19 II 2 u. StuW 79, S. 305, allerdings nur in Bezug auf Nutzungsrechte.
266) BFH 75,553
267) aaO § 8, 74
268) Schmidt § 5,22 c
268a) DB 84, S. 578
269) BFH 80,244
270) FR 79,499

Hin und wieder wird in der Literatur der ertragsteuerliche Begriff der vE mit den Tatbeständen des Gesellschaftssteuerrechts verglichen.[271] Hußmann kommt zu dem Ergebnis, daß die vE im KSt- und Gesellschaftssteuerrecht grundsätzlich gleich zu behandeln sind. Abgesehen davon, daß das KapVStG nicht alles der Gesellschaftsteuer unterwerfe, was unter den Begriff der vE falle, sei doch der Wesensgehalt beider Tatbestände der gleiche: Die Kapitalzuführung von Gesellschafterseite. Keinesfalls werde der Einlagebegriff des Ertragsteuerrechts durch das KapVStG eingeschränkt.

6.1.5 Stellungnahme zu den Argumenten für und gegen die Einlagefähigkeit von Nutzungen

Die Argumente, die sich für oder gegen die Zulässigkeit von vE, vor allem von vE in Form von Nutzungen ergeben, müssen einzeln untersucht werden. Dabei ist es zweitrangig, wer die einzelnen Gesichtspunkte vorgebracht hat. Deshalb greift die folgende Stellungnahme die Argumente in Form von Fragen auf und beantwortet sie. Dabei wird die eigene Meinung eingebracht. Es ergeben sich teilweise Bezugspunkte zu den vorangegangenen Teilen der Arbeit und damit Verweisungen auf Überlegungen, die schon früher angestellt worden sind. Das Abwägen der Argumente soll schließlich zu einer Definition der vE führen (s.u. 6.1.7).

6.1.5.1 Gibt es überhaupt Einlagen in der KSt?

Die Frage ist mit der h.M. zu bejahen. Die Begründung für diese Auffassung wurde oben (3.2.2.3) erarbeitet. Das Hauptargument ist: § 8 Abs. 1 KStG verweist für die

271) Mirre-Dreuter aaO § 6,8 und Hußmann Diss., S. 251 ff.

Gewinnermittlung auf § 4 Abs. 1 EStG. Man muß in der KSt und in der ESt vom gleichen Gewinnbegriff ausgehen, betriebsfremde Vermögensmehrungen unterliegen nicht der Steuer. Ein weiteres wichtiges Argument: § 30 Abs. 2 Nr. 4 KStG 1977 spricht von Einlagen der Anteilseigner. Diese Formulierung gibt nur dann Sinn, wenn man sie auf vE bezieht, denn Eigenkapital, das durch offene Einlagen entstanden ist, gehört nicht zum "verwendbaren EK" i.S.v. § 29 Abs. 2 S. 2 KStG.

6.1.5.2 Wann ist eine Einlage verdeckt?

Die Frage läßt sich beantworten, auch wenn die Begriffsbestimmung der vE insgesamt noch offen ist. Verdeckt ist das Gegenteil von offen. Offene Einlagen sind die Kapitalzuführungen des Gesellschafters, die das Handels- bzw. Gesellschaftsrecht vorsieht. In der Regel ist die Kapitalzuführung mit der Begründung oder Erhöhung von Gesellschaftsrechten verbunden.[272] Diese Gesellschafterbeiträge sind grundsätzlich Pflichtbeiträge. Die Beiträge können in Geld oder als sog. Sacheinlagen geleistet werden. Bei der AG und der GmbH sind das die Einzahlung bzw. Erhöhung des Grund- bzw. Stammkapitals einschließlich etwaiger Agiobeträge und möglicher Zuzahlungen für Vorzüge (§§ 150 Abs. 2 Nr. 2 und Nr. 4 AktG); bei der GmbH sind es außerdem Nachschüsse (§ 26 GmbHG). In allen anderen Fällen, in denen der Gesellschafter aus gesellschaftlichen Gründen der Gesellschaft Kapital zuführt, liegt keine offene Einlage vor. Es muß sich um eine vE handeln.

6.1.5.3 Kann mit Hilfe des Handelsrechts entschieden werden, ob eine Einlage vorliegt?

Das Handelsrecht regelt die "Verbuchung" einiger Gesell-

272) Ausnahmsweise nicht bei Nachschüssen i.S.v. § 26 GmbH

schafterleistungen. Es schreibt vor, ob der Vermögenszuwachs bei der Gesellschaft als Ertrag oder als unmittelbarer Kapitalzuwachs zu buchen ist. So werden das Agio und Zuzahlungen zur Erlangung eines Vorzugs nach § 150 Abs. 2 Nr. 2 und 4 AktG nicht in der Gewinn- und Verlustrechnung erfaßt. Ähnlich ist es bei Nachschüssen (§ 42 Nr. 3 GmbHG).

Nach Handelsrecht kann außerdem als erfolgsneutraler Vorgang behandelt werden, wenn die Gesellschaft vom Gesellschafter einen Vermögensgegenstand zum halben Preis erwirbt. Es wird für zulässig gehalten, daß nur der tatsächlich aufgewendete Preis aktiviert wird. [273] Andererseits bestehen für das Handelsrecht keine Einwände gegen eine Aktivierung mit dem echten Wert. [274] Das führt zum Ertrag. Das Handelsrecht gestattet nicht die Aktivierung selbstgeschaffener immaterieller WG (§ 153 Abs. 3 AktG), und zwar auch nicht, wenn sie vom Gesellschafter auf die Gesellschaft übertragen werden. Schließlich hält man es im Handelsrecht für zulässig, Nutzungsrechte einzulegen und zu aktivieren. [275]

273) Adler-Düring-Schmaltz aaO § 153,52-54;
Knobbe-Keuk § 19 II 2 c, cc, FN 71

274) Adler-Düring-Schmaltz aaO § 153, 52-54; Ballerstedt in Festschrift für Flume, S. 69 ff.; Kropf aaO, S. 116 ff.; Husemann aaO, S. 106 ff., Döllerer JBFSt 76/77, S. 202.

275) Für den Fall der offenen Einlage:
Düringer-Hachenburg aaO § 186, 26;
Kölner Kommentar § 27,28
Lutter aaO § 27,11
Ritter aaO, § 20,26
A.A.: Großkommentar AktG § 27,11
Brodmann aaO § 186, 5 a
Knobbe-Keuk ZGR 80, S. 214
Meilicke/Meilicke halten in DB 77, S. 927 die Aktivierung eines Nutzungsrechts bei der GmbH für zulässig, bei der AG wegen § 150 Abs. 3 AktG dagegen nicht.

Die entscheidende Frage ist in all diesen Fällen, ob das Handelsrecht für die stl. Behandlung maßgebend ist. Die Antwort: Das Steuerrecht muß dem Handelsrecht nicht folgen, wenn es um die Qualifizierung einer Einlage geht.[276] Die Einlage ist ein rein stl. Begriff, den das Handelsrecht in dieser Bedeutung nicht kennt (s.o. 4.2.5.4). Die Einlage ist im Steuerrecht ein wesentlicher Bestandteil der Gewinnermittlungsformel des § 4 Abs. 1 EStG. Im Handelsrecht gibt es keinen vergleichbaren Gewinnbegriff. Einlagen (und Entnahmen) sind keine echten Bilanzposten, es handelt sich nur um Korrekturposten für den Vermögensvergleich, der Grundlage der stl. Gewinnermittlung ist. Das Handelsrecht (besser Gesellschaftsrecht) ist lediglich ausschlaggebend für die Abgrenzung von offenen und vE.

6.1.5.4 Kann mit Hilfe des Gesellschaftssteuerrechts entschieden werden, ob eine vE vorliegt?

Die Gesellschaftssteuer ist eine Verkehrsteuer, die bestimmte Vorgänge des Rechtsverkehrs besteuert. Steuergegenstand sind Einlagen von Gesellschaftern in inländische Kapitalgesellschaften. Der Begriff Einlage wird allerdings vom KVStG nicht verwendet. Das ist steuersystematisch konsequent.[277] Der Begriff der Einlage ist ein

276) H-H-R § 6 KStG a.F., 43; Knobbe-Keuk § 5 III 3 b; Döllerer BB 71, S. 1245; Mathiak DStR 70, S. 359 (364); Meilicke/Meilicke DB 77, S. 927; v. Wallis StBJB 70/71, S. 126; Hermann StBJB 68/69, S.213; Bise StBJB 68/69, S. 353; Thiel hält in DB 60, S. 300 u. 334 das Handelsrecht für das Steuerrecht maßgeblich für den Fall, daß aus dem Einzelunternehmen des Gesellschafters WG in die Gesellschaft eingebracht werden.
Nach Rose erhöhen vE den handelsrechtlichen Gewinn; daran sei das Steuerrecht gebunden (StBJB 67/68, S. 211).

277) Ebenso Hußmann Diss., S. 23

ertragsteuerlicher, er ist ein Bestandteil des einkommensteuerlichen und körperschaftsteuerlichen Gewinnbegriffs Der Gewinn ist ein dem Verkehrsteuerrecht fremder Begriff. Hier wird nur ein konkreter Vorgang, eine einzelne Leistung besteuert. Die beiden Rechtsgebiete sind nicht miteinander vergleichbar. Das bedeutet, daß Analogieschlüsse von einem zum anderen Gesetz unzulässig sind.[277a)]

Dennoch ist die einleitend getroffene Feststellung richtig, daß Einlagen Gegenstand der Gesellschaftsteuer sind, wenn man damit den wirtschaftlichen Sinngehalt meint, der sich mit dem Begriff der Einlage verbindet. § 2 KVStG beschreibt verschiedene (nicht alle) Varianten der Kapitalzuführung. Insoweit muß sich sein Inhalt zwangsläufig mit dem Begriffsfeld der Einlage i.S.d. Ertragsteuerrechts decken. In § 2 Abs. 1 Nr. 1 - 3 KVStG werden die offenen Einlagen, in § 2 Abs. 1 Nr. 4 die vE beschrieben. Interessant ist, daß nicht nur der Forderungsverzicht, sondern auch der Leistungsaustausch zwischen Gesellschafter und Gesellschaft als Kapitalzuführung behandelt wird, wenn das Verhältnis von Leistung und Gegenleistung zu Gunsten der Gesellschaft unangemessen ist. Darunter fällt nicht nur die Unterpreislieferung des Gesellschafters bzw. die überzahlte Lieferung der Gesellschaft, sondern nach h.M.[278)] auch die Gebrauchsüberlassung von Gegenständen. Nur Dienstleistungen werden nicht für steuerpflichtig gehalten.[279)]

277a) BFH 84,747

278) Egly/Klenk aaO, S. 2819 (2830) m.w.N.

279) Desgranges aaO, S. 2901

6.1.5.5 Gibt es Erfolgsbeiträge des Gesellschafters oder kann der Gesellschafter gezwungen werden, von der Gesellschaft für eine Leistung eine angemessene Gegenleistung zu verlangen?

Die Beantwortung der Frage muß mit dem Hinweis beginnen, daß Gesellschafter und Gesellschaft zwei verschiedene Rechtssubjekte sind, die Rechtsgeschäfte miteinander abschließen können. Diese Rechtsgeschäfte können gesellschaftsrechtlicher oder schuldrechtlicher Natur sein. Das Steuerrecht muß die Rechtsgeschäfte und ihre Rechtsfolgen grundsätzlich anerkennen. Es gibt keine Steuerrechtsnormen, die es erlauben, die rechtliche Selbständigkeit von Kapitalgesellschaft und Gesellschafter zu negieren.

Gesellschaftsrechtliche Geschäfte sind für das Steuerrecht nur interessant, soweit sie das Vermögen der Gesellschaft verändern. Vermögensminderungen entstehen durch Gewinnausschüttungen und Kapitalrückzahlungen, Vermögensmehrungen entstehen abgesehen von der Gründung durch Kapitalerhöhung. Diese gesellschaftsrechtlichen Geschäfte dürfen die Ermittlung des steuerlichen Einkommens der Gesellschaft nicht beeinflussen. Offene Gewinnausschüttungen und offene Einlagen sind deswegen steuerlich unproblematisch.

Der Gewinn der Gesellschaft ist im wesentlichen das Ergebnis einer Fülle von schuldrechtlichen Geschäften, die die Gesellschaft im Laufe des Jahres mit den verschiedensten Rechtssubjekten abschließt. Zu diesen Rechtssubjekten können auch ihre Gesellschafter gehören. Fremde Geschäftspartner verschenken nichts. Die Ausgestaltung ihrer Rechtsgeschäfte wird durch die Gesetze des Marktes und des eigenen Gewinnstrebens bestimmt. Für den Abschluß und die Ausgestaltung der Geschäfte sind ausschließlich betriebliche Faktoren maßgebend. Der Gesellschafter ist diesen Faktoren nicht unterworfen. Bei ihm vermischt sich das Interesse am eigenen Erfolg mit dem Interesse am Erfolg der Gesellschaft. Deswegen müssen die Geschäfte, die zu einem Leistungsaustausch zwischen ihm und der Gesellschaft führen, nicht unbedingt ausgewogen sein. Es kann durchaus im Interesse des Gesellschafters liegen, der Gesellschaft einen Vorteil zuzuwenden, den ein Fremder der Gesellschaft nicht zuwenden würde.

An dieser Stelle stellt sich nun erst die eigentliche Kernfrage. Muß das Steuerrecht auch solche unüblich ausgestalteten schuldrechtlichen Verträge anerkennen? Darf sich das Einkommen der Gesellschaft erhöhen, wenn ihr der Gesellschafter auf diesem Weg einen Vermögensvorteil zuwendet? Ist es wirklich richtig, daß "der Gesellschafter seiner Kapitalgesellschaft Darlehen, WG oder seine Arbeitsleistung ohne Entgelt, für ein besonders niedriges Entgelt oder auch für ein angemessenes Entgelt zur Verfügung stellen kann", ohne daß stl. Korrekturen vorzunehmen wären? Muß man den Gesellschafter zwingen, von der Gesellschaft ein angemessenes Entgelt zu verlangen? Liest man die Gewinnermittlungsformel des § 4 Abs.1 EStG und bejaht man, daß es im Körperschaftsteuerrecht überhaupt Einlagen gibt, kann die Antwort nicht zweifelhaft sein: Eine Vermögensmehrung der Gesellschaft, die nicht aus dem betrieblichen Bereich kommt, muß eine Einlage sein. Zuwendungen, die der Gesellschafter in seiner Eigenschaft als Gesellschafter macht, kommen für die Gesellschaft nicht aus dem betrieblichen Bereich.

Ob die Zuwendungen offen oder verdeckt gemacht werden, kann an ihrer Qualifikation als Gesellschafterleistung nichts ändern. Entscheidend ist allein die Frage, ob die Zuwendung auf die Gesellschaftereigenschaft zurückzuführen ist. Hier gibt es nur ein Kriterium: Den Fremdvergleich. Man muß prüfen, ob ein fremder Nicht-Gesellschafter der Gesellschaft den Vorteil auch zugewendet hätte. Wenn dafür keine Anhaltspunkte gefunden werden können, muß die Ursache der Zuwendung in der gesellschaftlichen Verbundenheit zwischen Gesellschaft und Gesellschafter liegen.

Für den Fremdvergleich gibt es keine Alternative. Erstens ist er das einzige Erkenntnismittel, das die Ursächlichkeit des Gesellschaftsverhältnisses offen legt. Zum andern erfordert die Spiegelbildlichkeit von vGA und vE, die insoweit nicht geleugnet werden kann, die Anwendung dieses Erkenntnismittels, das bei der vGA unbestritten seit Jahren als Kriterium gilt. Der Fremdvergleich wird im Steuerrecht auch in anderen vergleichbaren Situationen angewendet. Es handelt sich dabei immer um Fälle, in denen der Interessengegensatz zwischen Vertragspartnern fehlt. Gleichgerichtete Interessen gibt es vor allem im Bereich der Familienverträge. Hier ist der Fremdvergleich nach allgemeiner Auffassung [280)] das entscheidende Abgrenzungsmittel für die stl. Anerkennung. Man zwingt den Stpfl. hier, Einkünfte zu erzielen. Verlangt der Arbeitnehmer-Ehegatte nicht ein angemessenes Gehalt, kann der Arbeitgeber-Ehegatte das Gehalt nicht als Betriebsausgabe geltend machen.[280a)] Dasselbe gilt für Verträge zwischen einer Personengesellschaft und ihrem Gesellschafter. Verkauft der Komplementär ein WG seines PV an die KG zum halben Preis, so hat die KG keine AK, sondern muß das WG mit dem Einlagewert in das BV über-

280) vgl. z.B. BFH 83,555 m.w.N.

280a) anders neuerdings BFH 84,60

nehmen.[281] Es gibt also im Steuerrecht Ausnahmesituationen, in denen der sonst gültige Grundsatz, daß man den Stpfl. nicht zur Einnahmeerzielung zwingen kann [282], nicht mehr gilt. Ich kann meine Wohnung zum halben Preis an einen Gastarbeiter vermieten, muß aber von meinem Sohn die volle Miete verlangen. Der Gesellschafter kann an jedermann sein Haus zum halben Preis vermieten, nicht aber an seine Kapitalgesellschaft. Daraus folgt, daß zumindest solche Beiträge des Gesellschafters, die das Vermögen der Gesellschaft erhöhen, Einlagen sein müssen und keine Erfolgsbeiträge sein können. Insoweit hat der Gesellschafter kein Wahlrecht.

Es ist allerdings zuzugeben, daß diesem Satz möglicherweise auch Groh [283] zustimmen würde. Er sieht das Typische eines Erfolgsbeitrags darin, daß gerade nicht das Vermögen der Gesellschaft, sondern nur der Ertrag erhöht wird. Damit spitzt sich das Problem auf die drei kritischen Vertragstypen zu: Dienstverträge, Darlehensverträge und Nutzungsüberlassungen. Die Frage, ob Erfolgsbeiträge im Steuerrecht möglich sind, läßt sich erst endgültig beantworten, wenn klar ist, wie es mit der Einlagefähigkeit von Nutzungen und Leistungen steht.

6.1.5.6 Kann nur eingelegt werden, was zu einer Erhöhung des Steuerbilanzvermögens führt oder können Nutzungen Gegenstand einer (verdeckten) Einlage sein?

Eine der zentralen Aussagen in den Urteilen des BFH und der ihm folgenden Meinungen in der Literatur lautet, daß "als Einlagen nur solche WG geeignet sind, die das Vermögen der Gesellschaft vermehrt haben, sei es durch den Ansatz oder die Erhöhung eines Aktivpostens, sei es durch den Wegfall oder die Verminderung eines Passiv-

281) so konkludent 77,145

282) z.B. RFH 43,594: der Verzicht auf Zinsen ist keine Einnahme

283) s.o. FN 238

postens".[284] Die Aussage weckt zunächst Zweifel, ob der BFH dabei auf den Bilanzstichtag abstellen will, ob also der Vermögensvorteil aus der nächsten Bilanz tatsächlich ablesbar sein muß, oder ob es genügt, wenn während des Jahres eine Erhöhung des Bilanzvermögens eingetreten ist, ohne daß sie bis zum Bilanzstichtag anhalten muß. Es wird hier unterstellt, daß letzteres genügen soll. Man könnte die Ausgangsfrage also auch folgendermaßen umformulieren: Muß eine Einlage zu einer, wenn auch nur kurzfristigen Veränderung eines Bestandskontos führen? Die Frage wird akut bei der Zuwendung von immateriellen WG einschließlich der Nutzungsrechte und bei der Zuwendung von Nutzungen und Leistungen, die nicht auf einer gesicherten Rechtsposition beruhen.

Ein Vergleich der körperschaftsteuerlichen Problematik mit ähnlichen Fällen aus dem Einkommensteuerbereich bringt interessante Aspekte. Oben (4.2.2) wurde die Rspr. des BFH zur Einlagefähigkeit von Nutzungen im Bereich der ESt dargestellt und analysiert. In den zitierten Urteilen ging es um die Einlagefähigkeit von Nutzungen, die dem Betriebsinhaber von einem Familienmitglied unentgeltlich überlassen wurden. Das Gericht bejaht in diesen Fällen eine Einlage, wenn die Nutzung auf einer gesicherten Rechtsposition beruht, d.h. wenn der eingebrachte Vorteil bilanzierungsfähig ist. Reine Gefälligkeitsnutzungen sollen dagegen nicht einlagefähig sein. Im Bereich der KSt setzt sich der BFH mit seiner im Bereich der ESt entwickelten These über die Einlagefähigkeit von rechtlich abgesicherten Nutzungen nicht

284) aus BFH 71,408

auseinander. Das Gericht stellt aber fest, daß "jedenfalls für die KSt" eine bilanzmäßige Auswirkung Voraussetzung für eine vE sei. [285] Das bedeutet, daß der BFH bilanzierungsfähige Nutzungsrechte eigentlich auch in der KSt für einlagefähig halten müßte. Die Entscheidung, ob die unentgeltliche Nutzungsüberlassung für die Gesellschaft eine vE sei, hinge damit wieder mit der Frage der Bilanzierbarkeit obligatorischer Nutzungsrechte zusammen. Aus den einschlägigen neueren Urteilen zur vE läßt sich erkennen, daß der BFH Nutzungen und Leistungen auch dann nicht für einlagefähig hält, wenn sie auf einer gesicherten Rechtsposition wie z.B. einem Mietvertrag oder Darlehensvertrag beruhen. [286] Damit sind nach der Rspr. obligatorische Nutzungsrechte in der ESt einlagefähig, in der KSt dagegen nicht. Der BFH widerspricht so seiner eigenen These, daß der Einlagebegriff in der ESt und in der KSt prinzipiell gleich sei. [287] Das ist der entscheidende Punkt. Aus rechtssystematischen Gründen muß an der Einheit des Gewinnbegriffs in beiden Steuerarten festgehalten werden. Nach der hier vertretenen Meinung kann es auf das Kriterium "Änderung des bilanzierten Vermögens" ohnehin nicht ankommen. Das ergibt sich aus den Erläuterungen zur Nutzungseinlage in der ESt (s.o. 4.2.5). Die entscheidende Überlegung ist, daß die Nutzung i.d.R. ein marktgängiger Vermögensvorteil und damit ein WG i.S.v. § 4 Abs.1 S. 5 EStG ist, auch wenn sie nicht auf einer gesicherten Rechtsposition beruht. Durch Zuwendung dieses Vorteils wird die Gesellschaft zwar bereichert. Die Bereicherung wird aber nicht in einer Vermögensmehrung sichtbar,

285) BFH 80,244 und 71,408

286) BFH 71,408; 81,612; 82,631.

287) s.o. FN 7. So wieder ausdrücklich BFH 84,747: "Die vE bei Kapitalgesellschaften ist ihrem Wesen nach nicht in jeder Beziehung vergleichbar mit der Einlage eines Einzelunternehmers in sein Betriebsvermögen."

weil sich die Nutzung sofort wieder verbraucht. Der Vermögensmehrung, die durch die Zuwendung der Nutzungsmöglichkeit eintritt, steht die Vermögensminderung gegenüber, die der Verbrauch dieser Möglichkeit mit sich bringt.

Stellt man auf die Mehrung des Bilanzvermögens ab, muß man im Falle einer ausländischen Tochtergesellschaft fragen, ob es auf das deutsche oder das ausländische Steuerrecht ankommen soll, wenn es um die Feststellung der Vermögensmehrung geht. Es bleibt wohl keine andere Möglichkeit, als auf das ausländische Recht abzustellen. Das Kriterium Bilanzvermögen ist ein sehr förmliches. Das hat den Vorteil, daß es relativ leicht nachprüfbar ist. Wenn es darauf ankommen soll, ob sich in der Bilanz der begünstigten Kapitalgesellschaft etwas tut, muß man dann wohl auf die wirkliche Bilanz schauen, die nach dem Recht zu erstellen ist, dem die Gesellschaft unterliegt. Das ist die nach ausländischem Recht erstellte Bilanz. Im umgekehrten Fall einer vE vom Ausland ins Inland hat der BFH[288] die Entscheidung vom deutschen Bilanzrecht abhängig gemacht. Er stellt also auf das Recht ab, daß für die Gesellschaft gilt, bei der etwas eingelegt wird. Das ist konsequent und richtig. Andererseits muß dann aber das ausländische Recht maßgebend sein, wenn die begünstigte Gesellschaft im Ausland sitzt. Damit kommt man aber zu dem befremdlichen Ergebnis, daß man die Annahme einer vE von a u s l ä n d i s c h e m B i l a n z r e c h t a b h ä n g i g macht. Dieses befremdliche Ergebnis[289] spricht zwar gegen das Kriterium "Mehrung des Bilanzvermögens", würde aber für sich allein nicht stichhaltig sein, um

288) BFH 77,574

289) ebenso Baranowski IWB Fach 3, Gruppe 1, S. 629 (634)

die These des BFH zu widerlegen. Theoretisch wäre es immerhin vorstellbar, daß das deutsche Recht sich insoweit von ausländischem Recht abhängig macht. Das Ergebnis kann nur als Indiz gegen die Meinung des BFH verwendet werden.

Ein weiteres echtes Gegenargument ergibt sich aus dem sog. Verlustvorbehalt, den der BFH [290)] macht und der bisher nicht aufgegeben worden ist. "Durch die grundsätzlich mögliche unüblich niedrige Höhe des Pachtzinses darf es aber nicht zu willkürlichen und schwankenden Gewinnverlagerungen kommen, die bei der Besitzgesellschaft laufend zu Verlusten führen. In diesen Fällen liegen vE vor." Mit dem Wort Gewinnverlagerung schneidet der BFH die praktische Folge seiner Rspr. an, die die meisten Bedenken gegen die Urteile über die vE von Nutzungen und Leistungen erzeugt. Gerade im Konzernbereich können durch entsprechende Vertragsgestaltungen unter den verbundenen Gesellschaften erhebliche Gewinnverlagerungen stattfinden. Das zeigen die Urteile 81,612 und 82,631 sehr deutlich. Die Situation wäre völlig untragbar, wenn es nicht seit 12.9.1972 den § 1 AStG gäbe, der bei multinationalen Unternehmen Gewinnverlagerungen ins Ausland infolge solcher Verträge verhindert. (vgl. dazu unten Tz. 10). Der Verlustvorbehalt paßt natürlich nicht in das übrige Bild der Rspr., er ist inkonsequent. Es fällt sehr schwer zu verstehen, warum derselbe Vorgang einmal als vE gewertet wird, das andere Mal nicht. Das läßt sich nur mit § 42 AO (Rechtsmißbrauch) begründen. Es entsteht hier dieselbe Problematik wie beim sog. verdeckten Stammkapital, wo es um die

290) in BFH 60,513

Frage geht, ob ein Darlehen seitens des Gesellschafters in eine Einlage umgedeutet werden kann, wenn die Gesellschaft zu wenig EK hat und dadurch ständige Verluste entstehen. Der BFH lehnt die Umwandlung des Darlehens in eine Einlage in diesen Fällen grundsätzlich ab [291]. Warum nimmt er dann eine vE beim darlehensgewährenden Gesellschafter an, wenn infolge des Zinsverzichts beim Gesellschafter Verluste entstehen?

Eine weitere Inkonsequenz, die gegen das Bilanzkriterium spricht, ist das unterschiedliche Ergebnis im Falle eines echten Forderungsverzichts durch den Gesellschafter.[292] Schließt nämlich der Gesellschafter mit der Gesellschaft einen Vertrag ab, der die Gesellschaft zu marktüblichen Gegenleistungen verpflichtet, und verzichtet er dann ganz oder teilweise auf die Forderung gegen die Gesellschaft, die sich aus dem Vertrag ergibt, dann kommen die Anhänger der bilanzmäßigen Betrachtungsweise um eine vE nicht herum. Der gleiche wirtschaftliche Sachverhalt löst also mit einer geschickten Anwendung des Rechts zwei völlig verschiedene Rechtsfolgen aus. Natürlich wird man dem entgegenhalten, daß zwei verschiedene Sachverhalte miteinander verglichen werden, weil den beiden Fällen zwei verschiedene Vereinbarungen zugrundeliegen. Das ist ein juristisch richtiger Einwand. Es ist in der Tat kein Verstoß gegen die juristische Logik, wenn der Forderungsverzicht zur vE, die unentgeltliche Nutzung aber nicht zur vE führt. Dennoch bleibt bei wirtschaftlicher Betrachtungsweise ein erhebliches Unbehagen, das zusammen mit den anderen Argumenten zur Ablehnung des Bilanzkriteriums führt.

291) s.o. FN 218

292) ebenso Knobbe-Keuk § 19 II 2; Hundertmark-Herms BB 76, S. 80; L. Schmidt FR 84, S. 543 (Anm. zu BFH 84, S. 747)

Gegen das Bilanzkriterium spricht schließlich die Behandlung sonstiger immaterieller Wirtschaftsgüter im Falle einer Einlage. Hier zeigt sich das Problem nochmal ganz deutlich. Die Frage lautet: Kann ein WG nur eingelegt werden, wenn es aktiviert werden kann? Der BFH beantwortet diese Frage verschieden, je nachdem, ob es sich um Einlagen im Bereich der ESt oder um vE im Bereich der KSt handelt. Für den Bereich der ESt sollen immaterielle WG, die an sich nach § 153 Abs. 3 AktG und § 5 Abs. 2 EStG nicht aktivierungsfähig sind, einlegbar sein.[293] Im Bereich der KStG kommen dagegen nicht aktivierungsfähige WG (wie der selbstgeschaffene Firmenwert[294] und unentgeltlich erworbene Nutzungsrechte[295]) nicht für eine vE in Betracht. Das Gericht sieht darin keinen Widerspruch in der Sache, weil Einlagen im Bereich der ESt und vE im Bereich der KSt nicht in jeder Hinsicht vergleichbar seien.[296] Diese These wird nicht begründet. Sie widerspricht der Einheitlichkeit des Gewinnbegriffs, von der auch der BFH sonst ausgeht.

Der Widerspruch bezieht sich aber nicht nur auf das Problem der Einlagefähigkeit von WG in der ESt und KSt, sondern auch auf die Grundsätze ordnungsmäßiger Buchführung. Die handelsrechtlichen Grundsätze über die Bilanzierungsfähigkeit von immateriellen WG gelten auf diese Weise in der KSt, nicht aber in der ESt. Warum soll ein selbstgeschaffener Firmenwert, ein Patent, ein Kundenstamm o.ä. in der KSt nicht bilanzie-

293) BFH 80,244

294) BFH 75,553

295) BFH 82,631

296) also dasselbe Verlegenheitsargument wie in BFH 71,408.

rungsfähig sein, wenn er in der ESt bilanziert werden darf? In beiden Rechtsgebieten müssen dieselben Bilanzierungsgrundsätze gelten, in beiden Rechtsgebieten ist § 5 Abs. 2 EStG zu beachten. In beiden Rechtsgebieten dürfen außerbetriebliche Vermögensmehrungen den Gewinn nicht erhöhen. Zu Recht weist L. Schmidt [297)] darauf hin, daß das Urteil vom 29.1.75 [298)] auch einen Widerspruch zur Behandlung der immateriellen WG im Fall der offenen Sacheinlage ergibt. In diesem Fall geht der BFH nämlich von einem entgeltlichen Tauschgeschäft zwischen Gesellschaft und Gesellschafter aus.[299)] Auf diese Weise müßte er zu echten AK auch hinsichtlich eines immateriellen WG und damit zur Bilanzierung kommen. L. Schmidt macht zu Recht deutlich, daß es sich materiell-rechtlich in beiden Fällen um eine echte Einlage i.S.v. § 4 Abs. 1 EStG handle, die auch bilanziell gleich behandelt werden müsse.[300)] Wer wie Brezing[301)] auch im Falle der vE mit fiktivem AK arbeitet, muß ebenfalls zu einem entgeltlichen Erwerb des immateriellen WG und damit zur Aktivierung kommen. Der BFH verzichtet offenbar lieber auf eine einheitliche Behandlung von Einlagen in der ESt und KSt als auf seine These von der Nicht-Einlagefähigkeit von Nutzungen. Hätte sich das Gericht zu einer Aktivierung des eingelegten Firmenwerts entschlossen, müßte es auch die Aktivierung von Nutzungsrechten, die ja ebenfalls WG sind, zulassen. Um Mißverständnisse zu vermeiden,

297) Schmidt § 5, 22 c

298) BFH 75,553

299) BFH 59,30 (Tauschgutachten)

300) ebenso H-H-R § 6 EStG, 1214

301) StBJB 75/76, S. 249

muß an dieser Stelle nochmal betont werden, daß es nach der hier vertretenen Auffassung auf die Aktivierungsfähigkeit eingelegter Nutzungen überhaupt nicht ankommt. Der Hinweis auf die Widersprüchlichkeit der BFH-Urteile sollte nur die Schwierigkeiten deutlich machen, in die sich das Gericht mit dem Bilanzkriterium bei vE bringt.

Ein Hauptargument gegen die vE in jeder Form ist der früher von der Rspr. so häufig zitierte Grundsatz [302], der Gesellschafter könne nicht zur Einkunftserzielung gezwungen werden. Dieses Argument verliert seine Kraft, wenn man den Interessenkonflikt bedenkt, in dem sich der Gesellschafter bei Geschäften mit der Gesellschaft befindet (s.o.). Das Argument wird aber schließlich dadurch völlig wertlos, wenn man feststellt, daß es nur für Nutzungen und Leistungen gilt [303], also nur für Unterpreisleistungen und nicht für Unterpreislieferungen bzw. Überpreiszahlungen des Gesellschafters. Man behandelt so den Entgeltsverzicht bei Lieferungen ganz anders als bei Leistungen. Trotz der angeblichen Vertragsfreiheit wird der Gesellschafter bei Lieferungen zur Einnahmeerzielung gezwungen. Wo bleibt der vielzitierte Grundsatz, es stehe jedem frei, für eine Leistung etwas zu verlangen oder nicht? Warum ist die Übereignung eines Grundstücks unter Preis stl. anders zu beurteilen als die Überlassung der Nutzung unter Preis? In beiden Fällen wird ein klar meßbarer wirtschaftlicher Vorteil aus nichtbetrieb-

302) Das Argument findet sich interessanterweise zum letzten Mal in dem Grundsatzurteil BFH 71,408.

303) Ebenso Knobbe-Keuk § 19 II 2 c; Baranowski IWB Fach 3 Gruppe 1, S. 629 (634); Thiel StBJB 61/62, S. 181 (207) und 66/67, S. 247 (259).

lichen Gründen der Gesellschaft überlassen. Es gibt nur eine logische Alternative: Entweder man akzeptiert Unterpreis- bzw. Überpreisverträge zwischen Gesellschaft und Gesellschafter generell [304] oder man kommt in beiden Fällen zur vE. Für die zweite Möglichkeit sprechen die besseren Argumente, ihr wird hier der Vorzug gegeben.

6.1.6 Stellungnahme zu den Argumenten für und gegen die Einlagefähigkeit von Leistungen

Von der Beantwortung der Frage, ob Leistungseinlagen in Kapitalgesellschaften möglich sind, hängt scheinbar sehr viel ab. Würde man dazu kommen, daß der Marktwert der Arbeitsleistung des Gesellschafters als Einlage anzusehen ist, wenn der Gesellschafter ohne angemessene Vergütung für die Gesellschaft tätig wird, hätte man im Ergebnis eine Gewinnminderung bei der Gesellschaft, ohne daß beim Gesellschafter etwas zu versteuern wäre.[305] Aus der Sicht der Gesellschaft wäre es gleichgültig, ob sie mit dem Gesellschafter einen Arbeitsvertrag schließt oder nicht, sie hätte auf jeden Fall einen Aufwand in Höhe des üblichen Gehalts. Es gäbe für den Gesellschafter nicht mehr die Möglichkeit, durch die unentgeltliche oder verbilligte Tätigkeit einen Erfolgsbeitrag für die Gesellschaft zu leisten. Das sind die Argumente, die von der Literatur gegen die Leistungseinlage bei Kapitalgesellschaften geltend gemacht werden.[306] Der BFH kommt mit seinem Bilanzkri-

304) wie Knobbe-Keuk § 19 II 2 c

305) Nolte DB 80,1364

306) H-H-R § 6 KStG a.F., 46 (im Widerspruch zu § 6 EStG, 831); Döllerer BB 71, 1245 (1250); Hußmann Diss. S. 91.
Zur handelsrechtlichen Situation vgl. Skibbe GmbHR 80, S.73 m.w.N.

terium zu demselben Ergebnis.[307] Außerdem stützt er diese Meinung wieder auf das Argument, niemand sei verpflichtet, Einnahmen zu erzielen.

Folgt man der hier vertretenen These, daß Nutzungen und Leistungen einlagefähige WG i.S.v. § 4 Abs. 1 S.5 EStG sind (s.o. 4.5) und daß der Einlagebegriff des EStG in der KSt über § 8 Abs. 1 KStG anwendbar ist (s.o. 3.2.2.3), kommt man zum Ergebnis, daß Leistungen des Gesellschafters bei der Kapitalgesellschaft einlagefähig sind.[308] Die Arbeitskraft des Gesellschafters ist eine Leistung, die i.d.R. einen feststellbaren Vermögenswert hat. Sie wird der Gesellschaft aus nicht betrieblichen Gründen zugeführt. Dadurch darf der Gewinn nicht erhöht werden. Die Vermögenserhöhung, die durch das Zuführen dieses Vermögensvorteils eintreten würde, muß für die Gewinnermittlung wieder abgezogen werden. Die Vermögensmehrung wird im Fall der Leistungseinlage nicht bilanzmäßig sichtbar, weil sich die Leistung (ebenso wie eine Nutzung) im Betrieb sofort verbraucht. Deswegen ist am Jahresende kein Aktivposten vorhanden, der das BV erhöht. Das ändert aber nichts daran, daß dem Betrieb während des Jahres ein Vermögensvorteil zugeführt worden ist. Deswegen ergibt sich folgendes Bild:

307) BFH 58,381; 60,513; 71,408; 82,631

308) Ebenso H-H-R § 6 EStG, 831 und 828;
Brezing StBJB 75/76, S. 249 und "Verrechnungsentgelte und Umlagen zwischen Kapitalgesellschaften und ihren Gesellschaftern im Steuerrecht", S. 130.

1. Vermögensmehrung durch Zuführung der Leistung — Plus
2. Vermögensminderung durch Verbrauch der Leistung — Minus
3. Berücksichtigung der Einlage nach § 4 Abs.1 S. 1 EStG — Minus

Für die tatsächliche Gewinnkorrektur kommt es jedoch auf die Bewertung des Vermögensvorteils an. Hierfür ist nicht der Marktwert (z.B. das übliche Gehalt) maßgebend, sondern die Höhe der Kosten, die für die Leistung außerhalb des Betriebs angefallen sind. Deshalb wird es i.d.R. zu keiner Gewinnkorrektur kommen, wenn der Gesellschafter unentgeltlich für die Gesellschaft arbeitet, weil für die Arbeitsleistung im außerbetrieblichen Bereich keine Kosten angefallen sind (s.u. 6.2) [309].

6.1.7 Endgültige Begriffsbestimmung der vE

Das wichtigste Ergebnis der hier angestellten Überlegungen ist, daß auch solche WG Gegenstand einer offenen oder vE sein können, die nicht in der Steuerbilanz sichtbar werden. Auf diese Weise kommt man zu der Einsicht, daß auch Nutzungen und Leistungen und andere immaterielle WG einlagefähig sind. Damit kann die vE definiert werden, wie sie von der älteren Rspr. immer definiert worden ist:

309) Das deckt sich im Ergebnis mit der Rechtslage im Aktienrecht, wo nach § 27 Abs. 2 AktG Dienstleistungen nicht als Sacheinlagen in der Bilanz erfaßt werden dürfen.

- Jede Art von Vorteilszuwendung des Gesellschafters an die Gesellschaft,
- die ihre Ursache im Gesellschaftsverhältnis hat und
- nach Handelsrecht keine offene Einlage ist.

Die Ursächlichkeit des Gesellschaftsverhältnisses (causa societatis) ist mit Hilfe des Fremdvergleichs und mit dem Maßstab, den ein ordentlicher Kaufmann anlegen würde, festzustellen.

6.1.8 Umsetzung der Begriffsbestimmung auf praktische Fälle

Gegenstand der vE kann also jeder Vermögensvorteil sein, der im Wirtschaftleben einen feststellbaren Wert hat, ohne daß es darauf ankommt, ob er aktivierbar ist. Ein Vergleich mit den Begriffen der Entnahme und Einlage aus dem EStG und mit dem Begriff der vGA aus dem KStG zeigt, daß bei allen vier Rechtsinstituten hinsichtlich des Gegenstands Deckungsgleichheit besteht. Dieses Ergebnis ist nicht nur aus Gründen der Optik schön, sondern entspricht der Systematik der Einkommensbesteuerung. Die Systematik besteht in der Identität des Gewinnbegriffs für den Bereich der Ertragsteuern. Daraus folgt, daß auch das, was eingelegt und entnommen bzw. ausgeschüttet werden kann, identisch sein muß. Es geht nicht an, den Gegenstand außerbetrieblicher Vermögensminderungen anders zu definieren als den Gegenstand außerbetrieblicher Vermögensmehrungen. Alles, was dem Betrieb von außen zugeführt wird, kann auch wieder nach außen abgegeben werden. Daraus ergibt sich, daß folgende Gruppen von vE in Betracht kommen:

A <u>Vermögensvorteile, die das Aktivvermögen erhöhen</u>

- Der Gesellschafter übereignet einen Vermögensgegenstand an die Gesellschaft ohne angemessene Gegenleistung [310)]
- Die Gesellschaft übereignet einen Gegenstand an den Gesellschafter für eine überhöhte Gegenleistung [311)]
- Der Gesellschafter räumt der Gesellschaft ein Nutzungsrecht ein, das aktivierungsfähig ist
- Der Gesellschafter verschafft der Gesellschaft einen Anspruch gegen Dritte [312)]
- Der Gesellschafter übernimmt einen Verlust der Gesellschaft [313)]

B <u>Vermögensvorteile, die das Passivvermögen vermindern</u>

- Der Gesellschafter erläßt der Gesellschaft eine Schuld [314)]
- Der Gesellschafter zahlt eine Verbindlichkeit der Gesellschaft [314 a)]

310) BFH 82,631; 80,494; 70,442; 69,243; 67,733; 66,110; RFH 40,35.

311) BFH 73,449

312) BFH 77,571; RFH 29,370

313) BFH 70,469; 70,442

314) BFH 77,515; 75,123; 70,518; 68,722; 68,720; RFH 43,587; 36,951

314a) BFH 84,535; 84,747

C Vermögensvorteile, die das Steuerbilanzvermögen nicht verändern

a) Nutzungen:

- Der Gesellschafter überläßt der Gesellschaft eine Sache zur Nutzung ohne angemessene Gegenleistung (Miete, Leihe)[315)]
- Der Gesellschafter überläßt der Gesellschaft ein Darlehen ohne angemessene Gegenleistung[316)]
- Der Gesellschafter überläßt der Gesellschaft ein Recht zur Nutzung (Patent, Gebrauchsmuster...)

b) Leistungen:

- Der Gesellschafter übernimmt die Bürgschaft für die Gesellschaft[317)]
- Der Gesellschafter erbringt Dienstleistungen an die Gesellschaft[318)]
- Der Gesellschafter überläßt der Gesellschaft know how
- Der Gesellschafter macht Werbung für die Gesellschaft
- Der Gesellschafter übernimmt die Buchführung und die Revision
- Der Gesellschafter verzichtet auf Wettbewerb usw.

c) Sonstige immaterielle WG:

- Der Gesellschafter bringt einen Kundenstamm in die Gesellschaft ein[319)]
- Der Gesellschafter bringt Soft-ware in die Gesellschaft ein

315) a.A. BFH 71,408; 60,513

316) a.A. BFH 81,612; 84,747

317) a.A. BFH 82,631

318) a.A. BFH 60,513; 58,381

319) a.A. BFH 75,553

6.2 Bewertung der verdeckten Einlage

6.2.1 Bewertung bei der Gesellschaft

6.2.1.1 Stand der Meinungen in Literatur und Rechtsprechung

Als Wertansatz für eine vE kommt zunächst der Teilwert in Betracht. Die Bewertung mit dem Teilwert bietet sich an wegen § 6 Abs. 1 Nr. 5 ESt. Das setzt voraus, daß man Einlagen auch in der KSt für möglich hält. Wer davon ausgeht, daß der einkommensteuerliche Begriff Einlage unmittelbar oder über eine analoge Anwendung in der KSt gilt, muß fast zwangsläufig zur Anwendung der entsprechenden Bewertungsvorschrift kommen. Dieser Auffassung ist ein beträchtlicher Teil des Schrifttums [320]. Teilweise lehnen die Autoren jedoch die Anwendung von § 6 Abs. 1 Nr. 5 a EStG ab, weil diese Vorschrift vom Wortlaut her eine Anschaffung des eingelegten Gegenstandes in das PV des Stpfl. vorsieht, was bei Gesellschaften nicht denkbar ist.[321] Die höchstrichterliche Rspr. hat sich nur im Zusammenhang mit offenen Sacheinlagen für die Anwendbarkeit des § 6 Abs. 1 Nr. 5 EStG ausgesprochen.[322]

Andere bewerten vE mit dem gemeinen Wert. Die Begründungen sind unterschiedlich. Wer die Möglichkeit einer Einlage i.S.d. EStG für die KSt ablehnt, kommt

320) H-H-R § 6 KStG a.F., 56; Frotscher-Maas aaO § 8, 47; Schuhmann-Greif § 8, 67; Flick-Wassermeyer-Becker aaO § 1, 45; Widmann-Mayer aaO, Tz. 6812; Knobbe-Keuk § 5 III 3 b (für Sacheinlagen); Döllerer S. 130 und BB 71, S. 1245; v. Wallis StBJB 76/77, S. 98; Pezzer StuW 75, S. 222; Quack BB 71, S. 362; Bise StBJB 68/69, S. 353 (373).

321) H-H-R, Frotscher-Maas, Schumann-Greif, Döllerer, Quack (vgl. FN 320); Felix-Streck § 8,35 für offene Einlagen

322) BFH 66,690

bei der Bewertung der Vermögensmehrung zum gemeinen Wert.[323] Dies wird teilweise mit § 7 Abs. 2 EStDV [324], teilweise mit Hilfe der Fiktionstheorie [325] begründet. Eine klare Aussage des BFH zur Bewertung von vE liegt nicht vor. Oft zitiert man das Urteil vom 26.7.67 [326] dafür, daß der BFH dem gemeinen Wert den Vorzug gibt. In diesem Urteil wird aber nur über die Bewertung der vE beim einlegenden Gesellschafter entschieden. Man folgert aus den Gründen des Urteils, daß sich der BFH für eine kongruente Behandlung bei der Gesellschaft ausspricht. Dieser Schluß liegt nahe, ist aber nicht zwingend. Ähnlich ist es mit den Urteilen, die sich mit Vorteilszuwendungen unter Schwestergesellschaften befassen.[327] Es geht in diesen Urteilen primär um das Problem der vGA an die gemeinsame Muttergesellschaft, die mit der Zuwendung an eine Schwestergesellschaft einhergeht. Der BFH orientiert sich für die Bewertung der vGA am angemessenen Preis. Damit ist wohl der gemeine Wert gemeint. VGA und vE sind in diesen Fällen gleichwertig. Deswegen ist der Rückschluß aus der Bewertung der vGA auf die Bewertung der vE insoweit logisch. Eine eindeutige Aussage, daß vE mit dem gemeinen Wert zu bewerten sind, findet sich jedoch in diesen Urteilen nicht.

Schließlich gibt es Stimmen, die dann, wenn der Vermögensvorteil aus dem BV des Gesellschafters

323) Gail-Goutier-Grützner aaO § 8, 68; Lange aaO, Tz. 163 a; Hußmann Diss., S. 111; Röhrkasten BB 74, S. 825 (827); Bopp DStZ 73, S. 105; Friedrich JBFSt 68/69, S. 73 (78); Knobbe-Keuk DStZ 84, S. 335 (FN 17)

324) Mathiak DStR 70, S. 359. Dagegen ausdrücklich H-H-R § 6 KStG a.F., 56 und Röhrkasten BB 74, S. 825.

325) H-H-R § 6 EStG, 823; Brezing FR 71, S. 405 und GmbHR 72, S. 129 (131); Ranft StBJB 72/73, S. 269 (313).

326) BFH 67,733

327) BFH 82,631; 81,612; 71,408; 69,243

stammt, der Gesellschaft das Recht zur Buchwertfortführung einräumen, wenn die Besteuerung der stillen Reserven sichergestellt ist.[328)]

6.2.1.2 Stellungnahme: Anwendung der einkommensteuerlichen Bewertungsvorschriften - bei Nutzungen und Leistungen Bewertung mit dem Aufwand des Gesellschafters

Ein praktischer Unterschied zwischen Teilwert und gemeinem Wert ist in den meisten Fällen nicht feststellbar.[329)] Es ist keineswegs so, daß der gemeine Wert immer oder auch nur meistens höher ist als der Teilwert. Sieht man sich die vom BFH entschiedenen Fälle an, findet man kaum einen Sachverhalt, bei dem der Unterschied zwischen Teilwert und gemeinem Wert sichtbar wird.[330)] Der Unterschied zwischen den beiden Bewertungsmaßstäben sollte also nicht dramatisiert werden. Dennoch kann der Unterschied zwischen den beiden Werten praktisch werden, z.B. im Bereich des Umlaufvermögens und bei Nutzungen und Leistungen.

Aufgrund der vorangegangenen Feststellungen zum Gewinnbegriff in der KSt (s.o. 3.2) muß der Anwendung der einkommensteuerlichen Bewertungsvorschriften für die Bewertung von vE der Vorzug gegeben werden. Natürlich setzt das voraus, daß man in der KSt überhaupt Einlagen anerkennt und damit zu einer entsprechen-

328) Knobbe-Keuk § 5 VI 1 c; Pezzer StuW 75, S. 222; Salditt StuW 71, S. 115; Thiel StBJB 66/67, S. 247 (259) und DB 60, S.300 und 344; ähnlich BFH 66,110; anders wieder BFH 67,733.

329) Schneider ist der Meinung, daß Teilwert und gemeiner Wert bei vE immer übereinstimmen (Diss., S. 308).

330) Z.B.: 80,494; 77,515; 70,469; 70,518; 68,722 u. 720.

den Anwendung von § 6 Abs. 1 Nr. 5 EStG kommt. Geht man wie hier von der Identität des Gewinnbegriffs in beiden Steuerarten aus, läßt sich eine andere Möglichkeit kaum vertreten. Anders als bei den vGA gibt es zu vE keine Spezialvorschrift im KStG. Daraus kann man nur drei Schlüsse ziehen:

1. Es gibt überhaupt keine Einlagen im Körperschaftsteuerrecht.
2. Es gibt vE; sie werden wie vGA mit Hilfe des Fremdvergleichs bewertet.
3. Der Einlagebegriff des EStG gilt auch in der Körperschaftsteuer; damit ist § 6 Abs. 1 Nr. 5 EStG ebenfalls anwendbar.

Wer die erste Auffassung vertritt, muß sich über die Bewertung der vE keine Gedanken machen. Die zweite Auffassung führt nur scheinbar zum gemeinen Wert. Unterstellt man nämlich, wie bei der vGA, ein Fremdgeschäft aus der Sicht eines ordentlichen und gewissenhaften Geschäftsführers, der etwas für die Gesellschaft erwirbt, kommt man zum Teilwert: Der Idealgeschäftsführer würde bei der Anschaffung eines WG für die Gesellschaft auch nicht mehr ausgeben als der gedachte Erwerber des ganzen Betriebs, der als Wertmaßstab für den Teilwertbegriff gilt. Der Teilwert ist ein Einkaufspreis. Wer die dritte Auffassung vertritt, kommt über § 4 Abs. 1 S. 5 EStG zu § 6 Abs. 1 Nr. 5 EStG und damit grundsätzlich zum Teilwert. In besonderen Fällen gilt § 6 Abs. 1 Nr. 5 a EStG. Es ist inkonsequent, die Anwendung der einkommensteuerlichen Bewertungsvorschrift zu bejahen, dabei aber § 6 Abs. 1 Nr. 5 a EStG abzulehnen. Wer die Anwendung des einkommensteuerlichen Gewinnbegriffs einschließlich der Einlagen für die KSt bejaht, muß gleichzeitig akzeptieren, daß an die Stelle des PV, das es bei der Gesellschaft zweifellos nicht gibt, das Gesellschaftervermögen tritt. Wenn es für die Definition der Einlage in der KSt nicht auf die Personenidentität zwischen Inhaber des BV und Inhaber der PV ankommt, kann das bei der Bewertung nicht plötzlich wieder entscheidungserheblich sein.

Die Bewertung mit dem gemeinen Wert kann auch nicht mit § 7 Abs. 2 EStDV begründet werden.[331] Diese Vorschrift regelt die Bewertung einzelner WG, die der Stpfl. für seinen Betrieb unentgeltlich erworben hat, und zwar aus betrieblichem Anlaß. Der Anwendungsbereich der Vorschrift ist äußerst klein, weil einem Betrieb selten etwas geschenkt wird. Geschenke sind i.d.R. privat veranlaßt, dann handelt es sich um Einlagen, die nach § 6 Abs. 1 Nr. 5 EStG bewertet werden müssen. Es wäre ein Widerspruch in sich, eine Einlage nach § 7 Abs. 2 EStDV zu bewerten. Wer unentgeltliche Leistungen des Gesellschafters an die Gesellschaft nach § 7 Abs. 2 EStDV bewertet, muß davon ausgehen, daß es sich nicht um eine Einlage handelt. Das ist auch nicht anders, wenn der Gesellschafter seine Beteiligung im BV hat. In diesem Fall liegt es zwar tatsächlich nahe, von einem betrieblichen Geschäftsvorfall zu sprechen. Das kann aber nur aus der Sicht des Gesellschafters richtig sein.[332] Aus der Sicht der Gesellschaft ist die Vermögensmehrung durch eine Einlage immer ein außerbetrieblicher Vorgang. Ein

331) im Gegensatz zur Bewertung eines Gegenstandes, der dem Gesellschafter durch eine vGA in sein BV zugewendet wird (s.o. 5.2).

332) Schneider Diss., S. 316

betrieblicher Anlaß liegt nur dann vor, wenn die Gesellschaft wirklich vom Gesellschafter aus betrieblichen Gründen etwas geschenkt bekommt (z.B. ein Werbegeschenk oder eine Sanierungsmaßnahme), was nur denkbar ist, wenn der Gesellschafter Geschäftsbeziehungen zu der Gesellschaft unterhält.

Auch mit Hilfe der Fiktionstheorie (s.u. 6.6) läßt sich die Bewertung mit dem gemeinen Wert nicht rechtfertigen. Unterstellt man ein übliches Fremdgeschäft, kommt man zu dem Preis, den ein gewissenhafter Geschäftsführer der Gesellschaft auf dem freien Markt bezahlt hätte. Das ist, wie erwähnt, der Teilwert.

In der vE liegt auch kein tauschähnliches Geschäft zwischen Gesellschaft und Gesellschafter. Voraussetzung dafür wäre, daß die Gesellschaft für die Leistung des Gesellschafters eine echte Gegenleistung erbringt. Die Idee des Tauschgeschäfts wird bei offenen Sacheinlagen mit einiger Berechtigung erörtert, weil der Gesellschafter dabei in aller Regel Gesellschaftsrechte erwirbt.[333)] Das ist bei der vE aber gerade nicht der Fall.[334)]

Der Grundsatz der Buchwertfortführung kann kein Bewertungsmaßstab für vE sein.[335)] Die Buchwertfortführung ist begrifflich nur möglich, wenn das eingelegte WG aus dem BV des Gesellschafter stammt. Es geht dabei primär um das Problem der Versteuerung von

333) BFH 59,30; Widmann-Mayer aaO, Tz. 6807.1; Grieger DStZ 61, S. 81 (87 f.).

334) ebenso Groh BB 82, S. 183; Schneider Diss., S. 316; Mathiak DStR 70, S. 359 (363).
Für die Anwendung des Tauschgeschäftes auch bei vE: Raupach JBFSt 80/81, S. 264; Hußmann Diss., S. 87; Fasold DB 61, S.386.

335) Littmann § 6, 523 a; Hußmann Diss.; S. 109 f.; Röhrkasten BB 74, S. 825.

stillen Reserven des Gesellschafters. Auf die Besteuerung von stillen Reserven kann u.U. verzichtet werden, wenn ein WG von einem gewerblichen Bereich in einen anderen gewerblichen Bereich desselben Stpfl. wechselt, ohne daß sich etwas an der Zugriffsmöglichkeit des Fiskus ändert.[336] Der Verzicht auf die Besteuerung der stillen Reserven beim Gesellschafter hat zwangsläufig zur Folge, daß der Buchwert unverändert fortgeführt werden muß. Für ein solches Verfahren fehlt im Fall der vE jede Rechtsgrundlage. Der Gesetzgeber hat in Fällen der Umwandlung eines Gewerbebetriebs in eine andere Rechtsform [337] die Fortführung der Buchwerte unter bestimmten Voraussetzungen ausdrücklich gestattet. Daraus kann man nur den Schluß ziehen, daß es in den nicht geregelten Fällen bei den allgemeinen Regeln des Ertragsteuerrechts bleiben muß. Das sind aus der Sicht der empfangenden Gesellschaft die Regeln über die Einlage. Dies gilt um so mehr, als hier das WG in das Eigentum eines anderen (der Gesellschaft) übergeht. Wenn die Zuwendung des Gesellschafters als vE qualifiziert werden muß, ist auch bei der Bewertung entsprechend zu verfahren. Das bedeutet: Es gilt § 6 Abs. 1 Nr. 5 EStG.

Eine Bindung an den Wertansatz in der Handelsbilanz kann bei vE nicht bestehen. Die Frage nach dem richtigen Bilanzansatz stellt sich vor allem dann, wenn der Gesellschafter aktivierungsfähige WG unter ihrem Wert oder nicht aktivierungsfähige WG unentgeltlich auf die Gesellschaft überträgt. Bei verbilligtem Verkauf von aktivierungsfähigen WG ist zu entscheiden, ob der tatsächlich bezahlte (zu niedrige) Kaufpreis oder ob

336) BFH 82,17; 76,748

337) §§ 20, 24 UmwStG

der wirkliche Wert des Gegenstandes aktiviert werden muß bzw. darf. Die Meinungen sind in der handelsrechtlichen Literatur geteilt. Die h.M. hält eine Bilanzierung mit den tatsächlichen AK für zulässig, daneben wird aber auch die Bewertung mit dem wirklichen Wert für vertretbar gehalten.[338] Im Fall der unentgeltlichen Übertragung eines immateriellen WG scheitert die Bilanzierung am Aktivierungsverbot des § 153 Abs. 3 AktG. Eine Bindung des Steuerrechts an das Handelsrecht bzgl. der Bewertung besteht jedoch nicht, wenn das Geschäft zwischen Gesellschafter und Gesellschaft als Einlagevorgang beurteilt wird. Wie oben ausführlich dargestellt (s.o. 4.2.5.4), ist der Begriff Einlage im Handelsrecht keine Komponente des Gewinnbegriffs. Die Bilanzierung im Handelsrecht richtet sich weniger nach den Gewinnauswirkungen als nach den Prinzipien des Gläubigerschutzes und der Interessenwahrung der Gesellschafter. Eine Bindung an die Bilanzierungsgrundsätze des Handelsrechts besteht deswegen für den Bereich der Einlagen nicht. Das gilt auch für die Einlage immaterieller WG.[339]

Aus dem bisher Gesagten ergibt sich, daß vE grundsätzlich nach § 6 Abs. 1 Nr. 5 EStG mit dem Teilwert zu bewerten sind. Besonderheiten für die Bewertung ergeben sich bei der Einlage von Nutzungen und Leistungen. Das wird bei mietfreier Gebäudenutzung und zinslosem Darlehen besonders deutlich. Sowohl der gemeine Wert als auch der Teilwert dieser Vorteile sind gleichzusetzen mit der marktüblichen Miete bzw. dem marktüblichen Kreditzins. Es frägt sich, ob für

338) s.o. FN 273, 274

339) a.A. BFH 75,553 im Gegensatz zur einkommensteuerlichen Behandlung in BFH 80,244.

die Bewertung eingelegter Nutzungen und Leistungen in der KSt dieselben Grundsätze gelten können wie in der ESt. Das würde bedeuten, daß in diesen Fällen nicht der Marktwert des Vorteils, sondern nur die damit verursachten Kosten als Einlagewert in Betracht kommen (vgl. oben ausführlich 4.4). Im Ergebnis könnte dann der Gesellschafter nur seinen Aufwand auf die Gesellschaft übertragen. Diese Lösung ist die einzige, die sich auf dem bisher eingeschlagenen Weg anbietet. Man kann nicht für einen einheitlichen Gewinnbegriff in der ESt und KSt plädieren, ohne auch insoweit die Konsequenzen zu ziehen. Die Anwendung des Einlagebegriffs von § 4 Abs. 1 S. 5 EStG in der KSt führt auch zur Identität in der Bewertung. Das bedeutet, daß Einlagen nach § 6 Abs. 1 Nr. 5 einschließlich Nr. 5 a und Nr. 5 b zu bewerten sind. Gerade bei der Bewertung muß sich die These der Einheitlichkeit des Gewinnbegriffs bewähren. Hier geht es um konkrete Zahlen, die sich auf den Gewinn auswirken. Jetzt muß sich zeigen, ob Vermögensmehrungen, die nicht betrieblich verursacht sind, in beiden Rechtsgebieten gleich behandelt werden oder nicht. Soll wirklich die AfA für ein dem Betrieb unentgeltlich überlassenes Gebäude im Bereich der ESt den Gewinn mindern, im Bereich der KSt dagegen nicht? Eine solche Diskrepanz widerspräche dem Grundsatz der einheitlichen Besteuerung gewerblicher Gewinne, der in § 8 Abs. 1 KStG deutlich zum Ausdruck kommt. Deswegen muß die Bewertung von Nutzungen und Leistungen in beiden Rechtsgebieten gleich sein. Das bedeutet, daß § 6 Abs. 1 Nr. 5 a auch für vE des Gesellschafters in die Gesellschaft zur Anwendung kommt. Daraus ergibt sich, daß die Kosten der Nutzung oder Leistung, die im Gesellschaftervermögen in unmittelbarem zeitlichen Zusammenhang mit der Nutzung oder Leistung entstehen, als Wertansatz der Einlage bei der Ermittlung des Gewinns der Gesellschaft angesetzt werden müssen. Schlagwortartig formuliert heißt das:

> Nur der Aufwand des Gesellschafters darf den Gewinn der Gesellschaft belasten.[340)]

Das bedeutet, daß eine willkürliche Einkommensverlagerung vom Gesellschafter auf die Gesellschaft unterbunden wird. Der Aufwand wird dort berücksichtigt, wo der Nutzen ist. Es kommt nicht zu einer Besteuerung eines Gewinns, ohne daß die damit verbundenen Kosten gewinnmindernd berücksichtigt werden. Anderseits wird kein Aufwand "produziert", der in Wirklichkeit nicht entstanden ist. Es wird für die KSt keine andere Rechtsfolge geschaffen als für die ESt. Die juristische Deduktion ist in beiden Fällen dieselbe.

6.2.2 Bewertung der vE beim Gesellschafter

Die Bewertung der vE auf der Seite des Gesellschafters unterliegt anderen Grundsätzen. Er wendet etwas auf für seine Beteiligung. Wie sich der Aufwand stl. auswirkt, hängt in erster Linie davon ab, ob der Aufwand den Charakter laufender Unkosten[340a)] hat oder als Vermögensumschichtung zu werten ist. Die h.M.[341)]

340) im Ergebnis ebenso Mathiak DStR 70, S. 359 (S.366, Beisp.2 c)

341) BGH v. 31.10.78 BB 79, S.387; H-H-R § 6 KStG a.F., 56 und § 6 EStG, 828; Littmann § 6, 285; Frotscher-Maas aaO § 8, 51; Flick-Wassermeyer-Becker § 1, 52; Raupach JBFSt 80/81, S. 263 (265); Döllerer BB 79, S. 57; Woerner BB 83, S. 845 (848); Ranft StBJB 72/73, S. 305 (312); Mathiak DStR 70, S. 359 (364); BdF BStBl. 83 I, S. 218 Tz. 8.1.1 b,. Bopp BB 74, S. 825 ist für die Bildung eines besonderen aktiven Ausgleichspostens. Mies StBP 65, S. 231 will den Aufwand als negative Gewinnausschüttung behandeln und kommt so zu sofort abzugsfähigen BA oder WK; eine Aktivierung befürwortet er nur, wenn eine Gewinnausschüttung nach dem Bilanzstichtag zu erwarten ist.

340a) Für sofort abzugsfähige Kosten spricht sich Knobbe-Keuk in DStZ 84, S. 335 aus. Sie behandelt den Aufwand mit guten Gründen wie Erhaltungsaufwand für die Kapitaleinkünfte.

qualifiziert die in der vE liegende Aufwendung als nicht sofort abzugsfähigen Aufwand, weil der Wert der Aufwendung nicht verloren geht, sondern sich in einem höheren Wert der Beteiligung niederschlägt. Dem ist zuzustimmen. Zwar bekommt der Gesellschafter infolge der vE nicht mehr Gesellschaftsrechte, er erwirbt keine neuen Anteile, es handelt sich aber doch nicht um verlorenen Aufwand, sondern nur um eine Vermögensumschichtung. Man spricht deswegen sehr häufig von nachträglichem Anschaffungsaufwand.[342] Dieser Ausdruck ist problematisch.[343] Der nachträgliche Aufwand hat mit der ursprünglichen Anschaffung nichts zu tun. Auch neue Anteile werden bei einer vE nicht erworben.[344] Die Rechtslage ist ähnlich wie bei den sog. nachträglichen AK für Grund und Boden.[345] Wenn der Stpfl. an die Gemeinde einen Kanalbaubeitrag leisten muß, entsteht Aufwand für den Grund und Boden, der nicht sofort abzugsfähig ist, weil er "den Wert des Grund und Bodens erhöht".[346] Selbst wenn durch den Kanalbau keine nachweisbare Werterhöhung des Grundstücks eintreten würde, müßte genau so verfahren werden. Die gleiche Situation besteht bei den Aufwendungen auf die Beteiligung, die im Zuge

342) vgl. z.B. BFH 69,243; 77,515; 80,494: "AK ... sind der Anschaffungspreis und weitere Aufwendungen auf die Anteile einer Kapitalgesellschaft ... Zu den AK gehören auch solche Aufwendungen, ... die zur Werterhöhung der Anteile gemacht werden." Ebenso Frotscher-Maas aaO § 8, 51; Flick-Wassermeyer-Becker aaO § 1, 52; Raupach JBFSt 80/81, S.263 (265). Schneider (Diss. S.327) ist für die Behandlung des Aufwands als nicht abzugsfähige Ausgabe, nicht für Aktivierung.

343) Ebenso Pezzer StuW 75, S. 222

344) Darauf weist Thiel in DB 60, S. 300 f. besonders hin

345) vgl. A 33 a Abs. 4 EStR 81

346) so BFH 72,790

einer vE gemacht werden. Man kann sie nicht als nachträgliche AK bezeichnen. Sie werden aber im Ergebnis so behandelt. Der Begriff nachträgliche HK[347] wäre völlig verfehlt, weil durch die Einlage nichts hergestellt oder vermehrt wird.[348]

Die Bewertung des Aufwands aus der Sicht des Gesellschafters muß nicht mit der Bewertung der Einlage bei der Gesellschaft übereinstimmen. Die Gesellschaft unterliegt der Bewertungsvorschrift des § 6 Abs. 1 Nr. 5 EStG, beim Gesellschafter geht es dagegen um den Begriff der AK im weitesten Sinne. Er muß alles und kann nur das zum Anschaffungsaufwand rechnen, was er tatsächlich aufgewendet hat. Das muß nicht mit dem kongruent sein, was sich aus § 6 Abs. 1 Nr.5 ergibt. Eine Divergenz kann sich z.B. bei der Zuwendung einer Sache ergeben, die bei der Gesellschaft mit dem Teilwert anzusetzen ist, während sie für den Gesellschafter einen anderen Wert hat.[349]

Dennoch wird die Bewertung auf beiden Seiten in aller Regel übereinstimmen. Das zeigt sich vor allem bei der Einlage von Nutzungen und Leistungen, die hier im Vordergrund stehen. Wenn der Gesellschafter die unentgeltliche Nutzung eines Gebäudes durch die

347) so Meyer-Arndt BB 68, S.410

348) Ebenso Döllerer BB 71, S. 1245 (1251); Röhrkasten BB 74, S. 825 (829); Friedrich JBFSt 68/69, S. 77.

349) Falls die Einlage aus dem BV des Gesellschafters kommt, geht es wieder darum, ob die stillen Reserven aufgedeckt werden müssen (s.o. FN 335,336,328). Für die Aufdeckung der stillen Reserven bzw. den Ansatz des gemeinen Werts sind H-H-R § 6 KStG a.F., 56 und § 6 EStG, 823; Frotscher-Maas aaO § 8,49; Döllerer S. 139 und BB 71, S. 1245; BFH 67,733. Gegen eine Aufdeckung der stillen Reserven ist Knobbe-Keuk § 5 VI 1 c, bb,

Gesellschaft gestattet, wendet er dafür die mit der Nutzung zusammenhängenden Kosten auf. Eben diese Kosten werden dann wegen § 6 Abs. 1 Nr. 5 a EStG bei der Gesellschaft als Wert der Einlage zugrundegelegt. Genau so ist es beim unverzinslichen Darlehen oder bei anderen Leistungen, die unter Preis an die Gesellschaft abgegeben werden.

6.3 Auswirkung der vE auf die Bilanz der Gesellschaft - außerbilanzmäßige Abrechnung

Der Begriff Einlage ist ein Bestandteil des stl. Gewinnbegriffs, der im Handelsrecht keine Entsprechung hat. Die Gewinnformel des § 4 Abs. 1 S. 1 EStG ist dem Handelsrecht fremd. Bei offenen Einlagen ergibt sich zwar i.d.R. eine Übereinstimmung zwischen dem Handelsrecht und dem Steuerrecht, nicht aber bei vE. Es ist ja gerade ein Charakteristikum der vE, daß sie handelsrechtlich als normale Geschäfte erscheinen und auf diese Weise den Gewinn beeinflussen können, während sie stl. aus der Gewinnermittlung zu eliminieren sind. Deswegen können sie nur außerhalb der Handelsbilanz als stl. Korrekturposten berücksichtigt werden.

VE werden grundsätzlich sogar außerhalb der StB zu berücksichtigen sein. Diese Feststellung mag auf den ersten Blick erstaunlich klingen. Das Erstaunen kann aber nur auf einer falschen Vorstellung von der StB beruhen. Der Begriff StB wird oft falsch verstanden. Die StB ist eine Vermögensaufstellung der Kapitalgesellschaft, die nur insoweit von der handelsrechtlichen Bilanz abweicht, als im Steuerrecht andere Bilanzierungs- und Bewertungsvorschriften bestehen (§ 60 Abs. 3 EStDV). Etwas ganz anderes sind die Vorschriften des Körperschaftsteuerrechts, mit deren Hilfe der StB-Gewinn zum stl. Einkommen umgerechnet wird. Diese Vorschriften berühren die StB als Vermögensaufstellung nicht mehr, sie führen zu den sog. außerbilanzmäßigen Zu- und Abrechnungen. Zu den stl. Vorschriften über die Einkommensermittlung außerhalb der Bilanz gehört z.B. § 8 Abs. 3 S. 2 KStG, der bestimmt, daß vGA das Einkommen nicht mindern dürfen. Dieselbe Funktion erfüllt der Einlagebegriff in umgekehrter Richtung: Einlagen dürfen das Einkommen nicht erhöhen. Sie müssen deshalb außerhalb der Bilanz vom StB-Vermögen abgerechnet werden.

Damit ergibt sich eine Übereinstimmung zwischen vGA und vE einerseits, Entnahme und Einlage andererseits. Es wurde bereits ausführlich dargestellt, daß auch Entnahmen und Einlagen eigentlich außerbilanzmäßige Korrekturposten sind (s.o. 3.1.4) genau so wie die vGA (s.o. 5.3). Das bestätigt die Grundthese dieser Arbeit von der Identität des Gewinnbegriffs in der KSt und ESt.

6.4 Zeitpunkt der vE

Ebenso wie bei der vGA taucht bei der vE die Frage auf, ob es für eine vE begrifflich notwendig ist, daß eine Vermögensbewegung vom Gesellschafter zur Gesellschaft stattfindet. Das muß eindeutig bejaht werden. Voraussetzung für eine Einlage ist ein Transfer von einem Vermögensbereich in den anderen. Das betont auch der BFH in seiner Entscheidung vom 3.5.67 [350], wo es darum geht, ob der Verzicht des Gesellschafters auf eine Pensionsanwartschaft als vE anzusehen ist.

350) BFH 67,421

Der BFH sagt, eine Einlage läge nur vor, "wenn aus dem Vermögen des Gesellschafters etwas herausgenommen und dem Vermögen der GmbH zugeführt wird."

6.4.1 Bei der Einkommensermittlung des Gesellschafters

Die vE setzt voraus, daß beim Gesellschafter etwas abfließt. Abfließen ist jedoch nicht i.S.v. § 11 Abs. 2 S. 1 EStG zu verstehen. Es kommt vielmehr darauf an, wann der betreffende Aufwand entstanden ist, nicht wann er abgeflossen ist. Der Aufwand führt zu nachträglichen AK auf die Beteiligung (s.o. 6.2.2). Der Gesellschafter wird durch den Aufwand nicht ärmer, wenn dem Aufwand eine Werterhöhung der Beteiligung gegenübersteht. Es handelt sich somit i.d.R. um eine Vermögensumschichtung.

6.4.2 Bei der Einkommensermittlung der Gesellschaft

Auf seiten der Gesellschaft gilt dasselbe. Die vE setzt zwar begrifflich voraus, daß die Gesellschaft einen Vermögenszuwachs erfährt. Der Vermögenszuwachs entsteht aber nicht bei Zufluß i.S.v. § 11 Abs. 1 S. 1 EStG, sondern sobald der Vorteil als Vermögensbestandteil bei der Gesellschaft feststellbar ist. Insoweit ist durch die Diktion des BFH eine gewisse Sprachverwirrung entstanden, weil das Gericht in diesem Zusammenhang von Abfluß und Zufluß spricht.[351)] Der früher eingeschlagenen Linie treubleibend[352)], lehnt der BFH eine vE ab, wenn der Gesellschaft kein aktivierungsfähiger Vorteil zufließt. Man kann dem

351) BFH 82,631; 81,623

352) BFH 71,408; 75,553

BFH aber sicher nicht unterstellen, daß er damit einen Zufluß i.S.v. § 11 Abs. 1 S. 1 EStG meint. Es kommt ihm auf den Zugang eines bilanzierungsfähigen WG an. Zeitpunkt der vE ist also auch nach BFH das Entstehen des Vorteils im Sinne einer Vermögensmehrung. Dieser Auffassung ist zuzustimmen. Abzulehnen ist dagegen das Bilanzkriterium des BFH (s.o. 6.1.5.6). Das Entstehen des Vermögensvorteils hängt nicht davon ab, ob er bilanzierungsfähig ist.

6.4.3 Bei der Entwicklung des Eigenkapitals der Gesellschaft

Der Zeitpunkt der durch die vE verursachten Vermögensmehrung ist nicht nur für die Einkommensermittlung, sondern auch für die Entwicklung des EK von Bedeutung, und zwar gerade bei der Zuwendung von Nutzungen und Leistungen. Da durch die Einlage einer Nutzung oder Leistung keine endgültige Auswirkung auf das StB-Vermögen der Gesellschaft entsteht, verändert sich auch die Höhe des Eigenkapitals nicht. StB-Vermögen und Eigenkapital sind im Prinzip identisch (§ 29 Abs. 1 KStG).

Eine Auswirkung ergibt sich aber auf die Gliederung des EK. Einlagen erhöhen das EK 04 (§ 30 Abs. 2 Nr.4 KStG). Vergegenwärtigt man sich wieder, daß bei der Einlage einer Nutzung oder Leistung zunächst eine Vermögensmehrung eintritt, die dann aber bis zum Bilanzstichtag wieder verbraucht wird, ergeben sich für die Entwicklung des EK zwei verschiedene Auswirkungen. Die Vermögensmehrung ist im EK 04 zu erfassen, der Verbrauch der Vermögensmehrung wirkt sich dagegen auf das EK 56 aus. Das muß so sein, weil sich der

Aufwand, der durch den Verbrauch entsteht, auf den steuerpflichtigen Gewinn auswirkt. Dieser Aufwand hat die gleiche Wirkung wie Aufwand, der durch echte Miet- oder Zins- oder Gehaltszahlungen entsteht. Die Nutzungs- und Leistungseinlage führt somit zu einer Umgliederung des EK: EK 04 wird mehr, EK 56 wird weniger. Die Umgliederung ist zum Ende des Veranlagungszeitraums verbindlich festzustellen, in dem die Einlage stattgefunden hat. Die Vermögensminderung durch den Aufwand und die Vermögensmehrung durch die Einlage fallen in denselben Veranlagungszeitraum.[353)]

Die Umgliederung des EK ist für die Gesellschaft nicht nachteilig. Es geht zwar entlastungsfähiges EK 56 verloren, andererseits vermindert sich durch die Nutzungs- und Leistungseinlage aber der steuerpflichtige Gewinn und damit die KSt. Eine Vorbelastung in Höhe der Tarifbelastung entfällt von Anfang an. Andererseits führt eine Ausschüttung aus dem neu geschaffenen EK 04 zu keiner KSt-Erhöhung i.S.v. § 27 Abs. 1 KStG (§ 40 S.1 Nr.1 KStG).[354)]

6.5 Verdeckte Einlagen durch nahestehende Personen

Es gibt zwei Möglichkeiten, bei denen nahestehende Personen im Fall einer vE eine Rolle spielen können:

1. Die Einlage kommt nicht vom Gesellschafter selbst, sondern von einer dem Gesellschafter nahestehenden

353) Anders könnte es sein, wenn die vE zu einer Aktivierung führt (z.B. der Gesellschafter übereignet der Gesellschaft ein WG des abnutzbaren Anlagevermögens ohne Entgelt). Dieses Problem liegt aber außerhalb der Thematik dieser Arbeit.

354) a.A. Groh BB 82, S. 133, der der Meinung ist, der Nachteil liege darin, daß EK 04 erst an letzter Stelle ausgeschüttet werden kann.

Person. Hauptanwendungsbeispiel ist die Zuwendung eines Vorteils unter Schwestergesellschaften. Wendet S1 der S2 einen Vorteil zu, dann kommt der Vorteil von einer dem Gesellschafter (M) nahestehenden Person.

2. Die durch die Einlage herbeigeführte Vermögensmehrung findet nicht unmittelbar bei der Gesellschaft, sondern bei einer ihr nahestehenden Person statt. Das kann nur eine Einlage sein, wenn die Gesellschaft dadurch mittelbar bereichert wird. Beispiel: M wendet ihrer Enkelgesellschaft einen Vermögensvorteil zu, durch den die Tochtergesellschaft mittelbar bereichert wird.

Nur die erste Variante ist im Rahmen der Thematik dieser Arbeit interessant und soll hier erörtert werden.

Rspr.[355] und Literatur[356] bejahen die Möglichkeit einer vE auf diesem Weg. Auf diese Weise wird eine Spiegelbildlichkeit zur vGA hergestellt. Als nahestehend gilt eine Person, wenn sie dem Gesellschafter durch persönliche oder sachliche Beziehungen verbunden ist. Die Verbundenheit wird unter Kapitalgesellschaften vor allem durch gesellschaftliche Verflechtung begründet.[357]

355) BFH 82,631; 81,612; 77,574; 75,553; 68,720; RFH 36,951

356) H-H-R § 6 EStG, 822; Frotscher-Maas aaO § 8, 41; Hußmann Diss. S. 132 ff.; Felix-Streck aaO § 8,34.

357) vgl. H-H-R § 6 KStG a.F., 80 m.w.N.; a.A.Pezzer StuW 75, S. 222 (231), der in einer Schwestergesellschaft keine der M nahestehende Person sieht.

Voraussetzung einer vE über eine nahestehende Person ist, daß das Vermögen der Gesellschaft durch die Zuwendung vermehrt wird. Die Feststellung der durch Dritte verursachten Vermögensmehrung wirft keine zusätzlichen Probleme auf. Es gelten dieselben Grundsätze wie bei der Einlage, die unmittelbar vom Gesellschafter geleistet wird. Es muß also festgestellt werden, ob der Gesellschaft ein meßbarer Vermögensvorteil zugeflossen ist. Das kann natürlich dadurch geschehen, daß die Aktiva erhöht (z.B. Übereignung eines WG ohne angemessenes Entgelt) oder daß die Passiva vermindert werden (z.B. der Dritte erfüllt eine Schuld der Gesellschaft, indem er an deren Gläubiger zahlt). Aber auch jeder andere Vermögensvorteil, der der Gesellschaft zugewendet wird (Nutzungen und Leistungen und andere immaterielle WG), reicht aus. Insoweit gilt dasselbe wie bei der unmittelbaren Zuwendung durch den Gesellschafter. Es stellen sich dieselben Fragen über den Zusammenhang zwischen Bilanzierung und Vermögensvorteil, über den Zeitpunkt des Zuflusses und die Auswirkung auf das Vermögen und das EK der Gesellschaft. Deswegen kann auf das oben Gesagte verwiesen werden (s.o. 6.1 - 6.4).

Die Zuwendung des Dritten kann dem Gesellschafter nur dann als Einlage zugerechnet werden, wenn sie gleichzeitig als Aufwendung des Gesellschafters angesehen werden kann. Der Begriff Einlage erfordert begrifflich eine Aufwendung des Gesellschafters, die sein Vermögen vermindert (s.o. 6.2.2). Das muß auch bei Aufwendungen über Dritte gelten. Die Zuwendung des Dritten muß mittelbar eine Zuwendung durch den Gesellschafter sein. Diese Vermögensminderung seitens des Gesellschafters kann auf verschiedene Weise eintreten. Die einfachste und einleuchtendste Möglichkeit ergibt sich aus der Abkürzung des Zahlungswegs. Schuldet z.B. der Gesellschafter der Gesellschaft die Einzahlung der Einlage, schuldet andererseits der Dritte dem Gesellschafter etwas, so kann der Dritte mit Einwilligung des Gesellschafters durch Leistung an die Gesellschaft seine Schuld gegenüber dem Gesellschafter erfüllen. Dadurch erlischt gleichzeitig die Schuld des Gesellschafters gegenüber der Gesellschaft. Die Aufwendung des Gesellschafters liegt darin, daß er seine Forderung gegenüber dem Dritten aufopfert, um seine Schuld gegenüber der Gesellschaft zu tilgen. Der Zahlungsweg wird abgekürzt, weil die Leistungsbewegung nicht den Umweg über den Gesellschafter nimmt. In anderen Fällen, insbesondere beim Dreieck zwischen der Muttergesellschaft und ihren beiden Tochtergesellschaften, kann der Nachweis der Aufwendung des Gesellschafters bei Leistung durch den Dritten oft schwierig werden. Diese Problematik wird unten (8.4.3) im einzelnen untersucht.

Ebenso wie bei der unmittelbaren Gesellschafterleistung muß auch bei der Einlage über nahestehende Personen die Ursache der Leistung im Gesellschaftsverhältnis liegen.

6.6 Fiktionstheorie

Ebenso wie bei der vGA werden Fälle, in denen es um die stl. Auswirkung einer vE geht, mit Hilfe von Fiktionen gelöst. Man unterstellt statt des wirklich abgelaufenen einen fiktiven Sachverhalt. Die Auswirkung dieser

Fiktionen treffen die Gesellschaft und den Gesellschafter gleichermaßen. Dazu zwei <u>Beispiele</u>, die das Spiegelbild der Fälle sind, die an gleicher Stelle bei der vGA gewählt wurden (s.o. 5.5.).

<u>Fall 1:</u> Der Gesellschafter, der seine Beteiligung im PV hält, gibt der Gesellschaft ein zinsloses Darlehen für die Anschaffung eines Anlagegegenstandes. Er finanziert das Darlehen aus eigenen Mitteln. Dadurch erspart sich die Gesellschaft marktübliche Zinsen in Höhe von 12.000.

Man unterstellt, daß der Gesellschafter für das Darlehen Zinsen bekommt, diese aber der Gesellschaft zur Kapitalverstärkung wieder zur Verfügung stellt.

<u>Lösung:</u> Der Gesellschafter hat Zinseinnahmen in Höhe von 12.000 nach § 20 Abs. 1 Nr. 8 EStG, denen bei der Gesellschaft ein Zinsaufwand von 12.000 gegenübersteht. Die Einlage ist auf beiden Seiten einkommensneutral, sie würde bei der Gesellschaft das EK 04 erhöhen, der Gesellschafter hätte zusätzliche AK auf seine Beteiligung.

<u>Fall 2:</u> Der Gesellschafter übereignet an die Gesellschaft aus seinem Einzelunternehmen einen abgeschriebenen LKW, der noch einen Wert von 10.000 hat. Er verlangt keinen Kaufpreis. Die Beteiligung gehört zu seinem BV.

Es wird unterstellt, daß der Gesellschafter für die Übereignung des LKW einen Kaufpreis von 10.000 bekommt, den er bei der Gesellschaft zur Kapitalverstärkung einlegt.

Lösung: Der Gesellschafter hat durch den Veräußerungserlös einen a.o. Ertrag i.H.v. 10.000 in seinem Gewerbebetrieb, die Gesellschaft hat AK i.H.v. 10.000. Dazu kommt die erfolgsneutrale Einlage auf beiden Seiten.

Die direkten Äußerungen der Rspr. zu Fiktionen bei vE sind rar. Im Urteil vom 3.2.71 [358] sagt der BFH, daß "mangels Einlage" ein Zufluß unterstellter Mietzinsen beim Gesellschafter nicht in Betracht komme, wenn der Gesellschafter an die Gesellschaft eine Nutzung unter Preis überläßt. Die Formulierung ist so vorsichtig gewählt, daß man daraus nicht schließen kann, unterstellte Zuflüsse seien beim Gesellschafter "im Fall der Einlage" undenkbar. Man kann der Aussage des BFH nur entnehmen, daß eine Fiktion dann nicht zulässig ist, wenn (aus anderen Gründen) eine Einlage nicht in Betracht kommt. An anderer Stelle [359] erklärt der BFH, daß "Unterstellungen" dem Steuerrecht nicht fremd sind, insbesondere bei vGA, lehnt aber die Unterstellung angemessener Pachtzinsen im Falle einer unangemessen niedrigen Pachtzahlung der Gesellschaft an den Gesellschafter ab.

Im Schrifttum sind die Meinungen sehr geteilt. Ein Teil der Autoren lehnt die Fiktionstheorie ab. Dies gilt nicht nur für Meßmer, der allgemein und grundsätzliche gegen jede Fiktion im Steuerrecht ist. [360] Im

358) BFH 71,408

359) BFH 60,513

360) StBJB 77/78, S. 117

Zusammenhang mit vE sprechen sich Döllerer[361], Littmann[362], Hußmann[363] und Röhrkasten[364] gegen die Anwendung von Fiktionen aus. Für die Fiktionstheorie bei vE sind H-H-R[365], Gail-Goutier-Grützner[366], Brezing[367], Baranowski[368], Ranft[369] und Quack[370].

Bei der Meinungsbildung zur Fiktionstheorie muß man sich in erster Linie vom Grundsatz der Tatbestandsmäßigkeit der Besteuerung leiten lassen. Staatliche Eingriffe bedürfen der Rechtsgrundlage. Die Rechtsgrundlage muß tatbestandsmäßig klar und eindeutig formuliert sein. Fehlt es an der nötigen Klarheit und Eindeutigkeit des Gesetzes, kann eine Auslegung mit Hilfe der anerkannten Methoden der juristischen Interpretation wie Analogie, Umkehrschluß usw. zu rechtmäßigen Ergebnissen führen. Die Grenze der Rechtsmäßigkeit wird aber dann überschritten, wenn unter dem Vorwand wirtschaftlicher Betrachtungsweise ein Sachverhalt besteuert wird, der in Wirklichkeit nicht stattgefunden hat. Die große Streitfrage besteht darin, ob bei Anwendung der Fiktionstheorie tatsächlich ein fiktiver Sachverhalt besteuert wird oder ob es sich nicht

361) Döllerer, S. 130; JBFSt 72/73, S. 157; BB 73, S. 5

362) Littmann § 2, 125 wendet sich gegen fingierte Entgelte, die beim Gesellschafter zu erfassen wären.

363) Diss. S. 85

364) BB 74, S. 828

365) H-H-R § 6 KStG a.F., 43

366) aaO § 8,65

367) FR 79, S. 499; GmbHR 72, S. 129; StuW 72, S. 361; FR 71, S.405

368) DStR 82, S. 406

369) StBJB 72/73, S. 269 (313)

370) DStR 72, S. 10

vielmehr um eine angemessene Beurteilung des Sachverhalts handelt, die ihn in seinem Wesen nicht verändert, ihm aber ein anderes Kleid gibt als ihm der Stpfl. gegeben hat.

Bei der vGA kommt die Fiktionstheorie zu Ergebnissen, die durch die Tatbestandsmäßigkeit der Besteuerung gedeckt sind. Das liegt am notwendigen innerlichen Zusammenhang zwischen § 8 Abs. 3 S. 2 KStG und § 20 Abs. 2 Nr. 1 EStG. Der Fremdvergleich ist ein wesentliches Erkenntnismittel bei der Beurteilung einer vGA. Er erfordert den Vergleich mit einem hypothetischen Sachverhalt. Er führt zu einer Bewertung mit dem gemeinen Wert, und zwar sowohl beim Gesellschafter als auch bei der Gesellschaft. Es hat sich aber schon bei der Beurteilung der vGA gezeigt, daß auch ohne echte Fiktionen ein sachgerechtes stl. Ergebnis gefunden werden kann, das mit der Lösung der Fiktionstheorie übereinstimmt. Deswegen wurde die Fiktionstheorie im Zusammenhang mit vGA für nützlich, aber für verzichtbar gehalten (s.o. 5.5).

Für die vE gilt grundsätzlich dasselbe. Die Ergebnisse der Fiktionstheorie und der anderen Lösungswege sind identisch, solange die vE mit dem gemeinen Wert bewertet wird und der gemeine Wert den Teilwert nicht übersteigt. Sobald aber der nach § 6 Abs. 1 Nr. 5 EStG anzusetzende Teilwert oder die nach § 6 Abs. 1 Nr. 5 a EStG anzusetzenden Kosten niedriger sind als der gemeine Wert, führt die Fiktionstheorie zu rechtlich nicht haltbaren Ergebnissen. Deswegen sollte man grundsätzlich auf ihre Anwendung im Zusammenhang mit vE verzichten.

Ohne Anwendung der Fiktionstheorie können die beiden o.a. Fälle wie folgt gelöst werden:

Fall 1 (zinsloses Darlehen):

a) Ein Darlehensverhältnis mit angemessenen Zinsen darf nicht unterstellt werden. Deswegen liegen bei der Gesellschaft keine gewinnmindernden Zinsaufwendungen, beim Gesellschafter keine Kapitaleinkünfte vor. Der Gesellschafter leistet durch den Zinsverzicht einen Erfolgsbeitrag für die Gesellschaft, diese Leistung ist keine Einlage.[371)]

b) Der Gesellschafter wendet der Gesellschaft einen Nutzungsvorteil zu. Die Zuwendung hat ihre Ursache im Gesellschaftsverhältnis. Der Vorteil ist ein einlagefähiges WG. Nach § 6 Abs. 1 Nr. 5 a ist es aber höchstens mit den Kosten zu bewerten, die beim Einlegenden entstehenden entstehen. Da hier keine Refinanzierungskosten angefallen sind, dürfen im Betrieb auch keine entsprechenden Kosten geltend gemacht werden. Damit entsteht weder bei der Gesellschaft noch beim Gesellschafter eine stl. Auswirkung.[372)]

Das Ergebnis b) unterscheidet sich von dem Ergebnis der Fiktionstheorie, die den Vorteil mit dem üblichen Zinssatz bewerten muß und deswegen bei der Gesellschaft zum Aufwand und beim Gesellschafter zu Einkommen kommt. Die Übereinstimmung der hier vertretenen Lösung mit der des BFH ist allerdings nur zufällig. Das wird bei folgender Variante deutlich:

371) Diese Lösung vertritt BFH (s.o. 6.1.2) und die ihm folgende Literatur (s.o. 6.1.4.2)

372) Die Lösung entspricht der hier vertretenen Meinung. Vgl. dazu auch die Beispiele unten 7.2.2.

Der Gesellschafter muß das Darlehen an die Gesellschaft teilweise refinanzieren und wendet dafür 5.000 Zinsen auf.

a) Dieser Fall ist vom BFH nicht entschieden. Es ist aber zu vermuten, daß das Gericht die Refinanzierungszinsen als Werbungskosten bei den Einkünften aus Kapitalvermögen ansetzen würde. Der BFH könnte die Zinsen nicht als nachträgliche AK auf die Beteiligung behandeln, weil er Nutzungsvorteile generell nicht für einlagefähig hält.

b) Nach der hier vertretenen Auffassung liegt jetzt eine bewertbare Einlage vor, weil der Gesellschafter dafür etwas aufgewendet hat. Der eingelegte Nutzungsvorteil verbraucht sich jedoch bis zum Bilanzstichtag, so daß er in der Bilanz nicht sichtbar wird. Der Verbrauch des eingelegten Vorteils führt zu einer Gewinnminderung i.H.v. 5.000 (§ 6 Abs. 1 Nr. 5 a EStG).

Fall 2 (unentgeltliche Übereignung des LKW):

Ohne Unterstellung eines entgeltlichen Geschäfts zwischen Gesellschaft und Gesellschafter gibt es nur zwei Lösungsmöglichkeiten:

a) Man erkennt das Geschäft als unentgeltliche Übereignung an. Das bedeutet, daß für die Gesellschaft keine AK und damit keine AfA entsteht.

   Dieses Ergebnis kann aber nur gehalten werden, wenn man davon ausgeht, daß es keine stl. Vorschrift gibt, die zu einer Aktivierung des

LKW zwingt. Diese Auffassung hat der BFH in einem älteren Urteil vertreten. Er meint, die Gesellschaft sei "nicht verpflichtet", den tatsächlichen Wert des übereigneten Gegenstandes zu aktivieren, wenn dadurch keine endgültige Steuerverkürzung eintrete.[373] Im Klartext heißt das: Wahlrecht zur Fortführung der AK des Gesellschafters durch die Gesellschaft. Diese Auffassung ist abzulehnen. Die Schaffung von Wahlrechten praeter legem ist schlechter Stil oder deutlicher, widerspricht dem Gesetz.[374]

Wer der Meinung ist, die Gesellschaft könne begrifflich nur einen betrieblichen Bereich haben, müßte konsequenterweise § 7 Abs. 2 EStDV anwenden. Das würde bedeuten, daß der LKW mit dem gemeinen Wert aktiviert wird mit der Folge, daß in dieser Höhe AfA-Volumen entsteht. Gleichzeitig läge allerdings ein Ertrag in Höhe des gemeinen Werts vor, weil die Vermögensmehrung auf betrieblichen Gründen beruht. Auf seiten des Gesellschafters müßte man dann allerdings auch einen entsprechenden Aufwand konstruieren. Dieser Lösungsweg ist jedoch nicht möglich, weil das "Geschenk" des Gesellschafters aus der Sicht der Gesellschaft

373) BFH 66,110. Im Urteilsfall wurde eine wesentliche Beteiligung aus dem PV zu billig an die Gesellschaft abgegeben. Der BFH ließ offen, ob es sich um eine gemischte Schenkung oder um einen anzuerkennenden Kaufvertrag handelte.

374) Das gilt auch für andere Fälle von Wahlrechten im Steuerrecht, für die es keine ausdrückliche gesetzliche Grundlage gibt, z.B. bei Sacheinlagen in eine Personengesellschaft, die aus einem BV des Gesellschafters stammen oder Wahlrecht auf spätere Versteuerung bei Betriebsveräußerung gegen Leibrente.

nicht betrieblich veranlaßt ist.[375] Die Veranlassung liegt im gesellschaftlichen Bereich. Die Schenkung hätte somit keine stl. Konsequenzen, weil weder etwas gebucht noch bilanziert wird. Eine Gewinnauswirkung entstünde bei der Gesellschaft nicht.[376]

b) Eine andere Lösung ist ohne Fiktionstheorie nur noch möglich, wenn man wie die Rspr. und die ihr folgende Literatur[377] von einer verdeckten Sacheinlage ausgeht. Der Gesellschafter übereignet der Gesellschaft einen Vermögensgegenstand, und zwar nur dewegen, weil er Gesellschafter ist. Die Vermögensmehrung ist für die Gesellschaft außerbetrieblich verursacht. Es liegen aus ihrer Sicht weder echte AK (sie erbringt keine Gegenleistung, auch nicht in Form von Gesellschaftsrechten) noch fiktive AK i.S.v. § 7 Abs. 2 EStDV vor. Die Einlage ist nach § 6 Abs. 1 Nr. 5 EStG zu bewerten. Der Verbrauch der Sache führt zu AfA. Aus der Sicht des Gesellschafters liegt eine Sachaufwendung für die Beteiligung vor, die nicht sofort abzugsfähig ist, sondern aktiviert werden muß. Da die Beteiligung im BV ist, liegt in der Schenkung keine Entnahme aus dem Einzelunternehmen.[378]

Dieser Lösung ist zuzustimmen, weil sie ohne Unterstellung eines fiktiven Sachverhalts zu einem rechtlich vertretbaren Ergebnis führt.

375) a.A. Mathiak DStR 70, S. 863

376) Diese Lösung wird von Knobbe-Keuk § 19 II 2 c vertreten.

377) s.o. 6.1.2 und 6.1.4.2

378) Ebenso Pezzer StuW 75, S.322; a.A. Salditt StuW 71, S. 107

Dieses Ergebnis deckt sich zugleich mit dem, das mit Hilfe der Fiktionstheorie erreicht wird, wenn der gemeine Wert und der Teilwert des LKW identisch sind.

7. Vergleich der steuerlichen Auswirkung bei der Einlage von Nutzungen und Leistungen in der ESt und KSt anhand von praktischen Fällen

Den bisherigen Überlegungen liegen vier Grundthesen zugrunde:

- Der Gewinnbegriff im EStG und KStG ist identisch. Die wichtigste Schlußfolgerung daraus ist, daß Entnahmen und Gewinnausschüttungen auf der einen und Einlagen auf der anderen Seite im Ergebnis gleich behandelt werden müssen.
- Nutzungen und Leistungen sind einlagefähig; es kommt nicht darauf an, ob die Nutzung oder Leistung auf einer gesicherten Rechtsposition beruht.
- Nutzungen und Leistungen werden nicht zu einem bestimmten Zeitpunkt eingelegt, sondern fließen dem BV laufend zu; dort verbrauchen sie sich.
- Nutzungen und Leistungen können nur mit den Kosten bewertet werden, die für sie im außerbetrieblichen Bereich entstehen.

Der folgende Vergleich von Einzelfällen soll zeigen, ob und inwieweit eine Übereinstimmung in der ESt und der KSt mit den hier erarbeiteten Lösungen erreicht wird. Als Muster dienen die typischen Sachverhalte, bei denen Nutzungen und Leistungen aus privaten (ESt) oder gesellschaftsrechtlichen (KSt) Gründen in das BV eingebracht werden.

7.1 Unentgeltliche Benutzung von Vermögensgegenständen durch den Betrieb

7.1.1 ESt:

Fall 1:

A benutzt ab 1.1.05 einen Teil seines bisher privat genutzten Hauses für seinen Gewerbebetrieb.

Lösung: Der unmittelbar und ausschließlich betrieblich genutzte Teil des Grundstücks wird notwendiges BV. Der damit zusammenhängende Aufwand ist betrieblicher Aufwand. Es wird nicht die Nutzung, sondern der Vermögensgegenstand selbst (anteilig) eingelegt.

Ergebnis: Gewinnminderung in Höhe der anteiligen Kosten incl. AfA. [379)]

Fall 2:

A benutzt ab 1.1.05 ein Zimmer seines bisher nur privat genutzten Hauses für seinen Gewerbebetrieb. Das Zimmer ist ein untergeordneter Teil des Gebäudes i.S.v. A 14 Abs. 2 EStR 1984.

Lösung: Der betrieblich genutzte Gebäudeteil wird nicht notwendiges BV. A hat ein Wahlrecht, ob er gewillkürtes BV schaffen will oder nicht. Tut er es nicht, bleibt der betrieblich genutzte Gebäudeteil PV. Nur die Nutzung wird eingelegt. Die Nutzung wird mit den anteiligen Kosten incl. AfA bewertet.

379) Bei der Berechnung der AfA entsteht der einzige zahlenmäßige Unterschied in der Auswirkung aller hier verglichenen Fälle. Die AfA wird nämlich nicht aus den ursprünglichen AK berechnet, sondern aus dem Teilwert (A. 42 a Abs. 3 EStR 1984).

Ergebnis: Gewinnminderung in Höhe der anteiligen Kosten incl. AfA.

Fall 3:

A benutzt ab 1.1.05 einen Teil eines Hauses, das seiner Frau gehört, für seinen Gewerbebetrieb. Sie hatte es mit eigenen Mitteln gekauft. A darf das Haus unentgeltlich benutzen. Eine besondere Vereinbarung über die Dauer der unentgeltlichen Nutzung liegt nicht vor.

Lösung: Das Haus bleibt in vollem Umfang PV der Frau. Sie hat keine Einkünfte aus § 21 Abs. 1 EStG. Sie wendet ihrem Mann aus privaten Gründen die Nutzung des Hauses zu. Das führt bei A zur Nutzungseinlage. Der Wert der Einlage ist identisch mit den bei der Frau entstehenden Kosten.

Ergebnis: Gewinnminderung in Höhe der Kosten incl. AfA.

7.1.2 KSt:

Fall 1:

A ist Alleingesellschafter einer GmbH. Die Beteiligung gehört zu seinem PV. Er überläßt der Gesellschaft ab 1.1.05 einen Teil seines Privathauses für ihren Gewerbebetrieb. Die Gesellschaft darf das Haus unentgeltlich benutzen. Eine besondere Vereinbarung über die Dauer der unentgeltlichen Nutzung liegt nicht vor.

Lösung: Das Haus bleibt in vollem Umfang PV des A. Er hat keine Einkünfte aus § 21 Abs. 1 EStG. Er wendet seiner Gesellschaft die Nutzung des Hauses zu. Der

Grund für die Zuwendung liegt im Gesellschaftsverhältnis. Das führt bei der GmbH zur Nutzungseinlage. Der Wert der Einlage ist identisch mit den bei A entstandenen Kosten. Diese gelten zugleich als AK für die Beteiligung i.S.v. § 23 EStG oder § 17 EStG.

Ergebnis: Gewinnminderung bei der GmbH in Höhe der Kosten incl. AfA.

Fall 2:

A ist eine AG. Sie überläßt ihrer 100 %-igen T einen Teil eines Gebäudes zur unentgeltlichen Nutzung.

Lösung: A legt die Nutzung in das BV ihrer T ein. Der mit dem überlassenen Gebäudeteil zusammenhängende Aufwand ist eine Aufwendung für die Beteiligung an T. Er muß auf dem Beteiligungskonto aktiviert werden. Der Wert der Nutzungseinlage entspricht den anteiligen Kosten incl. AfA. Diese Nutzung wird im Betrieb der T verbraucht. Dadurch entsteht für T Aufwand.

Ergebnis: Gewinnminderung bei T in Höhe der Kosten incl. AfA. Der Gebäudeaufwand wird von A auf T übertragen.

7.2 Unentgeltliche Überlassung von Geld (zinsloses Darlehen)

7.2.1 ESt:

Fall 1:

A verwendet ab 1.1.05 50.000 seines PV für seinen Gewerbebetrieb. Dadurch erleidet er in 05 einen Zinsverlust von 2.000 (Habenzinsen). Andererseits erspart er sich 5.000 Sollzinsen, die durch die Aufnahme eines

Kredits angefallen wären.

Lösung: Das Geld wird BV. Weder der Zinsverlust noch die ersparten Zinsen dürfen sich auf die Einkünfte des A auswirken. Es hat bei A weder eine stl. relevante Vermögensänderung stattgefunden noch ist eine Nutzung in das BV eingelegt worden.

Ergebnis: Keine Gewinnauswirkung.

Fall 2:
A bekommt die 50.000 von seiner Frau auf Grund eines zinslosen Darlehens, das nach 5 Jahren zurückbezahlt werden muß. Die Frau nimmt das Geld aus ihrem PV. Sie erleidet dadurch einen Zinsverlust von 2.000 (Habenzinsen), A erspart sich Sollzinsen in Höhe von 5.000.

Lösung: Das Darlehensverhältnis als solches muß stl. anerkannt werden. Es handelt sich nicht um Eigenkapital des A, sondern um Fremdkapital, da eine ernsthafte Vereinbarung über die Rückzahlung getroffen worden ist. Es wäre falsch, das Darlehensverhältnis als solches nicht anzuerkennen mit dem Argument, daß die Ehegatten keinen unter Fremden üblichen Darlehensvertrag geschlossen haben. Das Steuerrecht muß akzeptieren, daß zivilrechtlich eine Darlehensschuld besteht.[380)]Damit wird nicht das Kapital, sondern nur die Nutzung in das BV eingelegt. Der Wert der Nutzungseinlage ist identisch mit den bei der Frau entstandenen Kosten.

380) Ähnlich ist es bei Gesellschaftsverträgen in der Familie. Sie müssen stl. anerkannt werden, wenn das Familienmitglied zivilrechtlich die Stellung eines Gesellschafters erlangt. Davon zu unterscheiden ist die Anerkennung der vereinbarten Gewinnverteilung (bei Personengesellschaften). Der Gewinnanspruch muß dem Fremdvergleich standhalten.

Solange die Frau nicht refinanzieren und so ihrerseits Zinsen zahlen muß, kann kein Aufwand in das BV eingelegt werden. Die Frau hat ihrerseits keine Einkünfte aus § 20 Abs. 1 EStG.

Ergebnis: Keine Gewinnauswirkung.

7.2.2 KSt:

Fall 1:
A ist Alleingesellschafter einer GmbH. Die Beteiligung gehört zu seinem PV. Er gibt der GmbH ein zinsloses Darlehen in Höhe von 500.000, das nach 5 Jahren zurückbezahlt werden muß. Er nimmt das Geld aus seinem PV und erleidet dadurch einen Zinsverlust von 20.000 jährlich. Die GmbH erspart sich Zinsen in Höhe von 50.000.

Lösung: Das Darlehen zwischen A und der GmbH ist stl. anzuerkennen. Die GmbH hat eine Verbindlichkeit zu passivieren. A wendet der GmbH den Nutzungsvorteil des Geldes zu. Das kostet ihn nichts. Die AK der Beteiligung erhöhen sich nicht. Der Nutzungsvorteil ist eine Einlage, die mit Null zu bewerten ist. Deswegen entsteht für die GmbH kein Aufwand.

Ergebnis: Keine Gewinnauswirkung.

Fall 2:
A ist eine AG. Sie gibt ihrer 100 %-igen T ein zinsloses Darlehen, das nach 5 Jahren zurückbezahlt werden muß. Kurze Zeit später muß A selbst einen Kredit aufnehmen, um eine Investition finanzieren zu können.

Lösung: Es liegt wieder eine Nutzungseinlage vor. Das Problem liegt bei der Bewertung der Einlage. Sollte der Kredit für die Investition ganz oder zum Teil nur deswegen notwendig geworden sein, weil kurze Zeit vorher flüssige Mittel in Form des Darlehens an die T geflossen sind, müssen die Zinsen ganz oder anteilig der Nutzungseinlage zugerechnet werden. Der Nachweis des Kausalzusammenhangs zwischen unverzinslichem Darlehen und der Fremdfinanzierung ist nur möglich, wenn ein enger zeitlicher Zusammenhang zwischen den beiden Geschäftsvorfällen besteht. Läßt sich dieser Nachweis führen, werden die Zinsen bei A aktivierungspflichtiger Aufwand für die Beteiligung. In dieser Höhe liegt bei T eine Nutzungseinlage vor, die im Betrieb verbraucht wird.

Ergebnis: Gewinnminderung in Höhe der aufgewendeten Zinsen.

7.3 Unentgeltliche Überlassung von Dienstleistungen (Mitarbeit ohne Vergütung)

7.3.1 ESt:

Fall 1:
A arbeitet 10 Stunden täglich in seinem Betrieb. Ein fremder Geschäftsführer würde 100.000 jährlich kosten. A selbst könnte als angestellter Geschäftsführer bei einem ähnlichen Betrieb 60.000 verdienen.

Lösung: A bringt seine Arbeitsleistung in den Betrieb ein. Es handelt sich um eine Leistungseinlage. Die Leistung verursacht im PV des A keine Kosten. Deswegen wird kein Aufwand aus dem Privatbereich in den Betrieb übertragen. A hat keine Einkünfte aus § 19 Abs. 1 EStG.

Ergebnis: Keine Gewinnauswirkung.

Fall 2:
Die Ehefrau des A arbeitet unentgeltlich in seinem Betrieb mit.

Lösung: Kein Arbeitsverhältnis, sondern Leistungseinlage. Die Einlage ist mit Null zu bewerten, da im PV für die Leistung keine Kosten entstanden sind.

Ergebnis: Keine Gewinnauswirkung.

7.3.2 KSt:

Fall 1:
A ist Alleingesellschafter einer GmbH. Er arbeitet 10 Stunden täglich als Geschäftsführer der GmbH, hat aber mit ihr keinen Arbeitsvertrag geschlossen. Ein fremder Geschäftsführer würde 100.000 jährlich kosten. A könnte in einer anderen vergleichbaren Gesellschaft 60.000 als Geschäftsführer verdienen.

Lösung: Es besteht weder zivilrechtlich noch steuerrechtlich ein Arbeitsverhältnis zwischen A und der GmbH. A hat keine Einkünfte aus § 19 Abs. 1 EStG. Er arbeitet nur deswegen unentgeltlich, weil er Gesellschafter ist und sich einen höheren Gewinn erhofft. Das Einbringen der Leistung in die Gesellschaft hat keine betrieblichen Gründe, sondern hat seine Ursache im Gesellschaftsverhältnis. Es handelt sich um eine Leistungseinlage.

Dieser Einlage ist mit Null zu bewerten, da A im Zusammenhang mit seiner Leistung keine Kosten entstanden sind.

Ergebnis: Keine Gewinnauswirkung.

Fall 2:

A ist eine AG. Sie überläßt ihrer 100 %-igen T unentgeltlich für eine bestimmte Zeit einen Experten, der bei A angestellt ist. Der auf diese Zeit entfallende Gehaltsaufwand beträgt 100.000 und wird von A getragen.

Lösung: A macht eine Leistungseinlage. Diese Einlage ist mit 100.000 zu bewerten. Der Betrag ist bei A nicht als Gehaltsaufwand, sondern als Aufwand für die Beteiligung an T zu aktivieren. T hat verteilt auf die Zeit der Tätigkeit des Experten einen Aufwand in Höhe von 100.000 durch den Verbrauch der bei ihr eingebrachten Leistung.

Ergebnis: Gewinnminderung bei T in Höhe der bei A entstandenen Kosten.

Der Vergleich der Fälle zeigt übereinstimmende Ergebnisse. Das Gemeinsame ist, daß Aufwand, der im außerbetrieblichen Bereich entsteht, in das BV übertragen wird. Durch die Einlage wird kein Aufwand neu erzeugt, es geht aber auch kein Aufwand verloren. Zwischen ESt und KSt besteht kein Unterschied.

8. Vorteilszuwendungen zwischen Schwestergesellschaften

8.0 Vorbemerkung

In den letzten Jahrzehnten haben sich Konzerne immer mehr zu einem festen Bestandteil des nationalen und internationalen Wirtschaftslebens herausgebildet. Dafür gibt es viele Gründe. Die Aufteilung eines Unternehmens in mehrere rechtlich verselbständigte Einzelglieder bietet sich oft als funktionale Organisationsform für größere Wirtschaftseinheiten an. Die Ausgliederung einzelner Unternehmensbereiche bringt verschiedene Vorteile vor allem betriebswirtschaftlicher und rechtlicher Art.

Für die Konzernbildung können auch stl. Gesichtspunkte eine Rolle spielen. Dabei stehen die Ertragsteuern im Vordergrund. Diese Steuern sind für das Gesamtunternehmen i.d.R. ein erheblicher Kostenfaktor. Das Steuerrecht bietet Gestaltungsmöglichkeiten, die es in gewissem Umfang gestatten, diesen Kostenfaktor zu beeinflussen. Die Gestaltung hängt zum einen davon ab, welche Rechtsform für die einzelnen Konzernglieder gewählt wird. Sind sie eigene Steuerrechtssubjekte, können sie untereinander steuererhebliche Tatbestände schaffen, die in einem ungegliederten Unternehmen nicht vorkommen. Die Einheit der Rechtsordnung gebietet, daß das Steuerrecht dieselben Rechtsfolgen aus diesen Tatbeständen zieht wie bei Fremden, die sich nicht durch Konzernbindung nahestehen. Die Gestaltung hängt zum anderen stark von Art und Inhalt der Rechts- und Geschäftsbeziehungen zwischen den einzelnen Konzernmitgliedern ab. Die geschäftlichen Beziehungen zwischen den Konzerngliedern entwickeln sich oft ohne den natürlichen Interessengegensatz, der zwischen nicht verbundenen Partnern besteht. Auf diese Weise kann es zu Gewinnverlagerungen innerhalb des Konzerns und zu Mehrfachbesteuerungen kommen, die den Intentionen des Steuerrechts, den Grundprinzipien einer gerechten und gleichmäßigen Besteuerung widersprechen. Im Falle eines internationalen Konzerns führt das u.U. zu endgültigen Veränderungen des nationalen Steuersubstrats.

Deswegen kommt es für beide Seiten, den steuerzahlenden Konzern und die steuererhebende Behörde, entscheidend darauf an, den Umfang und die Grenzen des Gestaltungsfreiraums zu kennen, den das nationale und internationale Steuerrecht absteckt. Das führt zu Rechtssicherheit, das gibt Gestaltungsfreiheit.

8.1 Das Problem: Null - bzw. Doppelbesteuerung als Folge von Gewinnverschiebungen zwischen Schwestergesellschaften

Ein besonders interessanter Teilbereich der Besteuerung von Konzernen sind die Geschäftsbeziehungen zwischen Schwestergesellschaften. Sie sind nicht unmittelbar voneinander abhängig, sondern werden von einem Dritten, von ihrer gemeinsamen Obergesellschaft beeinflußt. Das vom Steuerrecht entwickelte Instrumentarium für Gewinnberichtigungen bei gesellschaftsrechtlicher Beeinflussung von Vertragsbedingungen paßt nicht. Sowchl die vGA wie die vE sind auf die Zweierbeziehung zwischen Gesellschaft und Gesellschafter zugeschnitten. Das Dreiecksverhältnis zwischen der Muttergesellschaft und den beiden Töchtergesellschaften erschwert die stl. Beurteilung.

Die Rspr. erlaubt Gewinnberichtigungen nur in begrenztem Umfang. Bei durch Konzernverbundenheit verursachten Vorteilszuwendungen zwischen Schwestergesellschaften nimmt sie grundsätzlich eine vGA von S1 an M an.[381] Eine entsprechende vE der M bei S2 wird aber nur zugelassen, wenn die Zuwendung zu einer Bilanzvermögenserhöhung bei S2 führt.[382] In anderen Fällen, also bei der Zuwendung von Nutzungen und Leistungen und sonstigen immateriellen WG, steht der durch die vGA verursachten Einkommenserhöhung bei S1 keine entsprechende Einkommensminderung bei S2 gegenüber.[383] Das führt zu einer unverständlichen Diskrepanz der stl. Auswirkung vergleichbarer Tatbestände.[383a]

Das ist der Schwerpunkt der folgenden Überlegungen. Es soll nach einer Lösung gesucht werden, die alle Fälle unüblicher Vorteilszuwendungen unter Schwestergesellschaften gleich behandelt, unabhängig davon, ob der Vorteil in einer Nutzung oder Leistung, einem materiellen oder immateriellen WG besteht und ob er unmittelbar oder über einen Dritten zugewendet wird. Letztlich stellt sich die Frage, ob Vorteilszuwendungen im Konzern überhaupt noch steuerlich greifbar sind, oder ob es sich nicht vielmehr um Gewinnverlagerungen handelt, die als wirtschaftliche und rechtliche Fakten von der Rechtsordnung akzeptiert werden müssen.

8.2 Begriffe

8.2.1 Der Konzern

Ein Konzern ist ein Unternehmen, in dem einzelne

381) BFH 82,631; 81,612; 77,574; 77,571; 75,21; 73,449; 69,243.

382) BFH 73,449; 69,243; 68,720.

383) BFH 82,631; 81,612; 75,553; 71,408; 62,338.

383a) Belastungsvergleiche finden sich bei Fuchs-Lempenau BB 82, S.484 und Blumenauer DB 84, S. 1264.

Tätigkeitsbereiche rechtlich mehr oder weniger verselbständigt werden. Das geschieht durch Gründung eigener Gesellschaften, deren Rechtsform wechselt. Diese ausgegliederten Gesellschaften werden von der Konzernspitze beherrscht, bei der die zentrale Willensbildung des Unternehmens stattfindet.

Das Aktiengesetz definiert den Konzern in § 18 Abs. 1 S. 1 als Zusammenfassung eines herrschenden und eines oder mehrerer abhängiger Unternehmen unter der einheitlichen Leitung des herrschenden Unternehmens. Als abhängige Unternehmen gelten rechtlich selbständige Unternehmen, auf die ein anderes Unternehmen unmittelbar oder mittelbar einen beherrschenden Einfluß ausüben kann (§ 17 Abs. 1 AktG). Die Beherrschung kann auf rechtlichen oder tatsächlichen Gründen beruhen. Sie liegt z.B. vor, wenn ein Beherrschungsvertrag (§ 219 AktG) abgeschlossen worden ist oder wenn das abhängige Unternehmen i.S.v. § 319 AktG eingegliedert ist. Sie wird vermutet, wenn ein Unternehmen in Mehrheitsbesitz eines anderen Unternehmens steht (§ 17 Abs. 2 AktG). Das entscheidende Tatbestandsmerkmal ist die einheitliche Leitung. Sie genügt sogar, wenn keine Abhängigkeit im rechtlichen Sinn vorliegt (§ 18 Abs. 2 AktG).[384)]

8.2.2 Das klassische Dreiecksverhältnis

Die einfachste Form eines Konzerns ist das Dreiecksverhältnis, das eine M mit zwei T bildet. Die M ist die Konzernspitze, die zwei T sind von ihr abhängig.

384) Zu einer ähnlichen Begriffsbestimmung kommt BFH 83,446 für das Steuerrecht.
Zum Konzernberiff im wirtschaftlichen Sinn vgl. Niemann aaO, S. 5 ff. und Liefmann aaO.

Dieses Dreiecksverhältnis kann verschieden ausgestaltet sein. Es besteht die Möglichkeit, daß verschiedenartige Gesellschaften beteiligt sind, daß die Beteiligungsverhältnisse verschieden sind, es können weitere Gesellschafter beteiligt sein usw. Die Grundform, die den weiteren Überlegungen als Modell zugrundeliegt, ist ein Dreieck, bestehend aus drei gleichartigen Kapitalgesellschaften [385], wobei eine dieser drei Gesellschaften Alleingesellschafter der beiden anderen ist. Diese Grundform wird hier als klassisches Dreieck bezeichnet. Das ergibt folgendes Bild:

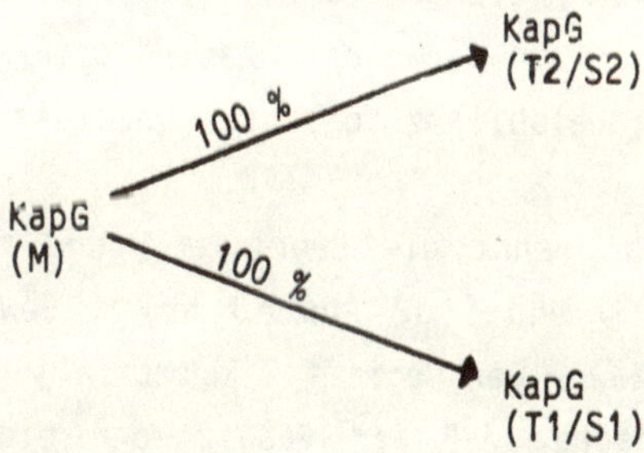

Wenn es nötig wird, im Rahmen der folgenden Untersuchung auf Abwandlungen dieses Grundmodells einzugehen, wird darauf ausdrücklich hingewiesen (s.u. 9).

8.2.3 Muttergesellschaft, Tochtergesellschaft, Schwestergesellschaft

Die Anknüpfung der Begriffe an verwandtschaftliche Verhältnisse unter natürlichen Personen erleichtert das Verständnis im allgemeinen Sprachgebrauch erheblich, weil es die Abhängigkeiten zwischen den Gesellschaften deutlich macht. Gleichzeitig muß man aber darauf

385) i.S.v. § 1 KStG

hinweisen, daß es keine allgemeingültige, verbindliche Definition dieser Begriffe gibt.

Das Handelsrecht spricht von "verbundenen Unternehmen" (§ 15 AktG). Es unterscheidet "in Mehrheitsbesitz stehende Unternehmen" und "mit Mehrheit beteiligte Unternehmen" (§ 16 AktG), abhängige und herrschende Unternehmen (§ 17 AktG), Hauptgesellschaften und eingegliederte Gesellschaften (§§ 319 f. AktG) und Konzernunternehmen (§ 18 AktG). Die Begriffe M, T, S werden weder vom Aktiengesetz noch von anderen handelsrechtlichen Gesetzen verwendet; man hält ihre Verwendung in der Handelsbilanz sogar für unzulässig.[386)]

Das Steuerrecht nennt die Begriffe T und M in § 26 KStG, § 9 Nr. 7 und § 12 Abs. 3 Nr. 4 GewStG und § 102 Abs. 2 BewG. Der Begriff T kommt in § 3 AuslInvG vor. Die Tatsache, daß der Gesetzgeber die Begriffe im Steuerrecht selbst definiert, zeigt, daß es sich nicht um feststehende Begriffe mit eindeutigem Sinngehalt handelt. Die Definitionen können nicht als verbindlich für andere Bereiche übernommen werden.

Deswegen ist es möglich, im Rahmen dieser Arbeit von eigenen Definitionen auszugehen. Diese Definitionen decken sich mit dem allgemeinen Sprachgebrauch.[387)]

- M ist eine Kapitalgesellschaft[388)] mit beherrschendem Einfluß auf eine andere Kapitalgesellschaft (= T).

386) Adler-Düring-Schmaltz aaO § 151, 171: "Begriffe wie T, M, Organgesellschaft dürften im Hinblick auf den Beschluß des BGH v. 31.4.65 II ZB 8/65 nicht mehr zulässig sein."

387) vgl. z.B. Creifelds Rechtswörterbuch

388) Der Begriff wird hier auf Kapitalgesellschaften beschränkt, aber natürlich könnte auch eine Personengesellschaft diese Funktion übernehmen.

Das entscheidende Merkmal ist der beherrschende Einfluß. In Anlehnung an § 17 Abs. 2 AktG kann ein beherrschender Einfluß jedenfalls dann angenommen werden, wenn M unmittelbar oder mittelbar die Mehrheit der Stimmrechte an T hat. Bei geringerer Beteiligung muß auf andere Weise sichergestellt sein, daß T vom Willen der M abhängig ist, z.B. durch Unternehmensvertrag.

- Schwestergesellschaften sind zwei oder mehrere Kapitalgesellschaften, die von denselben Gesellschaftern beherrscht werden.

Auch hier ist der beherrschende Einfluß, der von der gemeinsamen M unmittelbar oder mittelbar ausgübt werden kann, das wesentliche Tatbestandsmerkmal. Nur so läßt sich eine Kongruenz der Definitionen von M und T erreichen. [389]

Zu diesen Definitionen muß unter dem Aspekt stl. Gewinnberichtigungen angemerkt werden, daß für Berichtigungen nur solche M und T in Betracht kommen, die durch Beteiligungen miteinander verbunden sind. Das ist die Grundvoraussetzung für jede vGA bzw. vE. Eine tatsächliche Beherrschung genügt nicht. Anknüpfungspunkt ist die gesellschaftsrechtliche Verbundenheit zwischen Gesellschaft und Gesellschafter.

8.2.4 Vorteilszuwendungen

Die gesellschaftliche Verbundenheit zwischen Schwestergesellschaften bringt es mit sich, daß gelegentlich

389) Die st. Rspr. des BFH beschränkt sich darauf, Schwestergesellschaften als Gesellschaften zu bezeichnen, an denen dieselben Personen beteiligt sind (BFH 69,243). Meist wird der Begriff in den Urteilen einfach als bekannt vorausgesetzt (BFH 82,631; 81,612; 71,408; 62,338; 61,460).

von einer Gesellschaft an die andere Leistungen erbracht werden, die nicht wie unter Fremden abgerechnet werden. Es gibt zwei Grundtypen:

- S1 erbringt eine Leistung an S2, ohne dafür eine angemessene Vergütung zu bekommen,
- S2 erbringt eine Leistung an S1 und erhält dafür eine überhöhte Vergütung.

Beiden Fallgruppen ist gemeinsam, daß ein ordentlicher und gewissenhafter Geschäftsführer diese Geschäfte mit einem Fremden nicht oder nicht so abgewickelt hätte. Die Unausgewogenheit hat ihre Ursache in der gesellschaftlichen Verbundenheit, die über die gemeinsame M besteht.

Die Zuwendung ist nur dann für das Handelsrecht und das Steuerrecht interessant, wenn es sich um einen Vermögensvorteil handelt. Das ist jeder Vorteil, der im Wirtschaftsleben einen Wert hat und dessen Wert in Geld meßbar ist. Er kann materiell oder immateriell sein. Er kann mit einer Übertragung des Eigentums bzw. der Berechtigung verbunden sein oder nur in der Nutzung bestehen. Er kann in einer menschlichen Leistung liegen, die im Wirtschaftsleben ihren Preis hat. Eine abschließende und vollständige Aufzählung solcher Vorteilszuwendungen ist bei der Vielgestaltigkeit des Wirtschaftslebens nicht möglich.

Eine Zuwendung liegt vor, wenn das Vermögen der begünstigten S vermehrt wird. Unerheblich ist, ob die Zuwendung in der Bilanz sichtbar wird. Gleichzeitig muß das Vermögen der zuwendenden S vermindert werden. Hierbei kommt es auf die bilanzmäßige Auswirkung ebenfalls nicht an.

Der Schwerpunkt der weiteren Überlegungen liegt auf der Zuwendung von Vorteilen, die in einer Nutzung oder Leistung bestehen.

8.3 Auswirkung auf das Vermögen der drei beteiligten Gesellschaften

Bevor man sich über die stl. Gewinnauswirkungen einer Vorteilszuwendung zwischen Schwestergesellschaften Gedanken macht, muß man die Auswirkungen der Zuwendung auf das Vermögen der drei beteiligten Gesellschaften prüfen. Das erfordert § 4 Abs. 1 S. 1 EStG, der den Vermögensvergleich zur Basis für die Gewinnermittlung macht. Die folgende Betrachtung der vermögensmäßigen Auswirkung von Vorteilszuwendungen zwischen S im Dreieck läßt die Bilanzierungsgrundsätze, die sich aus dem Handelsrecht und dem Steuerrecht ergeben, zunächst außer Betracht. Bilanzierung und Bewertung sind weitere Schritte, die erst gemacht werden können, wenn die tatsächlichen Auswirkungen auf das Vermögen feststehen. Der letzte Schritt ist dann die Überlegung, welche Auswirkung die Vorteilszuwendung auf das Einkommen der beteiligten Gesellschaften hat.

Betrachtet man zunächst also die Auswirkung der Vorteilszuwendung auf das tatsächliche (nicht bilanzierte !) Vermögen der drei beteiligten Gesellschaften, kommt man zu der klaren Aussage, daß der Vorgang als solcher im klassischen Dreieck (s.o. 8.2.2) insgesamt vermögensneutral ist. Das muß so sein, weil sich das Vermögen der Tochtergesellschaften in den Beteiligungen der M wiederspiegelt. Wenn das Vermögen einer T zu Lasten der anderen T vermehrt wird, hat sich das Vermögen beider T zusammen nicht verändert. Ebensowenig hat sich der zusammengerechnete Wert beider Beteiligungen bei M verändert. Hatten z.B. beide T vor der Zuwendung ein Vermögen von je 50, also zusammen 100, so hatte auch M Beteiligungen von je 50, also zusammen 100. Wendet T1 der T2 einen Vermögenswert von 5 zu, vermindert sich das Vermögen von T1 auf 45, das Vermögen von T2 vermehrt sich auf 55. Die Veränderung spiegelt sich bei M entsprechend in den Beteiligungen wieder: Die Beteiligung an T1 ist jetzt ebenfalls nur noch 45, die an T2 dagegen 55 wert.

> Fazit: Vorteilszuwendungen zwischen Schwestergesellschaften verändern das Vermögen im Dreieck insgesamt nicht, sondern nur die Gewichtung wird anders.[390)]

Dieses Ergebnis läßt sich am leichtesten im Fall der unentgeltlichen Übertragung von materiellen Vermögensgegenständen veranschaulichen. Die unentgeltliche oder verbilligte Übertragung eines Grundstücks von einer S auf die andere macht S1 ärmer und S2 reicher. Bei M gleichen sich die Veränderungen über die Saldierung der Beteiligungswerte wieder aus, ihr Vermögen ändert sich nicht.

Nicht ganz so offensichtlich ist es im Fall von Nutzungen und Leistungen, die von S1 auf S2 übertragen werden. Nimmt man den Fall eines zinslosen Darlehens

390) Ebenso Pezzer StuW 75, S. 222 (231); Glade in GmbHR 63, S.81 (84) sagt, es wandere nur Vermögen von einer Tasche in die andere.

von S1 an S2, zeigt sich am Ende aber wieder das gleiche Bild. Es kommt nicht einmal darauf an, ob der Zinsverzicht von vornherein oder erst nachträglich ausgesprochen wird. Folgende Beispiele zeigen das deutlich:

Falll 1:

S1 gibt S2 ein Darlehen über 100.000. Das Darlehen beruht auf einem Vertrag, in dem wie unter Fremden die Verzinsung und Rückzahlung geregelt ist. Am Jahresende erläßt S1 der S2 die bis dahin entstandene Zinsforderung i.H.v. 10.000.

Lösung:

Das Vermögen der S1 verringert sich infolge des Zinsverzichts	- 10.000
Das Vermögen der S2 vermehrt sich durch den Erlaß der Zinsverbindlichkeit	+ 10.000
Das Vermögen der M bleibt unverändert. Zwar steigt der Wert ihrer Beteiligung an S2	+ 10.000
gleichzeitig vermindert sich der Wert der Beteiligung an S1	- 10.000

Fall 2:

S1 gibt S2 ein Darlehen über 100.000. Das Darlehen beruht auf einem Vertrag, in dem von vornherein auf Zinsen verzichtet wird, der aber die Rückzahlung regelt. Auf diese Weise entgehen S1 marktübliche Zinsen i.H.v. jährlich 10.000.

Lösung: Die unentgeltliche Nutzung des Kapitals ist ein geldwerter Vorteil für S2[391] und gleichzeitig ein entgangener Vorteil für S1. Für M ergibt sich keine Vermögensänderung.

Die Fälle zeigen, daß auch bei der unentgeltlichen Übertragung von Nutzungen und Leistungen im gesamten Dreieck keine Vermögensänderung entsteht, solange mit der Zuwendung keine Aufwendungen verbunden sind.

8.4 Auswirkung auf die Handelsbilanz und die Steuerbilanz der drei beteiligten Gesellschaften

Auch jetzt bleiben die Auswirkungen auf den stl. Gewinn und das versteuernde Einkommen noch außer Betracht. Die Handelsbilanz ist die Vermögensübersicht, die nach den Bilanzierungs- und Bewertungsvorschriften des Handelsrechts erstellt wird, die Steuerbilanz ist dasselbe aus der Sicht des Steuerrechts. Beide Bilanzen

391) Zur wirtschaftlichen und rechtlichen Qualifikation einer Nutzung als geldwerter Vorteil und als WG s.o. 4.1.

geben das jeweilige Vermögen wieder, das nach den einschlägigen Vorschriften sichtbar gemacht werden darf und muß. Das deckt sich nicht notwendig mit dem tatsächlichen Vermögen, von dem eben (8.3) die Rede war. Handelsrecht und Steuerrecht kennen Vorschriften, die dazu führen, daß bestimmte Vermögensgegenstände in der Bilanz nicht erscheinen oder nicht mit ihrem vollen Wert angesetzt werden. Wendet also eine S der anderen einen Vermögensgegenstand zu, der weder bei ihr noch bei der anderen bilanziert werden darf, hat sich zwar das tatsächliche Vermögen der beiden S geändert. Die Vermögensänderung ist aber in der Bilanz nicht sichtbar geworden.

Die Handelsbilanz und die Steuerbilanz haben somit einen begrenzten Aussagewert über die Veränderung des tatsächlichen Vermögens infolge von Zuwendungen. Trotzdem ist es wichtig, die Bilanzauswirkungen der Vorteilszuwendung zu untersuchen, weil die Steuerbilanz die Basis für die stl. Gewinnermittlung ist und weil die Steuerbilanz weitgehend von der Handelsbilanz abhängt (Grundsatz der Maßgeblichkeit der Handelsbilanz). Eine genaue Untersuchung der bilanzmäßigen Auswirkungen zwingt zu klaren Aussagen für die stl. Rechtsfolgen. Voraussetzung ist eine zivilrechtliche Bestandsaufnahme von möglichen Ansprüchen, die sich im Dreiecksverhältnis auf Grund der Vorteilszuwendung zwischen den Schwestergesellschaften ergeben. Dadurch entgeht man der Versuchung, sofort mit außerbilanzmäßigen Zu- oder Abrechnungen stl. Folgen zu konstruieren. Falls sich bilanzmäßige Auswirkungen bei M als Folge der Vorteilszuwendung zwischen den S feststellen lassen, ergibt sich ein handfester Beweis dafür, daß die im

Steuerrecht bevorzugte Dreieckskonstruktion nicht auf einer Fiktion beruht.

Bilanzauswirkungen sind ganz konkrete Fakten, die schwarz auf weiß festgehalten werden. Es bietet sich somit an, die Auswirkungen der Vorteilszuwendungen mit Hilfe einiger typischer Fälle nachzuvollziehen. Diese Fälle bilden das Anschauungsmaterial für die weiteren Überlegungen.

<u>Fall 1:</u> Verbilligte Übertragung eines aktiven materiellen Vermögensgegenstands

S1 übereignet S2 ein Grundstück. Als Kaufpreis wird der Wert vereinbart, mit dem das Grundstück in der Bilanz von S1 enthalten ist. Dieser Buchwert beträgt 100.000, der tatsächliche Wert (gemeiner Wert zugleich Teilwert) beträgt 150.000.

<u>Fall 2:</u> Unentgeltliche Übertragung eines immateriellen WG

S1 überläßt S2 unentgeltlich ihren Kundenstamm, der als selbstgeschaffenes immaterielles WG nicht in ihrer Bilanz enthalten war.

<u>Fall 3:</u> Zinsloses Darlehen

S1 gibt S2 ein zinsloses Darlehen. Dadurch erspart sich S2 die marktüblichen Zinsen. S1 finanziert das Darlehen mit Eigenmitteln.

<u>Fall 4:</u> Unentgeltliches Nutzungsrecht an einem bebauten Grundstück

S1 räumt S2 unentgeltlich einen Nießbrauch an einem bebauten Grundstück für die Dauer von 10 Jahren ein, trägt aber weiterhin die Kosten für das Grundstück.

Fall 5: Unentgeltliche Verleihung von Arbeitskräften

S1 stellt S2 für ein halbes Jahr unentgeltlich einen Experten zur Verfügung, der einen neuen Produktionsgang einführen und überwachen soll. Das Gehalt wird in der Zeit weiter von S1 bezahlt.

Bei allen Fällen soll unterstellt werden, daß es für die Vorteilszuwendungen keinen anderen Grund gibt als die Konzernverbundenheit, die sich in den Anweisungen der M an S1 manifestiert. Betriebliche Gründe, wie sie unter Fremden denkbar sind, sollen ausscheiden.

8.4.1 Auswirkung auf S1

Eine Bilanzauswirkung tritt nur ein, soweit ein aktiviertes WG abgegeben wird oder ein Passivposten neu gebildet werden muß.[392] Darunter fallen die Übereignung von aktivierten Vermögensgegenständen[393], der Forderungsverzicht[394], die Übernahme bzw. Bezahlung von Verbindlichkeiten und die Verlustübernahme.

In diese Gruppe gehört Fall 1, bei dem allerdings im Ergebnis keine Änderung des Bilanzvermögens eintritt, weil dem Abgang des Buchwerts der Zugang des Kaufpreises gegenübersteht.

392) Das sind die Fälle, in denen auch der BFH zu einer vE bei S2 kommt: s.o. FN 382

393) BFH 82,831; 73,449; 69,243.

394) BFH 77,571; 68,720; RFH 36,951.

Überträgt S1 ein nicht aktiviertes immaterielles WG auf S2, ohne daß eine Gegenleistung erbracht wird, verändert sich das Bilanzvermögen nicht.[395] So ist es im Fall 2

Die Abgabe einer Nutzung verändert das Bilanzvermögen nicht. Dies ist beim zinslosen Darlehen deutlich zu sehen (Fall 3). Außer der Darlehensforderung selbst muß beim Darlehensgeber nichts aktiviert werden. Er hat insbesondere keinen Anspruch nach § 812 BGB, weil die Vereinbarung der Zinslosigkeit auf dem Darlehensvertrag beruht.

Die Bewertung des Grundstücks incl. Gebäude im Fall 4 hängt davon ab, ob man in der Nießbrauchsbestellung eine nicht nur vorübergehende Wertminderung sieht, die zu einer direkten oder indirekten Abschreibung führt. Das würde zu einer Teilwertabschreibung des Grundstücks oder zu einer Passivierung der Nießbrauchslast i.H.d. Ertragswerts führen. Per Saldo wäre nur noch der Vermögenswert des Grundstücks bilanziert.[396]
Die stl. Behandlung des Nießbrauchsverpflichteten hängt eng mit der Behandlung des Nießbrauchsberechtigten zusammen (s.u. 8.4.2). Vertritt man wie hier die Auffassung, daß die Abgabe einer Nutzung oder Leistung ein Dauervorgang ist, darf am Jahresende kein Passivposten gebildet werden, weil sich das BV laufend durch Unkosten und AfA und nicht einmalig durch eine kapitalisierte Belastung vermindert. Der Wert des Gebäudes nimmt durch die laufende Abnutzung allmählich ab, der Wert des Grund und Bodens bleibt unverändert.

395) BFH 75,553

396) Ebenso Söffing FR 75, S. 361 (417).

Dabei spielt es keine Rolle, ob die Nutzung auf einem dinglichen oder obligatorischen Nutzungsrecht beruht. Dasselbe gilt bei einer unverbindlichen Nutzungsüberlassung, bei der die Bilanzauswirkung genau so ist wie bei der unentgeltlichen Nutzungsentnahme durch Familienangehörige aus dem Betrieb eines Einzelunternehmers: Sie löst keine Teilwertabschreibung des benutzten Gegenstands aus.

Die Abgabe einer Leistung aus dem BV wirkt sich auf die Bilanz nicht aus. Im Fall 5 mindert sich das BV nur um den Gehaltsaufwand.

8.4.2 Auswirkung auf S2

Es wäre einfach, wenn man sagen könnte, daß die Bilanzauswirkungen zwischen S1 und S2 spiegelbildlich sind. Zu dieser Lösung neigt man zunächst, vor allem wenn man den Fall 1 betrachtet. S2 kauft das Grundstück zum Buchwert ab. Dadurch tritt eine Aktivmehrung beim Grundvermögen ein, der die Kaufpreisverpflichtung in gleicher Höhe gegenübersteht. Auf diese Weise ergibt sich per Saldo keine Auswirkung auf das Bilanzvermögen von S2. Problematisch wird diese Lösung jedoch, wenn man an eine vollkommen unentgeltliche Übereignung denkt. In diesem Fall besteht nach h.M. im Handelsrecht ein Wahlrecht der S2, das Grundstück mit den tatsächlichen AK (= Null) oder mit dem echten Wert anzusetzen.[397] Die Steuerbilanz wäre über die Maßgeblichkeit der Handelsbilanz an diese Bewertung gebunden, sofern keine anders lautenden stl. Vorschriften bestehen. Kommt man über das Steuerrecht zu dem Ergebnis, daß

397) s.o. FN 273 und 274.

die Übereignung kein Anschaffungsgeschäft, sondern eine Einlage ist, gilt § 6 Abs. 1 Nr. 5 EStG. Das würde bedeuten, daß das Grundstück regelmäßig mit dem Teilwert anzusetzen ist. Dieser Auffassung wird hier der Vorzug gegeben (s.o. 6.2.3).

Dasselbe Problem stellt sich bei der Übertragung eines bisher nicht aktivierten immateriellen WG (Fall 2). Nach § 153 Abs. 3 AktG darf ein unentgeltliches immaterielles WG nicht bilanziert werden. Die Bilanzierung in der Steuerbilanz hängt davon ab, ob man § 5 Abs. 2 EStG anwendet und damit ebenfalls zum Aktivierungsverbot kommt.[398] Aber auch hier gehen die Vorschriften über die Bewertung von Einlagen vor. Das bedeutet, daß der Kundenstamm in der Steuerbilanz mit seinem echten (schwer feststellbaren!) Wert (= Teilwert) anzusetzen ist.

Infolge der unentgeltlichen Nutzung des zur Verfügung gestellten Kredits (Fall 3) tritt keine Veränderung des Bilanzvermögens ein. Die Nutzung ist zwar ein Vermögensvorteil, der grundsätzlich geeignet ist, das BV zu erhöhen.[399] Es wird aber weder in der Handelsbilanz noch in der Steuerbilanz zu einer Erhöhung des Aktivvermögens am Bilanzstichtag kommen, weil sich der zugewendete Vorteil fortwährend verbraucht.

Im Fall 4 kommt es darauf an, ob ein Nutzungsrecht aktivierungsfähig ist. Das wird für das Handelsrecht bejaht.[400] Es kommt nicht darauf an, ob es dinglich

398) so BFH 75,553 im Bereich der KSt, anders BFH 80,244 u. 83,739 für die ESt.

399) Ebenso Ranft StBJB 72/73, S. 311.

400) s.o. FN 275

gesichert ist. Hält man die Bilanzierung auch nach Steuerrecht für zulässig[401], erhöht sich das Steuerbilanzvermögen, soweit am Bilanzstichtag das Recht noch nicht verbraucht ist. Im Fall des Nießbrauchs spricht der BFH von einer Abspaltung des dinglichen Nutzungsrechts aus dem Eigentum.[402] Er meint, infolge der Abspaltung entstehe ein selbständiges, einlagefähiges WG. S1 könnte durch die unentgeltliche Überlassung des Nießbrauchs an S2 nur noch den Substanzwert der Sache bilanzieren, während S2 den Ertragswert in Form des Nutzungsrechts ausweisen müßte.[403] Das StB-Vermögen von S2 wäre dadurch erhöht. Die hier vertretene Auffassung führt dagegen dazu, bei S2 eine Einlage in Form einer kontinuierlichen Nutzungszuführung anzunehmen, die sich sofort verbraucht. Es spielt dabei keine Rolle, ob die Nutzung aufgrund eines Nutzungsrechts oder freiwillig überlassen wird. Eine Aktivierung am Jahresende wird damit hinfällig.

Die Zuführung der Leistung in das BV der S2 erhöht im <u>Fall 5</u> das Bilanzvermögen am Jahresende ebensowenig

401) Für den Bereich der ESt st. Rspr.: BFH 83,739; 83,736; 83,735; 82,594; 81,68; 80,244; 79,401; 78,386

402) BFH 83,739; 83,736; 83,735; 74,481

403) Die Bewertung des Nießbrauchsrechts macht Schwierigkeiten. Man muß den Wert feststellen, den das Nuztungsrecht aus der Sicht des Betriebs am Bilanzstichtag hat. Das ist der Wert der künftigen Nutzungsmöglichkeit. Dieser Wert ist auf den ersten Blick identisch mit der Summe der Mieten. Wirtschaftlich ist der Betrieb genauso gestellt, als habe er für diese Zeit die Miete vorausbezahlt. Für eine Abzinsung besteht kein Anlaß, weil das Nutzungsrecht nicht mit einer unverzinslichen Kapitalforderung gleichzustellen ist. Vgl. zu dieser Problematik auch Trzaskalik StuW 83,126. Der BFH bewertet in 83,739 das Nießbrauchsrecht mit den Kosten, die beim Eigentümer im Zusammenhang mit der Nutzung entstehen, also insbesondere mit dessen AfA.

wie eine Nutzung. Diese Leistung verbraucht sich auch sofort wieder, wenn sie nicht ausnahmsweise einem bestimmten selbsthergestellten WG als Kostenfaktor zuzuordnen ist und auf diese Weise in die HK dieses WG eingeht. Ist das WG am Bilanzstichtag noch vorhanden, ist die Leistung damit in den HK des WG aktiviert.

8.4.3 Auswirkung auf M

Die Vorteilszuwendungen zwischen Schwestergesellschaften berühren das bilanzierte BV der M nicht unmittelbar. Die eigentliche Vermögensbewegung findet ja nur zwischen den Schwestergesellschaften statt. Eine mittelbare Auswirkung auf das Bilanzvermögen der M könnte dadurch erfolgen, daß die Beteiligungen an den beiden Tochtergesellschaften auf- oder abgewertet werden. Das würde zu einer sichtbaren Veränderung des Bilanzvermögens führen.

Zunächst bietet sich der Gedanke einer Saldierung von Vorteil und Nachteil bei M an. Die Saldierung verstößt jedoch gegen das Prinzip der Einzelbewertung. Jede Beteiligung muß für sich bewertet werden. [404)]

Hinsichtlich der Beteiligung an S1 kommt nur eine Abwertung in Betracht. Rein vermögensmäßig schlägt eine Vermögensminderung, die bei S1 infolge der Zuwendung eintritt, automatisch auf den realen Wert der Beteiligung durch (s.o. 8.3). Sowohl nach Handelsrecht

404) So auch BFH 73,449, wo darauf hingewiesen wird, daß eine Saldierung des Vorteils der vGA mit der durch die Ausschüttung verbundenen Wertminderung der Beteiligung an S1 und mit dem Aufwand für die Einlage bei S2 nicht zulässig ist.

als auch unter Anwendung der stl. Bewertungsvorschrift des § 6 Abs. 1 Nr. 2 EStG dürfte eine Abwertung jedoch in aller Regel unzulässig sein. Sie könnte nur durchgeführt werden, wenn durch die Zuwendung der Wert der Beteiligung unter den Buchwert absinken würde.[405)]

Umgekehrt kommt für die Beteiligung an S2 eine Wertsteigerung infolge der Zuwendung in Frage. Diese Wertsteigerung darf nach den Bilanzierungsvorschriften des Steuerrechts nur dann zu einer Aufstockung des Bilanzansatzes führen, wenn ihr AK oder HK gegenüberstehen. Es ist schon schwierig, bei einer unmittelbaren Zuwendung des Gesellschafters an die Gesellschaft mit den Begriffen AK/HK zurechtzukommen (s.o. 6.2.2). Um so schwieriger wird es im Dreieck, wo der Gesellschafter keine unmittelbare Aufwendung tätigt.

8.4.3.1 Die Rechtsprechung

Der BFH geht davon aus, daß bei M durch die Zuwendung von S1 an S2 eine Aktivmehrung eintritt, falls sich durch die Zuwendung auch bei S2 das Bilanzvermögen erhöht. Die Erhöhung des Aktivvermögens führt zu Gewinn. Die Vermögenserhöhung soll als Aufstockung der Beteiligung an S2, die Gewinnauswirkung als Beteiligungsertrag von S1 in Form einer vGA sichtbar werden. Als Begründung findet man in den Urteilen aber immer nur den Hinweis auf die vGA, die sich aus der Werterhöhung der Beteiligung an S2 und den erhöhten Gewinnchancen

405) Falls die Zuwendung eine vGA ist, wäre das eine sog. ausschüttungsbedingte Teilwertabschreibung. Vgl. dazu BFH 73,449 und 70,107.

ergeben soll.[406] Der BFH geht immer davon aus, daß es für die Annahme einer vGA genüge, wenn dem Gesellschafter irgend ein geldwerter Vorteil zufließt. Das Gericht macht sich aber nicht die Mühe, die Gewinnauswirkung beim Gesellschafter unter Anwendung der Formel des § 4 Abs. 1 S. 1 EStG zu überprüfen. Wenn der Bilanzansatz der Beteiligung an S2 erhöht wird, muß das eine Auswirkung auf den Vermögensvergleich haben. Vergeblich sucht man in den Urteilen auch einen Hinweis auf die Vorschrift des § 6 Abs. 1 Nr. 2 EStG, nach der die Beteiligung an S2 bewertet werden muß. Interessant ist, wie der BFH in diesem Zusammenhang auf die Fiktionstheorie zurückgreift, ohne sich zu ihr zu bekennen.[407] Gerade der Hinweis auf den abgekürzten Zahlungsweg in 82,631, der vom BFH nicht mit der Fiktionstheorie verbunden wird, zeigt deutlich die Schwierigkeit, unzulässige Fiktionen und wirtschaftliche Betrachtungsweise auseinander zu halten. Es kann jedenfalls festgestellt werden, daß der BFH keine klare, auf die Bilanzierungs- und Bewertungsvorschriften bezogene Begründung

406) BFH 69,243: "Dieser Vorteil kam aber gleichzeitig den Gesellschaftern der Stpfl. (= S1 - eigene Anm.) zugute. Da diese auch Gesellschafter der (anderen) Gesellschaft waren, erlangten sie im Wege einer vE, vollzogen mit den Mitteln der Stpfl., eine Erhöhung des Werts ihrer Beteiligung." ... "Ein unzulässiger Durchgriff durch die Rechtsform der jur. Person liegt darin nicht, daß der Vorteil der Gesellschaft zugleich als Vorteil ihrer Gesellschafter gewertet wird."
BFH 71,408: Der Vorteil, den S2 erlangt, kommt "den Gesellschaftern vermittels ihrer Beteiligung am Gewinn und am Vermögen" der S2 zugute.

407) BFH 71,408: "Der Senat trägt keine Bedenken, die Sache mit dem FG und dem BdF so anzusehen, daß die S1 den Vorteil den Gesellschaftern gewährt und daß diese den Vorteil an die S2 weitergeben. In dieser Betrachtung liegt weder eine Unterstellung (Fiktion) noch ....."

für die Aufstockung des Bilanzansatzes der Beteiligung anbietet.

8.4.3.2 Literatur

Auch in der Literatur findet man kaum Erörterungen darüber, wie sich die Zuwendung zwischen Schwestergesellschaften auf die Bilanz der M auswirkt. Man begnügt sich i.d.R. mit der Feststellung, daß die vGA das Einkommen der M erhöht. Knobbe-Keuk [408] sieht bei Zuwendungen zwischen Schwestergesellschaften keine Möglichkeit, das Beteiligungskonto bei M zu erhöhen. Sie wendet sich dagegen, daß bei M über die Aufstockung des Beteiligungskontos ein Gewinn realisiert wird, der auf einer Leistung der S1 beruht. Der nicht realisierten Erhöhung des Werts der Beteiligung an T2 entspräche die Verminderung des Werts der Beteiligung an T1, so daß insgesamt die Vermögenslage der M überhaupt nicht berührt werde. Schneider schreibt in seiner Dissertation [409]: "Ausschlaggebend für die Annahme einer vE und damit für die Berechtigung der Dreieckstheorie kann nur sein, daß M einen Verzicht auf die Gegenleistung seitens der begünstigten S veranlaßt und sich auf diese Weise von ihrer vertraglichen oder sonstigen Verpflichtung gegenüber der (zuwendenden) S befreit. Die möglichen Wertänderungen der Beteiligungen an beiden S müssen für diese im Weg der Einzelbetrachtung festgestellten Vorteile ohne Bedeutung bleiben."

8.4.3.3 Die Finanzverwaltung

Die Finanzverwaltung kommt für den Fall, daß im Dreiecks-

408) Knobbe-Keuk § 19 II 3

409) Diss., S. 375

verhältnis eine vE anzunehmen ist, zu einer Aufstockung des Beteiligungswerts.[410)]

8.4.3.4 Eigene Meinung

Der tatsächliche Aufwand der M liegt in der Vermögenseinbuße der T1, die diese durch die Zuwendung an T2 erleidet. Dadurch vermindert sich der Beteiligungswert an T1. Die Bilanzierungsschwierigkeit liegt darin, daß dieses Vermögensopfer in der Bilanz nicht sichtbar werden kann, weil wegen der Zuwendung eine Teilwertabschreibung auf die Beteiligung an T1 praktisch nie zulässig ist. Die Kernfrage lautet, ob § 6 Abs.1 Nr.2 EStG eine Aufstockung des Beteiligungswerts an T2 infolge der Zuwendung von T1 an T2 erlaubt, obwohl M selbst nichts geleistet und damit keine bilanzmäßig nachweisbare Aufwendung für die Beteiligung an T2 gemacht hat.

Ein nachweisbarer Aufwand der M könnte dadurch entstehen, daß T1 aufgrund der Zuwendung an T2 gegen M einen Ausgleichsanspruch erwirbt, der das Vermögen von M belastet. Tatsache ist, daß hier jemand im Interesse eines anderen eine Leistung erbringt: T1 wendet ihrer S nur deswegen einen Vorteil zu, weil M das will. Wenn T1 dadurch gegen M einen Rechtsanspruch auf Ersatz ihrer Aufwendungen erlangt, wird nicht ihr Vermögen, sondern das der M vermindert. Damit hätte M ein bewertbares Vermögensopfer für ihre Beteiligung an T2 erbracht, das zu einer Aktivierung auf dem Beteiligungskonto berechtigen würde. Die Vermögensbewegung würde sich in dem Buchungssatz: "Beteiligung/T2 an Verbindlichkeit/T1" widerspiegeln. Würde nun T1 auf

410) BdF BStBl. 83 I, S. 208, Tz. 8.1.1. b,

ihren Ersatzanspruch verzichten, weil sie ihn gegen M nicht geltend machen will, läge darin eine vGA. Das ließe sich bei M durch die Buchung: "Verbindlichkeit gegenüber T1 an Ertrag" nachvollziehen. Dies wäre ein bilanztechnisch sauberer Weg.

Die Gangbarkeit dieses Wegs hängt davon ab, ob wirklich ein Ausgleichsanspruch der T1 gegen M entsteht. Rechtsgrundlage für eine solchen Anspruch könnte sein:

- ein rechtsgeschäftlich begründeter schuldrechtlicher Anspruch
  aus z.B. Dienstvertrag, Werkvertrag, Mäklervertrag, Verwahrungsvertrag. Bei diesen Verträgen wird eine Vergütung als stillschweigend vereinbart geschuldet, wenn die Leistung den Umständen nach nur gegen eine Vergütung zu erwarten ist (§§ 612 Abs. 1, 632 Abs. 1, 653 Abs. 1, 689 BGB). Das ist im Rahmen der Ausübung eines Handelsgewerbes zu unterstellen (§ 354 HGB). Als Rechtsgrundlage kommt ferner ein Auftragsverhältnis in Betracht, bei dem der Auftraggeber die notwendigen Aufwendungen zu ersetzen hat (§ 670 BGB). Zu denken ist auch an eine Geschäftsführung ohne Auftrag, bei der die Aufwendungen ebenfalls ersetzt werden müssen (§ 683 BGB). All diese Rechtsgrundlagen sind nicht sehr tragfähig, weil sich Leistungen im Konzern selten auf diese Rechtsgeschäftstypen einengen lassen.
- ein gesetzlicher Bereicherungsanspruch,
  falls die Leistung ohne Rechtsgrund erbracht worden ist (§ 812 BGB). Diese Rechtsgrundlage wäre die schwächste, weil eine fortdauernde Bereicherung praktisch nie nachweisbar ist.

- ein gesellschaftsrechtlicher Anspruch.

Diese Möglichkeit liegt am nächsten, weil Vorteilszuwendungen unter Schwestergesellschaften ein typischer Sachverhalt des Konzernrechts sind. Geht man davon aus, daß im klassischen Dreieck das beherrschende Unternehmen ohne weitere rechtliche Voraussetzungen tatsächlich in der Lage ist, bei den zwei abhängigen Unternehmen seinen Willen durchzusetzen, so könnte ein Ausgleichsanspruch der S1 gegen M durch das Aktienrecht begründet werden.

Der Abschluß eines Beherrschungsvertrags i.S.v. § 291 AktG wäre dafür nicht erforderlich. Führen die Weisungen dazu, daß das abhängige Unternehmen ein für sich nachteiliges Geschäft vornehmen muß, kann es vom herrschenden Unternehmen kraft Gesetzes einen Ausgleich verlangen (§ 311 AktG). Auf diese Weise entsteht ein bilanzierungsfähiger Anspruch, der bei T1 aktiviert und bei M passiviert werden müßte. Ein großer Teil der typischen Vorteilszuwendungen zwischen Schwestergesellschaften im Konzern kann durch diese Rechtsgrundlage abgedeckt werden.

Es soll aber nicht verschwiegen werden, daß es daneben noch Fälle geben kann, wo die abhängige Gesellschaft keinen Ausgleichsanspruch erwirbt. Wird ein Beherrschungsvertrag i.S.v. § 291 AktG abgeschlossen, können auch Weisungen erteilt werden, die für die abhängige Gesellschaft nachteilig sind, wenn sie den Belangen des herrschenden Unternehmens und dem Gesamtkonzern dienen (§ 308 Abs. 1 AktG). Hält sich die Leitung des herrschenden Unternehmens an diese Vertragsbestimmung und bleiben die Weisungen im Rahmen der Geschäftsführung eines ordentlichen und gewissenhaften Geschäfsleiters, kann die abhängige Gesellschaft keinen Ausgleich für Vermögensnachteile verlangen.[411] Diese Vorschrift verdrängt die oben genannten Rechtsgrundlagen aus dem BGB oder HGB. M erleidet in diesem Fall infolge ihrer Weisung an T1, der T2 etwas zuzuwenden, keine Vermögenseinbuße, die bilanzmäßig erfaßbar ist. Dieselbe Situation entsteht im Fall der Eingliederung (§§ 319, 323 AktG). Auch im GmbH-Recht läßt sich ein gesetzlicher Ausgleichsanspruch gegen die beherrschende Gesellschaft nicht finden.

- Eine letzte Möglichkeit, in diesen Fällen doch noch einen Ausgleichsanspruch zu konstruieren, läge in der Anwendung von § 62 Abs. 1 S. 1 i.V.m. § 58 Abs. 4 AktG, wo der Gesellschafter gesetzlich verpflichtet wird, Leistungen der Gesellschaft, die er unberechtigt von der Gesellschaft erhalten hat, zurückzugewähren (<u>gesetzlicher Rückforderungsanspruch</u>). Man wendet diese Vorschrift allgemein bei vGA i.S.d. KSt-Rechts an, weil sie nicht auf einem ordnungsgemäßen Gewinnverteilungsbeschluß beruhen. Damit hätte die Gesellschaft wieder einen bilanzierungsfähigen Anspruch gegen den Gesellschafter, umgekehrt wäre der Gesellschafter mit einer Rückzahlungsverpflichtung belastet.[412] Dieser Weg ist jedoch gerade im Fall der Beherrschung nicht gangbar. § 291 Abs. 3 AktG bestimmt ausdrücklich, daß Leistungen der Gesellschaft,

411) ebenso Ebenroth aaO, S. 407 ff.

412) Zur steuerlichen Behandlung des Rückforderungsanspruchs vgl. z.B. Döllerer BB 79, S.61 und Briese DB 83, S. 846

die aufgrund eines Beherrschungsvertrags erbracht werden, nicht als Verstoß gegen § 58 AktG gelten. Ebenso ist es bei eingegliederten Gesellschaften (§ 323 Abs. 2 AktG). Damit erübrigt es sich, die Anwendbarkeit des § 62 AktG für diese Fälle näher zu untersuchen.[413] Es sieht also so aus, als ob im Falle des Beherrschungsvertrages oder der Eingliederung und im GmbH-Bereich für M grundsätzlich kein Aufwand entsteht, wenn T1 auf Weisung von M der T2 etwas zuwendet. Das hätte zur Folge, daß in diesen Fällen - und nur in diesen - keine Aktivierung von Aufwand auf dem Beteiligungskonto T2 möglich wäre.

Die Aufstockung des Beteiligungswerts an T2 läßt sich auch ohne Ausgleichsanspruch begründen. Der Weg führt über § 7 Abs. 2 EStDV. Er geht von der Tatsache aus, daß durch die Zuwendung der T1 an T2 automatisch die Beteiligung von M an T2 wertvoller wird.[413a] Sucht man nach dem Grund für diese Werterhöhung, ergibt sich, daß sie auf einer unentgeltlichen Zuwendung seitens T1 beruht. Wenn M keinen Ausgleich an T1 zahlen muß, ist ihr die Vermögensmehrung unentgeltlich zugewachsen. Die Unentgeltlichkeit hat ihre Ursache im Beteiligungsverhältnis an T1. Das ist eine betriebliche Ursache. In der Anwendung des § 7 Abs. 2 EStDV für unentgeltliche

413) Ein gesellschaftsrechtlicher Rückforderungsanspruch wird auch der GmbH zugestanden, obwohl die Rückzahlungs- bzw. Ausschüttungsverbote nach § 30 GmbHG wesentlich weniger strikt sind (Wilhelm aaO, S. 337 (348 ff)). Die h.M. in der einschlägigen Lit. gibt der GmbH allerdings nur einen Bereicherungsanspruch, wenn der Ausschüttung kein Gesellschafterbeschluß zugrundeliegt (Scholz aaO § 29, 109 und § 30, 4; Gördeler/Müller in Hachenburg aaO § 30, 14).

413a) s.o. 8.3.

Zuwendungen der Gesellschaft an den Gesellschafter liegt kein Widerspruch zu der oben vertretenen Meinung, § 7 Abs. 2 EStDV sei für Zuwendungen des Gesellschafters an die Gesellschaft nicht anwendbar (s.o. 6.2.1.2). Erträge aus einer im BV gehaltenen Beteiligung sind betrieblich verursacht, während Leistungen des Gesellschafters an die Gesellschaft aufgrund der Beteiligung aus der Sicht der begünstigten Gesellschaft ihre Ursache nicht im Betrieb haben.

Der durch die Zuwendung verursachte Vorteil verflüchtigt sich i.d.R. nicht sofort wieder, sondern schlägt sich im Beteiligungswert nieder, also in einem WG. Dieser betrieblich verursachte, unentgeltlich erworbene Wertzuwachs muß nach § 7 Abs. 2 EStDV mit dem gemeinen Wert in der Steuerbilanz erfaßt werden. Damit ist eine Aufstockung des Beteiligungswerts in der Bilanz mit Hilfe fiktiver AK[414] möglich, den Erfordernissen des § 6 Abs. 1 Nr. 2 EStG ist genüge getan.

Die Aufstockung des Beteiligungswerts an T2 läßt sich schließlich noch folgendermaßen begründen. Im Dreiecksverhältnis ist die Zuwendung der M an T2 (vE) unlösbar an die Voraussetzung gekoppelt, daß T1 ihrer M einen Vermögensvorteil zugewendet hat, der als vGA zu qualifizierten ist. Solange man an der Meinung festhält, daß die Zuwendung der T1 an ihre Schwestergesellschaft eine vGA an M auslöst - was unverzichtbar ist, will man nicht das ganze System der vGA aus den Angeln heben -,

414) Bei Anwendung der Fiktionstheorie dürfte man nicht mit § 7 Abs. 2 EStDV, sondern mit "echten fiktiven" AK argumentieren.

ist die Zuwendung von M an T2 nur die Kehrseite derselben Medaille. Es besteht zumindest hier ein spiegelbildliches Verhältnis zwischen vGA und vE.[415] Das gilt auch für die bilanztechnischen Auswirkungen. VGA führen oft weder bei der ausschüttenden Gesellschaft noch beim empfangenden Gesellschafter zu einer bilanzmäßigen Auswirkung. Das gilt insbesondere für die Zuwendung von Nutzungen und Leistungen und anderen selbstgeschaffenen immateriellen WG. Es muß dann eine außerbilanzmäßige Zurechnung gemacht werden. Bei M wird ein Vermögensvorteil besteuert, der ihr nicht fiktiv, sondern tatsächlich über die ihr nahestehende Person T2 zugeflossen ist. Andernfalls könnte man per definitionem keine vGA annehmen. Gleichzeitig steht aber fest, daß der Vorteil nicht bei M verblieben ist, sondern an S2 weitergegeben wurde. Wenn das so ist, muß er bei M wieder abgeflossen sein. Auf diese Weise treffen bei M Zufluß und Abfluß zusammen.[416] Wenn der Zufluß bilanzmäßig nicht darstellbar ist, kann auch der Abfluß zu keiner Bilanzvermögensminderung führen. Der mit der vGA verbundenen außerbilanzmäßigen Zurechnung muß eine außerbilanzmäßige Abrechnung gegenüberstehen. Dem stl. Ertrag (vGA) muß ein Aufwand gegenüberstehen. Dieser Aufwand ist für die Beteiligung an S2 erbracht worden. Er ist nicht sofort abzugsfähig, er muß aktiviert werden und ist nach § 6 Abs. 1 Nr. 2 EStG zu bewerten. Wollte man diesen Vorgang buchungstechnisch darstellen - was sehr gekünstelt ist und was

415) vgl. zu dieser Problematik im einzelnen oben 6.1.2.

416) Ebenso Höppner StBJB 81/82, S. 426: "Was auf der einen Seite abfließt, muß auf der anderen Seite zufließen."

außerhalb der handelsrechtlichen Buchführung geschehen müßte - ergäben sich folgende Buchungssätze:

> Außerbilanzmäßige Zurechnung an Ertrag (vGA)
> Beteiligung/T2 an außerbilanzmäßige Abrechnung (vE).

Faßt man diese Buchungssätze zusammen, ergibt sich der Buchungssatz, der die steuerrechtlichen Folgen deutlich sichtbar macht:

> Beteiligung (= vE) an Ertrag (= vGA).

Er gibt auch das tatsächliche Geschehen richtig wieder: M ist durch die Zuwendung seitens T1 reicher geworden, weil ihre Beteiligung an T2 eine Wertsteigerung erfahren hat. Eine andere Frage ist, ob diese Werterhöhung von Dauer ist. U.U. hat die Leistung den Charakter einer Rettungsmaßnahme für eine notleidende T2. Ist die Rettung vergebens, dann ist auch durch die Maßnahme keine Werterhöhung herbeigeführt worden. Am Bilanzstichtag müßte eine Teilwertabschreibung gemacht werden, die die Aufstockung des Bilanzansatzes verhindert bzw. rückgängig macht.

Gegen eine Aufstockung des Bilanzansatzes an T2 könnte man im Fall einer Zuwendung von Nutzungen oder Leistungen einwenden, der zugewendete Vorteil habe sich bei T2 bis zum Bilanzstichtag verbraucht. Das bedeutet, daß sich das Bilanzvermögen der T2 per Saldo nicht erhöht hat. Die Beteiligung würde also bei M aufgestockt werden, obwohl bei T2 keine ertsprechende Vermögensmehrung mehr vorhanden ist. Dieser Einwand kann nicht durchgreifen. Er vermischt in unzulässigerweise zwei verschiedene Vermögensänderungen.

Die Aufstockung des Bilanzansatzes bei M muß gemacht werden, weil Aufwand für die Beteiligung entstanden ist, der als nachträglicher Anschaffungsaufwand qualifiziert werden kann. Eine andere Frage ist, ob der so entstehende Wertansatz für die Beteiligung am Bilanzstichtag einer Bewertung nach § 6 Abs. 1 Nr. 2 EStG standhält. Ist der Teilwert der Beteiligung am Bilanzstichtag niedriger als der durch die Aufstockung entstandene neue Buchwert, muß eine Teilwertabschreibung gemacht werden.[417] Der Aufwand, der bei T2 wegen des Verbrauchs des Nutzungs- oder Leistungsvorteils entsteht, ist aber kein automatischer Grund für eine Teilwertabschreibung. Es handelt sich insoweit um laufenden Aufwand, der den Gewinn mindert. Erst wenn feststeht, daß der Teilwert der Beteiligung deswegen oder wegen anderer Umstände unter den Buchwert gefallen ist, darf die Teilwertabschreibung durchgeführt werden. Eine automatische Saldierung des Wertzuwachses, der durch die vE entstanden ist und des Wertverlustes, der durch den Verbrauch des eingelegten Vorteils eingetreten ist, ist unzulässig.

Dieselben Überlegungen greifen gegen das Argument durch, man könne doch bei der vE von Nutzungen und Leistungen nicht fortwährend den Bilanzansatz der Beteiligung erhöhen. Auch eine solche Erhöhung kann nur Bestand haben, wenn am Bilanzstichtag kein niedrigerer Teilwert festgestellt wird.

8.5 Auswirkungen auf das Einkommen der drei beteiligten Gesellschaften

Wenn klargestellt ist, welche Veränderungen eine Zuwendung zwischen Schwestergesellschaften in den

417) Ebenso BFH 77, S. 515 und Knobbe-Keuk DStZ 84, S. 335 (FN 14a)

Steuerbilanzen auslöst, muß als letztes geprüft werden, ob diese Vermögensänderungen nach § 4 Abs. 1 S. 1 EStG auch zu einer Änderung des stl. Gewinns führen. Das ist nur der Fall, wenn die Vermögensänderungen nicht auf eine außerbetriebliche Ursache zurückzuführen sind, d.h. nicht durch eine vGA oder Einlage bewirkt worden sind.

8.5.1 Auswirkung auf S1

Die Leistung von S1 führt bei ihr zu einer tatsächlichen Vermögensminderung (s.o. 8.3). S1 macht die Zuwendung nur ihrem Gesellschafter M zuliebe, die Zuwendung hat ihre Ursache im Gesellschaftsverhältnis. Die Zuwendung kommt dem Gesellschafter über eine ihm nahestehende Person auch tatsächlich zugute. Das genügt für die Annahme einer vGA. Es muß keine Minderung des Bilanzvermögens eingetreten sein. Eine vGA darf das Einkommen nicht mindern (§ 8 Abs. 3 S. 2 KStG). Das Einkommen der S1 ist zu berichtigen, der Berichtigungsbetrag ist außerhalb der Bilanz zuzurechnen (s.o. 5.3).

8.5.2 Auswirkung auf S2

Hat sich das StB-Vermögen der S2 durch die Leistung der S1 erhöht, bleibt die Erhöhung für die Ermittlung des Einkommens außer Betracht, wenn sie auf eine Leistung des Gesellschafters zurückzuführen ist, die ihre Ursache im Gesellschaftsverhältnis hat. Die Leistung der S1 ist dem Gesellschafter M zuzurechnen. S1 ist eine dem Gesellschafter nahestehende Person (s.o. 6.5), die von ihm zur Leistung veranlaßt wird. Die Vermögensmehrung bei S2 ist also letztlich auf eine Leistung des Gesellschafters zurückzuführen.

Hat sich das StB-Vermögen von S2 durch die Leistung der S1 nicht erhöht, kann dennoch eine Einlage vorliegen. Das wurde bereits ausführlich erläutert (s.o. 6.1.4.5). Diese Situation tritt insbesondere bei der Zuwendung von Nutzungen und Leistungen ein. Es kommt nur deswegen nicht zu einer Vermögensmehrung, weil der zugewendete Vorteil bis zum Bilanzstichtag durch den Betrieb verbraucht wird.

In beiden Fällen führt die Annahme einer stl. Einlage zur Verminderung des Einkommens von S2, die außerhalb der Bilanz abzurechnen ist.

8.5.3 Auswirkung auf M

Der bei M eingetretene tatsächliche und grundsätzlich auch bilanzmäßig feststellbare Vermögenszuwachs (s.o. 8.3 und 8.4.3) beruht auf einer Leistung der S1. Die Beteiligung an S1 ist bei M im BV. Alle Vermögensmehrungen, die sich aus dieser Beteiligung ergeben, sind somit betrieblich verursacht. Daran ändert auch die Tatsache nichts, daß die Zuwendung auf einer vGA beruht (§ 20 Abs. 2 Nr. 1, Abs. 3, § 15 Abs. 1 Nr. 1 EStG). Die Erhöhung des Beteiligungswerts an S2 führt also zu einem steuerpflichtigen Gewinn. Die Höhe dieses Gewinns hängt von der Bewertung des Vorteils ab (s.u. 8.6).

8.6 Bewertung der verdeckten Zuwendungen

8.6.1 Unterschiedliche Bewertung der vGA und der vE

Es hat sich gezeigt, daß die Auswirkungen, die von

einer Zuwendung zwischen Schwestergesellschaften ausgehen, in einem spiegelbildlichen Verhältnis zueinander stehen. Die Zuwendung führt zu einer gleichartigen Vorteilszuwendung im Dreieck. Der Vorteil, der bei der begünstigten S2 ankommt, wird durch M durchgeleitet. M veranlaßt S1, ihr einen Vorteil zu gewähren, sie leitet ihn aber an S2 weiter. Beide Vorgänge haben ihre Ursache in der gesellschaftlichen Verbundenheit der drei Gesellschaften. Aus der Sicht von M handelt es sich sowohl um eine Bereicherung als auch um eine Aufwendung.

Diese Spiegelbildlichkeit wird aber durch die Bewertung der beiden Vorgänge in Frage gestellt. Aus den bisherigen Untersuchungen ergibt sich, daß die vE nach § 6 Abs. 1 Nr. 5 EStG, die vGA dagegen nach den Grundsätzen des Fremdvergleichs zu bewerten ist. Zwar ist es oft schwer oder unmöglich, einen Unterschied zwischen beiden Werten nachzuweisen. Dennoch gibt es aber Fälle, wo beide Werte deutlich auseinanderfallen. Abgesehen von der Bewertung von Umlaufvermögen, dessen Teilwert i.d.R. niedriger ist als der entsprechende gemeine Wert, sieht man den Unterschied bei der Bewertung von Nutzungen und Leistungen ganz deutlich. Nach der hier vertretenen Auffassung dürfen Nutzungen und Leistungen wegen § 6 Abs. 1 Nr. 5 a EStG nur mit den für sie aufgewendeten Kosten bewertet werden (s.o. 6.2). Das führt dazu, daß solche Nutzungen und Leistungen immer nur mit den beim Einlegenden entstandenen Kosten bewertet werden. Im Extremfall, z.B. beim unverzinslichen Darlehen aus Eigenmitteln, fallen überhaupt keine Kosten für die Einlage an, so daß kein Einlagewert feststellbar ist.

Ganz anders ist es bei der Bewertung der vGA. Die von der Rspr. entwickelte und über Jahrzehnte nahezu unveränderte Begriffsbestimmung, die für den Gesetzgeber schon 1934 eine feste Größe war, zwingt zu der Annahme, daß vGA nicht nach § 6 Abs. 1 Nr. 4 EStG, sondern mit dem gemeinen Wert zu bewerten sind (s.o. 5.2). Das führt in den kritischen Fällen zu einer Diskrepanz in der Bewertung der vE und der vGA. Am deutlichsten wird das wieder beim unverzinslichen Darlehen aus Eigenmitteln. Gibt die Gesellschaft dem Gesellschafter dieses Darlehen, dann liegt eine vGA i.H. des marktüblichen Zinses vor.[418] Im umgekehrten Fall der vE darf dagegen nach § 6 Abs. 1 Nr. 5 a EStG nur der Betrag angesetzt werden, der den entstandenen Kosten des Gesellschafters entspricht, im Fall des Darlehens aus Eigenmitteln also Null.

Die divergierende Bewertung kann bei unmittelbaren Zuwendungen zwischen Gesellschaft und Gesellschafter und umgekehrt hingenommen werden. Im Dreiecksverhältnis muß der Vermögensvorteil, der durch M durchgeleitet wird, einheitlich bewertet werden. Die Einheitlichkeit könnte mit verschiedenen Begründungen erreicht werden:

1. Man lehnt nicht nur eine vE ab, sondern auch eine vGA. Argument: Wenn bei der nahestehenden Person S2 kein Vorteil zufließt, kann auch beim Gesellschafter M kein Vorteil zufließen.[419] Gegenargument: Der nahestehenden Person fließt auch bei Nutzungen und Leistungen etwas zu.[420]

418) RFH 32,441; BFH 64,17; 65,176. A.31 Abs. 2 Beisp. 3 KStR 81

419) In diese Richtung zeigen die Urteile BFH 82,631 und 81,612, allerdings nur bezogen auf die KapESt.

420) s.o. 8.4.3.4

2. Man bewertet die vE ebenso wie die vGA mit dem gemeinen Wert. Argument: § 6 Abs. 1 Nr. 5 EStG ist für die KSt nicht anwendbar, eine Bewertung ist nur mit Hilfe des Fremdvergleichs möglich.[421] Gegenargument: § 8 Abs. 1 KStG verweist für die Gewinnwermittlung auf das EStG. Auch in der KSt gibt es Einlagen. Sie müssen nach § 6 Abs. 1 Nr. 5 EStG bewertet werden.[422]

3. Man bewertet die vGA nicht mit dem gemeinen Wert, sondern mit dem Teilwert nach § 6 Abs. 1 Nr. 4 EStG. Argument: § 8 Abs. 1 KStG verweist auf die ESt. VGA treten in der KSt an die Stelle der Entnahmen. Sie müssen aber wie Entnahmen bewertet werden.[423] Gegenargument: Der Begriff vGA beruht seit seiner Einführung in das KStG auf dem Fremdvergleich. § 8 Abs. 3 S. 2 KStG ist gleichzeitig eine Bewertungsvorschrift. Bewertungsmaßstab ist der gemeine Wert.[424]

Die Einzelheiten der Argumentation sind bereits ausführlich dargestellt worden. Die drei Wege sind nicht gangbar.

8.6.2 Der Wert der vE ist identisch mit dem Wert der vGA

Die Einheitlichkeit der Bewertung von vGA und vE im Dreiecksverhältnis ergibt sich aus der Stellung der M. M ist der Dreh- und Angelpunkt, über den sowohl die vGA als auch die vE abgewickelt wird. Die beiden

421) s.o. FN 323

422) s.o. FN 320

423) s.o. FN 146

424) s.o. 5.2

S sind über M miteinander verbunden, die Vorteilszuwendung zwischen den S hat ihre Ursache allein darin, daß M beide S beherrscht. Auslöser der Vorteilszuwendung ist M.

Der logische Ablauf der rechtlichen Einordnung beginnt damit, daß S1 ihrer M durch die Leistung an S2 einen Vorteil zuwendet. Durch die Leistung an S2 ist M bereichert. Die Bereicherung führt zur vGA. Sie ist mit dem gemeinen Wert zu bewerten.

Der zweite Schritt ist die Weiterleitung des Vorteils von M an S2. Das was M von S1 bekommt, wendet sie S2 zu. Steuerrechtlich ist das eine vE der M bei S2, die mit Hilfe der nahestehenden Person S1 durchgeführt wird.

Und nun die entscheidende Überlegung: Die vE ist mit dem Aufwand zu bewerten, der bei M entsteht. Bei M entsteht kein Aufwand in Form von laufenden Kosten für die Nutzung oder Leistung. Dieser Aufwand wird von S1 getragen. Bei M entsteht Aufwand in Höhe der vGA. Sie opfert den Vorteil, der ihr durch die vGA zufließt, für die Beteiligung an S2. Bei M stehen sich Ertrag und Aufwand gegenüber. Ertrag und Aufwand sind wertmäßig identisch. Der Aufwand macht M allerdings nicht ärmer, er muß aktiviert werden.

Bei S2 ist die Einalge mit dem bei M entstandenen Aufwand zu bewerten, nicht mit dem höheren Teilwert

(§ 6 Abs. 1 Nr. 5a EStG). Dieser Aufwand ist identisch mit dem Wert der vGA.

Fazit: Bei Zuwendungen zwischen Schwestergesellschaften ist der Aufwand der M für die vE identisch mit dem Wert, der M als vGA zugerechnet wird.

8.6.3 Vorteilsausgleich

Häufig werden Nachteile, die ein Mitglied des Konzerns im Interesse eines anderen Konzernmitglieds bzw. im Interesse des Gesamtkonzerns auf sich nimmt, durch Vorteile kompensiert, die gleichzeitig oder zeitverschoben dieser Gesellschaft aus dem Konzern heraus gewährt werden. Dann stellt sich die Frage, ob das stl. berücksichtigt werden kann. Die Folge wäre, daß unübliche Preisgestaltungen nicht zu Einkommensberichtigungen führen dürften. Dieses Problem spielt unter dem Stichwort Vorteilsausgleich bei der stl. Beurteilung von vGA und vE eine große Rolle. Das gilt ganz besonders für Zuwendungen innerhalb eines Konzerns, wo der Vorteilsausgleich in sehr komplexer Weise durchführbar ist. Hier liegt ein typisches Spannungsfeld zwischen Wirtschaft und Steuerverwaltung.

Eine ausdrückliche Regelung im Gesetz gibt es nicht, man sieht die Rechtsgrundlage für den Vorteilsausgleich in den materiell-rechtlichen Berichtigungsvorschriften selbst, die alle vom Fremdvergleich als Berichtigungsmaßstab ausgehen. Daraus schließt man, daß es zulässig und erforderlich ist, Gewinneinbußen mit Vorteilen zu kompensieren, wenn ein wirtschaftlicher Zusammenhang zwischen Nachteil und Vorteil erkennbar ist.

Dieser Ansatzpunkt ist richtig und unbestritten.[425] Ein ordentlicher und gewissenhafter Geschäftsleiter würde einen Nachteil in Kauf nehmen, wenn feststeht, daß dieser Nachteil durch einen entsprechenden Vorteil wieder aufgewogen wird. Ein solches Verhalten ist wirtschaftlich vernünftig und auch unter Fremden üblich. Meinungsverschiedenheiten entstehen allerdings dann, wenn es darum geht, in welchem Umfang der Vorteilsausgleich berücksichtigt werden soll. Der Streit geht vor allem um den zeitlichen Rahmen, in dem der Vorteilsausgleich stattfinden muß.[426] Zwei Prinzipien widersprechen sich hier: Das Prinzip der Zeitraumbesteuerung und das Prinzip des Fremdvergleichs. Kaufleute werden ihre Dispositionen nicht nach dem Wirtschaftsjahr oder Kalenderjahr richten, sie müssen mittel- oder langfristige Ziele im Auge haben. Das gilt in besonderem Maße für Konzerne. Dem steht der starre Rhythmus der Veranlagungszeiträume gegenüber.

425) vgl. z.B. Frotscher-Maas aaO. Anh. § 8, 143-146; Felix-Streck aaO. § 8, 92 f.

426) Die Rspr. zum Vorteilsausgleich bei vGA war bis zum Urteil des BFH vom 8.6.77 (77,704) sehr streng: Der Vorteilsausgleich sollte nur möglich sein, wenn darüber eindeutige Vereinbarungen getroffen waren und ein enger zeitlicher Zusammenhang zwischen Vorteil und Nachteil bestand. Der BFH läßt nun den Vorteilsausgleich auch ohne diese strengen Voraussetzungen zu, wenn er im Rahmen eines einheitlichen Geschäfts abgewickelt wird. Der Begriff, "einheitliches Geschäft" wird allerdings nicht definiert. Zum Vorteilsausgleich bei vE vgl. BFHE 140, S.63.

Dieser Rhythmus ist vom Gesetz vorgegeben. Das Prinzip der Zeitraumbesteuerung kommt so in Konflikt mit den Perioden, die der Kaufmann seinen wirtschaftlichen Planungen zugrundelegt. Das wirkt sich gerade beim Vorteilsausgleich aus. Der Vorteilsausgleich wird oft nicht im selben Veranlagungszeitraum wie das nachteilige Geschäft stattfinden.

Das Bilanzrecht basiert ebenfalls auf dem Jahresrhythmus. Es bietet keine wirksamen Möglichkeiten, einen künftigen Vorteilsausgleich im Ergebnis des abgelaufenen Wirtschaftsjahrs zu berücksichtigen. Die allgemein anerkannten Bilanzierungsgrundsätze kennen zwar Möglichkeiten, über den Bilanzstichtag hinauszuschauen und künftige Entwicklungen in der Bilanz zu berücksichtigen. Die Möglichkeit, künftige Vorteile am Bilanzstichtag zu erfassen, ist allerdings viel eingeschränkter als die Möglichkeit, erkennbaren Nachteilen Rechnung zu tragen. Das ist eine Folge des Imparitätsgrundsatzes. Deswegen können künftige Vorteile in der Bilanz nur dann als Vermögensposten angesetzt werden, wenn sie schon so verfestigt sind, daß sie den Charakter eines WG, z.B. einer Forderung angenommen haben. Auch die Grundsätze über die Bilanzierung schwebender Geschäfte helfen nicht weiter. Danach kann eine Bilanzierung unterbleiben, solange und soweit ein Geschäft noch nicht zur Durchführung gekommen ist. Es soll vermieden werden, daß die Bilanzierung durch vertragliche Ansprüche aufgebläht wird, die sich solange ausgewogen gegenüberstehen, als keiner der beiden Vertragspartner die vertragliche Leistung erbracht hat. Aber gerade das ist im Fall des Vorteilsausgleichs anders. Hier hat eine Seite ja schon eine Leistung erbracht. Dieser Leistung steht am Bilanzstichtag i.d.R. kein konkreter Anspruch auf Gegenleistung gegenüber. Damit ist ein Nachteil eingetreten, der dieses Wirtschaftsjahr belastet.

Die vorteilgebende Gesellschaft ist einem Kaufmann vergleichbar, der eine Leistung erbringt in dem Vertrauen, daß er dafür eine angemessene Gegenleistung erhalten wird, auch wenn die Gegenleistung nicht verbindlich vereinbart ist. Dieses Vertrauen ist sogar meist gerechtfertigt, weil der Konzernverbund soviele Vorteile gewährt, soviel Sicherheit gibt, daß gelegentliche Nachteile bewußt in Kauf genommen werden können. Auf diese Tatsache stützen sich diejenigen, die für die Zulässigkeit eines großzügigen Vorteilsausgleichs im Steuerrecht eintreten.[427)]

Die Argumentation ist wirtschaftlich richtig, widerspricht aber den rechtlichen Gegebenheiten. Man kann nicht einerseits ein einheitliches Unternehmen in verschiedene rechtlich selbständige Einzelglieder aufteilen mit der erklärten Absicht, alle Rechtsfolgen in Anspruch zu nehmen, die sich aus dem eigenständigen Handeln von selbständigen Rechtssubjekten ergeben, sich aber andererseits auf die Konzernverbundenheit und damit auf die Einheit des Unternehmens berufen. Der erwähnte Einzelkaufmann, der eine Leistung nur im Vertrauen auf eine künftige Gegenleistung erbringt,

427) Vgl. z.B. Flick FR 73, S. 157, Ranft StBJB 72/73, S. 269 und Katterbe DB 83, S. 365, der auf die Stellungnahmen verschiedener Spitzenverbände zu den Verwaltungsgrundsätzen über internationale Verrechnungspreise verweist:
DIHT S. 27; Bundessteuerberaterkammer in DStR 81, Beiheft zu Nr. 25; Institut der Wirtschaftsprüfer in WpG 82, S. 13 u. 17.

kann am Bilanzstichtag keine Forderung auf Gegenleistung aktivieren. Ebensowenig kann eine Tochtergesellschaft einen Verlust, den sie aus einem Geschäft mit der Muttergesellschaft erleidet, dadurch stl. ausgleichen, daß sie eine Forderung aktiviert, die sich nur auf die Hoffnung stützt, M würde irgendwie helfen. Ein Vorteilsausgleich kann also nur berücksichtigt werden, wenn er schon soweit konkretisiert ist, daß er nach den allgemein gültigen Bilanzierungsregeln einen faßbaren, bewertbaren, bilanzierbaren Anspruch darstellt.[428)]

Das bedeutet nun aber nicht, daß immer dann, wenn kein bilanzierungsfähiger Ausgleichsanspruch in Sicht ist, eine Gewinnberichtigung wegen einer vGA oder vE erfolgen muß. Die Gewinnberichtigung muß vielmehr unterbleiben, wenn ein unabhängiger Kaufmann, der nicht durch die Konzernbindung beeinflußt ist, das nachteilige Geschäft in Kauf genommen hätte, weil er hofft, daß der Nachteil durch spätere Vorteile wieder ausgeglichen wird. Dieser Gedanke stützt sich auf den Fremdvergleich und kommt nicht mit dem Prinzip der Zeitraumbesteuerung in Konflikt. Deswegen kann dagegen nichts eingewendet werden. Wenn es gelingt, die Inkaufnahme eines Nachteils als vernünftiges kaufmännisches Verhalten zu erklären, das nicht durch Konzernverbundenheit beeinflußt ist, fehlt für eine steuerrechtliche Berichtigung des Einkommens die Rechtsgrundlage. Die Berichtigung wäre von vornherein unzulässig, auf den Vorteilsausgleich käme es nicht mehr an. Die Schwierigkeiten liegen

428) Ähnlich BdF BStBl. 83, S. 218, Tz. 2.3.3

hier nicht im Bereich des Rechtlichen, sondern im Faktischen. Der steuerpflichtigen Gesellschaft muß es gelingen, den Nachweis vernünftigen, nicht fremdbestimmten kaufmännischen Verhaltens zu erbringen. Das ist die Schwierigkeit.

8.7 Zeitpunkt der steuerlichen Auswirkungen

Die Frage nach dem Zeitpunkt der stl. Auswirkungen muß differenziert werden. Von Interesse ist natürlich vor allem der Zeitpunkt der Besteuerung des Einkommens. Daneben muß aber auch entschieden werden, wann sich durch die Vorteilszuwendung eine Auswirkung auf das verwendbare EK der drei beteiligten Gesellschaften ergibt. Schließlich muß man wissen, wann die Ausschüttungsbelastung bei S1 herzustellen ist und wann bei M der Anrechnungsanspruch entsteht.

8.7.1 Auswirkung auf das Einkommen

Art und Höhe der vGA und der vE, die durch die Vorteilszuwendung zwischen den Schwestergesellschaften ausgelöst werden, sind deckungsgleich.[429] Das führt zu der Vermutung, daß die Auswirkungen auch zeitgleich eintreten. Im Normalfall, d.h. wenn die vGA und die vE nicht über eine Zwischenperson abgewickelt werden, kann die stl. Auswirkung auf das Einkommen des Gesellschafters und der Gesellschaft durchaus zu verschiedenen Zeitpunkten eintreten. Das liegt daran, daß die zeitliche Erfassung von Einnahmen und Ausgaben im deutschen Einkommensteuerrecht nicht nach einem einheitlichen Prinzip erfolgt. Sehr

429) Sieht man vom Anrechnungsanspruch ab, der bei der vGA zusätzlich entstehen kann.

häufig unterliegt der Gesellschafter dem Ist-Prinzip (§ 11 EStG), die Gesellschaft dagegen dem Soll-Prinzip (§§ 4 Abs. 1, 5 EStG).

Diese Besonderheit tritt im klassischen Dreieck nicht auf, weil an ihm nur Kapitalgesellschaften beteiligt sind, die nach den Vorschriften des Handelsrechts und des Steuerrechts zur Buchführung verpflichtet sind. Sie unterliegen dem Soll-Prinzip, der Zeitpunkt der Besteuerung des Einkommens richtet sich nur nach dem Zeitpunkt der Vermögensbewegungen. Oben wurde gezeigt, daß im klassischen Dreieck immer ein Vermögensgleichgewicht besteht (s.o. 8.3), weil das ganze Vermögen letztlich in der Hand des Gesellschafters vereint ist. Eine Schwestergesellschaft kann zwar auf Kosten der anderen reicher werden, das Vermögen des gemeinsamen Gesellschafters wird aber infolge dieser Vermögensverschiebung nicht berührt. Dieses Gleichgewicht impliziert eine Gleichzeitigkeit. Andernfalls würden zeitweilige Ungleichgewichte eintreten.

Das eben Gesagte bezieht sich auf das tatsächliche Vermögensgleichgewicht im klassischen Dreieck. Bezieht man die HB und die StB in die Betrachtung ein, ändert sich an den Feststellungen nichts. Soweit sich vGA und vE auf die Bilanzen auswirken, geschieht das gleichzeitig. Der Zeitpunkt der Bilanzierung richtet sich nach dem Zeitpunkt der Vermögensbewegung. Unabhängig von den bilanzmäßigen Änderungen sind aber die Auswirkungen der vGA und der vE auf das Einkommen der beteiligten Gesellschaften in dem Veranlagungszeitraum zu erfassen, in dem durch die

Vorteilszuwendung das tatsächliche Vermögen der beteiligten Gesellschaft verändert wird. Das ist für alle drei Gesellschaften derselbe Veranlagungszeitraum. Die Spiegelbildlichkeit zwischen vGA und vE in Art und Höhe wird somit vervollständigt durch die Gleichzeitigkeit.[430]

8.7.2 Auswirkung auf die Höhe des verwendbaren EK

Die wichtigste Prämisse für eine Betrachtung des EK ist die Feststellung, daß das EK im wesentlichen mit dem StB-Vermögen identisch ist (§ 29 Abs. 1 KStG). Daraus folgt:

- Falls sich vGA und vE auf das StB-Vermögen auswirken, ergibt sich eine gleichzeitige Auswirkung auf das verwendbare EK;
- falls sich vGA und vE nicht auf das StB-Vermögen auswirken, kann sich zwar nichts an der Höhe, wohl aber die Gliederung des EK ändern.

Beide Feststellungen sind bereits ausführlich begründet worden (s.o. 5.4.2 und 6.4.3).

8.7.3 Auswirkung auf die Gliederung des EK

Die Gliederung des verwendbaren EK hängt insbesondere davon ab, wie man die Zuwendung von Nutzungen und Leistungen stl. beurteilt. Folgt man der Auffassung des BFH, daß die Einlage von Nutzungen und Leistungen in eine Kapitalgesellschaft nicht möglich ist, kommt

430) Eine Ausnahme kann nur bei einem abweichenden Wirtschaftsjahr einer der 3 Gesellschaften eintreten (§ 7 Abs. 4 KStG).

man zu einer ganz anderen Gliederung des EK der am Dreieck beteiligten Kapitalgesellschaften als mit der hier vertretenen Auffassung. Aus Gründen der Übersichtlichkeit soll die EK-Entwicklung und die Gliederung für die einzelnen Kapitalgesellschaften getrennt dargestellt werden.

8.7.3.1 Auswirkung auf S1

Sieht man wie hier in der Zuwendung einer Nutzung oder Leistung an die S2 eine vGA an M, muß das Einkommen der S1 entsprechend erhöht werden. Das bedeutet bei einer voll steuerpflichtigen inländischen Kapitalgesellschaft einen Zugang beim EK 56. Dieser Zugang wirkt sich bei der Feststellung des EK zum 31.12. des Jahres aus, in dem die vGA stattfand. Die vGA führt jedoch per Saldo nicht zu einer Erhöhung des StB-Vermögens. Deshalb wird sie auch außerhalb der Bilanz zugerechnet. Das bedeutet aber gleichzeitig, daß sich das EK durch die vGA nicht erhöhen darf, weil EK und StB-Vermögen nach Durchführung der vGA identisch sind. Deswegen muß die vGA wieder vom EK 56 abgesetzt werden. Als echte EK-Minderung wirkt sich nur die KSt aus, die infolge der vGA entsteht.

Beispiel: S1 gibt S2 ein unverzinsliches Darlehen. Dadurch erspart sich S2 marktübliche jährliche Zinsen (100).

		EK 56
Stand 1.1.05		1.000
vGA in 05	+	100
Tarifbelastung	./.	56
Stand 31.12.05		1.044
Abgang durch vGA (11/16)		68,75
		975,25

Diese Betrachtungsweise setzt voraus, daß man in der Nutzungszuwendung an die S2 eine vGA an M sieht, die bei S1 tatsächlich abgeflossen ist. Das ist die hier vertretene und oben begründete Meinung (s.o. 5.4.1.1 und 8.3).

Gestützt auf die Meinung des BFH [431] vertritt die Finanzverwaltung in A. 77 Abs. 5 und A. 80 Abs. 2 S.1 KStR 1981 eine andere Auffassung. Man geht von der These des BFH aus, daß M durch eine Zuwendung von S1 an S2 nichts zufließt, weil bei S2 ebenfalls nichts zufließt. Daraus folgert man, daß auch bei S1 nichts abgeflossen sein könne. Dennoch will auch die Finanzverwaltung eine vGA bei S1 versteuern, weil auch ohne Abfluß eine vGA i.S.v. § 8 Abs. 3 S. 2 KStG vorliegen könne. [432] Demzufolge muß man bei der Entwicklung des EK die vGA einmal als Bestandteil des stpfl. Einkommens dem EK 56 zurechnen, darf Sie aber dann nicht als durchgeführte Ausschüttung vom EK 56 wieder absetzen. Die Finanzverwaltung und die ihr folgenden Meinungen[433] müssen nun zwangsläufig den Notausgang über § 30 Abs. 2 Nr. 2 KStG wählen und eine EK-Minderung, die man nirgendsonst unterbringt, als Korrekturposten beim EK 02 einstellen.[434]

431) BFH 81,612

432) Dieser Widerspruch ist oben bei 5.4.2 ausführlich dargestellt und als unvertretbar abgelehnt worden.

433) Singbartl/Hundt/Dötsch DB 82, S. 68.

434) Ebenso Wassermeyer FR 79, S. 345, allerdings mit anderer Begründung.

Beispiel:

		EK 56	EK 02
Stand 31.12.05		1.000	
vGA in 05	+	100	
Tarifbelastung	./.	56	
Stand 31.12.05		1.044	
Korrekturposten		./.	100

Das EK ist somit um 31,25 niedriger als nach der hier vertretenen Auffassung. Der Grund liegt darin, daß die Ausschüttungsbelastung noch nicht hergestellt worden ist.

8.7.3.2 Auswirkung auf M

Läßt man die vGA bei M zufließen, erwirbt M einen Anrechnungsanspruch von 9/16 der vGA, wenn die Ausschüttung von S1 bescheinigt wird (§ 44 KStG).

Beispiel:

		EK 56
Stand 1.1.05		1.000
vGA in 05	+	100
Anrechnungsanspruch	+	56,25
Tarifbelastung	./.	87,50
Stand 31.12.05		1.068,75

Folgt man der Auffassung der Finanzverwaltung, ist kein Beteiligungsertrag anzusetzen, weil M über ihre nahestehende Person S2 nichts zugeflossen ist. Damit erwirbt sie auch keinen Anrechnungsanspruch, selbst wenn eine Bescheinigung nach § 44 KStG ausgestellt würde.

8.7.3.3 Auswirkung auf S2

Akzeptiert man die Möglichkeit einer vE durch Zuwendung einer Nutzung oder Leistung, fließt S2 ein Nutzungsvorteil von 100 zu. Dieser Nutzungsvorteil bleibt dem BV nicht erhalten, er verbraucht sich laufend. Eine StB-Vermögensänderung bzw. EK-Änderung tritt nicht ein. Es ist aber eine Umgliederung vorzunehmen.

Beispiel:

	EK 56	EK 04
vE		+ 100
Verbrauch des Nutzungsvorteils	./. 100	

Mit der Meinung der Finanzverwaltung kommt man dagegen zu keiner EK-Umgliederung oder EK-Veränderung.

8.8 Kapitalertragsteuer

Die Frage, wann und in welcher Höhe bei vGA KapESt anfällt, kann hier nicht ausführlich erörtert werden. Dennoch soll ein Teilaspekt näher beleuchtet werden, der mit der Problematik der vGA und der vE eng zusammenhängt. Es ist die Frage, ob die Pflicht zur Einbehaltung der KapESt vom Zufluß der vGA abhängt, wann dieser Zufluß erfolgt - insbesondere bei Kapitalgesellschaften, die ihren Gewinn durch Vermögensvergleich ermitteln -, und ob aus dem Zufluß Rückschlüsse auf die Einkommensermittlung bei der ausschüttenden Gesellschaft und beim empfangenden Gesellschafter möglich sind.

8.8.1 Voraussetzung und Zeitpunkt des KapESt-Abzugs bei vGA

Gewinnausschüttungen aus Kapitalgesellschaften unterliegen dem KapESt-Abzug (§ 43 Abs. 1 S. 1 EStG). Das gilt auch für vGA (§ 43 Abs. 1 S. 2 EStG). Es ist gleichgültig, zu welcher Einkunftsart die Kapitalerträge beim Gesellschafter gehören (§ 43 Abs. 4 EStG). § 43 Abs. 4 muß gleichzeitig so verstanden werden, daß es unerheblich ist, welche Gewinnermittlungsart der Gesellschafter anwendet. Die KapESt-Schuld entsteht in dem Zeitpunkt, in dem die Kapitalerträge dem Gesellschafter zufließen (§ 44 Abs. 1 S. 2 EStG). Gewinnanteile aus Kapitalgesellschaften fließen dem Gesellschafter an dem Tag zu, der im Ausschüttungsbeschluß als Auszahlungstag bestimmt ist, andernfalls am Tag nach der Beschlußfassung (§ 44 Abs. 2 EStG).

Aus diesen Rechtsgrundlagen ergibt sich nicht, wann eine vGA dem Gesellschafter zufließt, wann also in diesem Fall die KapESt einzubehalten ist. Es ist für eine vGA typisch, daß über sie kein Ausschüttungsbeschluß gefaßt wird. Fehlt es an einem Ausschüttungsbeschluß, ist § 44 Abs. 2 EStG überhaupt nicht anwendbar. Diese Vorschrift ist ausdrücklich nur auf solche Kapitalerträge beschränkt, deren Ausschüttung von einer Körperschaft beschlossen wird. Das heißt, daß es nach § 44 Abs. 1 S. 2 EStG auf den tatsächlichen Zufluß ankommt, also auf den Tag, an dem der Gläubiger die wirtschaftliche Verfügungsmacht über die Kapitalerträge erlangt. Bei vGA besteht der

Vorteil oft nicht in einem Zufluß von Geld. Deshalb sind die Kriterien über den Zufluß von Geld nur partiell anwendbar, z.B. wenn die Gesellschaft ein überhöhtes Gehalt oder überhöhte Zinsen bezahlt. Besteht der Vorteil aber in Sachwerten, ist Zufluß identisch mit der Erlangung der wirtschaftlichen Verfügungsmacht über diese Sachwerte, z.B. bei unentgeltlicher Übereignung eines Grundstücks an den Gesellschafter. Bei Nutzungen und Leistungen fließt der Vorteil fortwährend und gleichmäßig zu.

8.8.2 Zusammenhang zwischen KapESt-Abzug und Einkommensermittlung

Der Zeitpunkt des Zuflusses ist der entscheidende Zeitpunkt für die Einbehaltung der KapESt. § 44 Abs.1 S. 2 EStG richtet sich gegen den Schuldner der Kapitalerträge. Die Vorschrift regelt nicht den Zeitpunkt der Versteuerung der Erträge beim Gläubiger. Insoweit gelten die allgemeinen Vorschriften des EStG. Hält der Gläubiger seine Beteiligung im PV, gilt § 11 Abs. 1 EStG, ist die Beteiligung im BV und wird der Gewinn durch Vermögensvergleich ermittelt, kommt es nicht auf den Zufluß, sondern auf das Entstehen des Vermögensvorteils an. Letzteres trifft in aller Regel auf vGA von T an M zu. M muß den aus der vGA gewonnenen Vermögensvorteil versteuern, sobald sie ihn nach den Grundsätzen des Vermögensvergleichs vermögensmäßig erfassen kann. Das kann sogar vor dem Zufluß sein. Eine Bindung an den Zeitpunkt, an dem die KapESt einbehalten werden muß, besteht nicht.

Das gleiche gilt aus der Sicht des Schuldners der Kapitalerträge, also der Gesellschaft, die die vGA leistet. Die vGA ist bei der Gesellschaft in dem Jahr dem Einkommen zuzurechnen, in dem eine Minderung des Einkommens eingetreten ist. Auf den Zufluß des Kapitalertrags beim Gläubiger kommt es nicht an. Sagt z.B. die Gesellschaft ihrem Gesellschafter eine überhöhte Provision zu, muß dafür in der Bilanz eine Verbindlichkeit eingestellt werden. Die vGA wird dann in diesem Jahr bei der Einkommensermittlung berücksichtigt, auch wenn die Provision erst im nächsten Jahr ausbezahlt wird. Die KapESt muß erst im nächsten Jahr einbehalten werden, weil sie dem Gläubiger erst dann zufließt. Das zeigt, daß auch aus der Sicht der Gesellschaft die für die Einbehaltung der KapESt und die Einkommensermittlung maßgebenden Zeitpunkte verschieden sein können.

8.8.3 Besonderheiten bei der Zuwendung von Nutzungen und Leistungen

Die Urteile des BFH [435], die sich mit der Zuwendung von Nutzungen und Leistungen zwischen Schwestergesellschaften beschäftigen, sind in diesem Zusammenhang von besonderem Interesse. Entscheidungserheblich war jeweils nur die Frage, ob S1 infolge der Zuwendung an S2 verpflichtet war, KapESt einzubehalten. Der BFH lehnt das, wie mehrfach dargestellt, ab, weil durch die Zuwendung weder bei S2 noch bei M eine Erhöhung des Bilanzvermögens eintritt. Die Urteile enthalten allerdings keine verbindliche Aussage über den Zeitpunkt der Besteuerung einer vGA bei der ausschüttenden Gesellschaft. Aber offensichtlich will der BFH die materiell-rechtliche Besteuerung der vGA bei S1 nicht davon abhängig machen, ob

435) BFH 81,612 und 82,631.

Kapitalertragsteuer einbehalten werden muß.[436] Auf diese Weise kommt der BFH in die prekäre Situation, materiell-rechtlich eine vGA anzunehmen, ohne daß dafür jemals KapESt einbehalten werden muß, oder auf die Besteuerung der vGA in diesen Fällen ganz zu verzichten. Die erste Möglichkeit führt zu einer Freistellung ausländischer Muttergesellschaften von der deutschen Besteuerung, die zweite Möglichkeit gibt den Weg frei für Gewinnverschiebungen im Konzern ohne stl. Folgen.

Die hier vertretene Auffassung vermeidet diese Konsequenzen. Löst man sich für die Frage des Zuflusses vom Bilanzkriterium und stellt nur auf den Zugang des tatsächlichen Vermögensvorteils ab, liegt in der Zuwendung einer Nutzung oder Leistung an eine Schwestergesellschaft gleichzeitig eine vGA an M, die beim Einkommen der zuwendenden Gesellschaft zugerechnet und für die von der zuwendenden Gesellschaft KapESt einbehalten werden muß.[437]

8.9 Zusammenfassung

8.9.1 Eigene Meinung

Wendet eine Kapitalgesellschaft ihrer Schwestergesellschaft einen Vermögensvorteil zu und hat diese Zuwendung ihre Ursache in der gesellschaftlichen Verbundenheit, so bewirkt sie dadurch eine vGA an den gemeinsamen Gesellschafter. Ihr Einkommen erhöht sich. Gleichzeitig erhöht sich das Einkommen des

436) s.o. FN 166

437) Ebenso Schulze BB 83 S. 1846; Höppner StBJB 81/82, S. 426

Gesellschafters, der die vGA als Beteiligungsertrag versteuern muß; für die vGA ist KapESt einzubehalten. Der Vermögensvorteil wird vom Gesellschafter an die Schwestergesellschaft weitergeleitet. Das ist eine vE, die das Einkommen der S nicht berührt. Die vE führt aber zu einer Aufstockung des Beteiligungswerts beim Gesellschafter.

Diese Rechtsfolgen sind nicht davon abhängig, ob der zugewendete Vorteil bei S2 bilanzierungsfähig ist. Auch Nutzungen und Leistungen sind WG, die auf diesem Weg zugewendet werden können. Da sie sich nicht im Vermögen halten, sondern fortwährend verbrauchen, entsteht bei S2 ein Aufwand in Höhe des verbrauchten Vorteils.

Der Wert des Vorteils, der S2 zugewendet wird, ist immer identisch mit dem Preis, den ein ordentlicher Geschäftsführer dafür bezahlen würde. Das gilt sowohl für die Bewertung der vGA als auch der vE, und zwar unabhängig davon, ob bilanzierbare oder nichtbilanzierbare WG zugewendet werden. Bei der Zuwendung von Nutzungen und Leistungen richtet sich die Bewertung der vE nach den "Gestehungskosten des Einlegers". Im Dreieck wendet der gemeinsame Gesellschafter für die vE den Wert der vGA auf, das sind seine Gestehungskosten.

Die Vermögensbewegung findet auch zeitgleich statt. Das bedeutet, daß nicht nur die notwendigen Einkommensberichtigungen im selben Veranlagungszeitraum durchzuführen sind, sondern auch die Änderungen bzw. Umgliederungen des EK, die durch vGA und vE herbeigeführt werden.

8.9.2 Stellungnahme zur Rechtsprechung

Der BFH lehnt, wie mehrfach erwähnt, eine vE ab, wenn der vom Gesellschafter zugewendete Vorteil nicht zu einer Aktiverhöhung bzw. Passivminderung bei der Gesellschaft führt. Er macht dabei keinen Unterschied, ob der Vorteil unmittelbar vom Gesellschafter oder über eine nahestehende Person zugewendet wird. Das heißt, daß die Urteile auch und gerade auf das Dreiecksverhältnis anzuwenden sind. Wendet S1 der S2 also Nutzungen oder Leistungen oder andere nicht bilanzierungsfähige WG zu, kann das Einkommen der S2 nicht gemindert werden. Der BFH hält den durch die Vorteilszuwendung entstandenen Gewinn für steuerpflichtig. [438] Es wurde bereits ausführlich begründet, warum diese Rechtsprechung abzulehnen ist (s.o. 6.1.5 und 6.1.6). Die Argumente, die für die unmittelbare Zuwendung des Gesellschafters an die Gesellschaft in der reinen Zweierbeziehung vorgebracht worden sind, gelten ohne Abstriche auch für das Dreiecksverhältnis. Entscheidend ist, daß einer Kapitalgesellschaft ein Vermögensvorteil zugewendet wird, der vom Gesellschafter stammt. Unerheblich ist, ob er unmittelbar vom Gesellschafter oder auf seine Veranlassung von einem Dritten geleistet wird.

Hier noch einmal die Argumente, die gegen das Bilanzkriterium des BFH bei vE sprechen:

- Es gibt Vorteile, die im Wirtschaftsleben ihren Preis haben, für die jeder Kaufmann etwas zahlen würde. Durch die Einlage solcher Vermögenswerte wächst das BV, auch wenn sie nicht

438) s.o. FN 383

bilanziert werden dürfen, weil ein Bilanzierungsverbot besteht, oder wenn sie nicht bilanziert werden können, weil sie sich bis zum Bilanzstichtag verbraucht haben. Der durch die Einlage herbeigeführte Vermögenszuwachs darf nicht besteuert werden.

- Der Grundsatz, niemand dürfe zur Einkunftserzielung gezwungen werden, gilt nicht, wenn der Stpfl. eine Leistung nicht nur im eigenen Interesse, sondern auch im Interesse des Leistungsempfängers erbringt (gleichgerichtete Interessen). In diesem Fall geht der Grundsatz des Fremdvergleichs vor.
- Der Grundsatz des Fremdvergleichs muß für alle Leistungen gelten, also für Unterpreisleistungen genauso wie für Unterpreislieferungen.
- Die Rechtsfolge einer Einlage kann nicht davon abhängen, ob ausländisches oder inländisches Bilanzrecht anwendbar ist.

Durch die Urteile zur vE bei Zuwendungen zwischen Schwestergesellschaften hat der BFH auch hinsichtlich der vGA erhebliche Verwirrung geschaffen. Dadurch daß er den Zufluß der vGA bei M von der Erhöhung des Bilanzvermögens bei S2 abhängig macht, wird einiges fragwürdig, was bisher bei vGA als gesichert galt. Zweifelhaft ist,

- ob mangels Zufluß beim Gesellschafter überhaupt noch eine vGA vorliegt,
- ob es vGA gibt, die nicht der KapESt unterliegen,
- ob vGA davon abhängen, daß das Bilanzvermögen des Gesellschafters erhöht wird,

- ob vGA eine Minderung des Bilanzvermögens oder des verwendbaren EK bei der Gesellschaft voraussetzen,
- ob die Besteuerung der vGA, die Auswirkung auf das EK, die Herstellung der Ausschüttungsbelastung und das Entstehen des Anrechnungsanspruchs zeitlich auseinanderfallen können.

Die Fragen sind mit den bisherigen Ausführungen (s.o. 5) weitgehend beantwortet. Daraus ergibt sich:

- Die Zurechnung einer vGA zum Einkommen setzt ebensowenig wie die Zurechnung einer Entnahme voraus, daß das Bilanzvermögen der zuwendenden Gesellschaft vermindert wurde. Auch nicht bilanzierte WG können verdeckt ausgeschüttet oder entnommen werden.

- Es ist weder für die Ermittlung des Einkommens noch für die Entwicklung des EK der ausschüttenden Gesellschaft von Bedeutung, wann der Vermögensvorteil "abfließt". Entscheidend ist, wann das tatsächliche Vermögen vermindert wird.

- Ebensowenig ist es für die Ermittlung des Einkommens und die Entwicklung des EK des Gesellschafters von Bedeutung, wann der Vermögensvorteil "zufließt", sofern der Gesellschafter seine Einkünfte durch Vermögensvergleich ermittelt. Der Zufluß ist nur für die Einbehaltung der KapESt maßgebend.

8.9.3 Stellungnahme zur Literatur

Eine beachtliche Zahl von Autoren folgt dem BFH in der Meinung, daß nur dann eine vE bei der Besteuerung von S2 zu berücksichtigten ist, wenn die Zuwendung ihr Bilanzvermögen erhöht hat.[439] Insoweit kann auf das verwiesen werden, was zur BFH-Rspr. gesagt wurde.

Eine weitere große Gruppe hält auch die Einlage von Nutzungen und Leistungen für möglich.[440] Die Argumente sind für Zuwendungen unter Schwestergesellschaften im wesentlichen identisch mit denen zur unmittelbaren Zuwendung einer Nutzung oder Leistung vom Gesellschafter an die Gesellschaft. Deswegen erübrigt sich eine detaillierte Stellungnahme an dieser Stelle mit dem Hinweis auf die ausführliche Abhandlung der einzelnen Argumente unter 6.1.

Zu dieser Gruppe gehören auch die Vertreter der Fiktionstheorie.[441] Sie unterstellen einen entgeltlichen Leistungsaustausch zwischen S1 und M einerseits, M und S2 andererseits. Das führt zur Erhöhung des Einkommens bei S1 und M, auf der anderen Seite zur Verminderung des Einkommens von S2. Im Fall eines unentgeltlichen Darlehens ergibt sich folgendes Bild:

S1:	fiktiver Zinsertrag	+
	Ausschüttung an M	o

439) Döllerer, S. 35 und BB 79, S.57 und ZGR 73, S.335 u.DStR 84,S.383; Flick FR 73, S. 157; Birkholz FR 71, S. 162 (165); Beekes GmbHR 63, S.77; Grieger BB 62, S. 831; Günther StBP 61, S. 247 (für Warenlieferungen); Ebert BB 84, S.1221

440) H-H-R § 6 EStG, 828; Reuter aaO, Tz 426 und neuerdings in DStR 83, S. 317; Fuchs-Lempenau BB 82, S. 484; de la Motte in Steuerkongreßreport 73, S. 125; L. Schmidt StBJB 70/71, S. 179; Quack Diss., S. 142 f; v. Wallis StBJB 70/71, S. 112 und DStR 62, S. 349; Birzele DB 62, S. 1668; Risse DStR 84,S.711

441) Jonas BB 83, S. 682; Baranowski DStR 82, S. 406; Raupach JBFSt 80/81, S. 265; Brezing FR 71, S. 405; Lang FR 84, S.629

M:	fiktive Zinszahlung	-
	Ausschüttung von S1	+
	fikiver Zinsertrag von S2	+
	Einlage bei S2	o
S2:	fiktive Zinszahlung an M	-
	Einlage von M	o

Die hier vertretene Meinung kommt i.d.R. zu denselben Ergebnissen wie die Fiktionstheorie. Die Übereinstimmung ist für die Zuwendung zwischen Schwestergesellschaften größer als bei unmittelbaren vE. Das liegt daran, daß der Wert der vE sich bei Zuwendungen im Dreieck immer nach dem Wert der vGA richtet und nicht auf die Kosten beschränkt ist, die bei der zuwendenden S1 entstehen. In dieser Arbeit wird aber bewußt auf die Unterstellung eines fiktiven Sachverhalts und damit auf die Anwendung der Fiktionstheorie verzichtet, weil die Ergebnisse auch ohne Fiktion hinreichend begründet werden können. [442)]

Eine weitere Gruppe von Autoren hält eine Besteuerung der M für unzulässig, verneint also das Vorliegen bzw. den Zufluß einer vGA bei M. [443)] Diese Meinung wird vor allem darauf gestützt, daß bei M keine Vermögensänderung eintritt, wenn ein Vermögensvorteil von einer Hand in die andere wechselt. Zu dieser Gruppe können auch die Schriftsteller gerechnet werden, die keine Rechtfertigung für eine Aufstockung der Beteiligung an S2 bei M finden können. [444)] Diese

442) Gegen die Fiktion im Dreieck wendet sich ausdrücklich Quack in Diss., S. 130.

443) Fiedler BB 83, S.240 und 1014; Pezzer StuW 75, S. 222 (232); Ranft StBJB 72/73, S. 311; Niemann StBJB 71/72, S. 249; Voss GmbHR 64, S. 188; Glade GmbHR 63, S. 81; Thiel DB 62, S. 1482 (1487); Lange aaO, Tz. 204 (216); Hußmann Diss., S.137.

444) Knobbe-Keuk § 19 II 3 und Schneider Diss., S. 509.

Aspekte sind ebenfalls bereits ausführlich erörtert (s.o. 8.4.3).

Eine letzte Gruppe von Autoren spricht sich generell dafür aus, die Leistungen der Konzernmitglieder untereinander auch dann stl. anzuerkennen, wenn sie nicht wie unter Fremden abgewickelt werden.[445] Zu ihnen gehört vor allem Rasch, der sich dabei auf das Konzernrecht stützt. Er meint, das Steuerrecht dürfe einen Konzernleiter nicht der Last oder dem Risiko aussetzen, durch innerkonzernliche Maßnahmen gegen seinen Willen stl. Wirkungen auszulösen. Dergleichen sei mit der "Notwendigkeit einer für das Konzern-Ganze umfassenden Zielkonzeption" nicht zu vereinbaren. Das Aktiengesetz räume zumindest im Fall eines Beherrschungsvertrages dem leitenden Unternehmen ein sehr weitgehendes Weisungsrecht ein, sogar zum Nachteil der beherrschten Unternehmen." Unter diesen Umständen kann es nicht Aufgabe des Steuerrechts sein, die betriebs- und volkswirtschaftlichen Zielsetzungen des Aktienrechts durch Ansprüche zu kürzen, die den Erfordernissen einer solchen Geschäftsführung widerstreiten."[446] Rasch kommt so zu der Auffassung, daß Vermögensbewegungen zwischen Konzernunternehmen niemals vGA oder vE sein können. Die These Rasch's stellt ein Grundprinzip des Steuerrechts in Frage, nämlich das der rechtlichen Selbständigkeit von juristischen Personen. Zu Recht sagt der BFH[447], daß die durch die Konzernzugehörigkeit einer Kapitalgesellschaft begründete wirtschaftliche Abhängigkeit

445) Zu ihnen gehören Knobbe-Keuk § 19 II 3; Niemann StBJB 71/72, S. 249 und Rasch 49. Juristentag Gutachten G 33 ff.

446) Rasch aaO, G 40

447) BFH 68,720 und 722

deren rechtliche Selbständigkeit in allen Punkten unberührt lasse. Rasch lehnt dieses Prinzip zwar nicht ausdrücklich, aber doch im Ergebnis ab. Er behandelt den Konzern als Wirtschaftseinheit und verlangt vom Steuerrecht, diese Einheit anzuerkennen. Das widerspricht eindeutig dem KStG, das in § 1 jede einzelne Kapitalgesellschaft mit ihrem individuellen Einkommen zum Steuersubjekt erklärt. Das gilt sogar im Fall der Organschaft, wo die Organgesellschaft nicht nur finanziell, organisatorisch und wirtschaftlich abhängig ist, sondern auch ihren ganzen Gewinn an den Organträger abzuführen hat. Lediglich die Steuerschuld wird auf den Organträger verlagert. Die von Rasch erwähnte Vorschrift des § 331 Abs. 2 AktG, die verhindern soll, daß bei Leistungsbewegungen zwischen den Konzernmitgliedern sog. Zwischengewinne entstehen, ist für das Steuerrecht nicht verbindlich, weil die Konzernbilanz nicht die Bilanz des einzelnen Steuersubjekts ist. [448)]

8.9.4 Tabellarischer Vergleich des Meinungsstands

Dem folgenden Vergleich liegt wieder der Fall eines unverzinslichen Darlehens von S1 an S2 zugrunde. Es soll gezeigt werden, ob sich der Vorgang auf das Einkommen der drei beteiligten Gesellschaften positiv (+), negativ (-) oder neutral (o) auswirkt.

448) Ebenso BFH 67,733

	BFH		Fiktionstheorie		eig. Meinung	
S_1	vGA an M	+	fikt.Zinsen v.M	+	vGA an M	+
			Ausschüttung an M	o		
	Einkommen	+	Einkommen	+	Einkommen	+
M	Kein Zufluß	o	vGA von S_1	+	vGA von S_1	+
			fikt.Zinsen an S_1	-		
			fikt.Zinsen v. S_2	+		
			Einlage bei S_2	o	vE bei S_2	o
	Einkommen	o	Einkommen	+	Einkommen	+
S_2			fikt.Zinsen an M	-	Verbrauch d. Nutzung	-
	Keine vE	o	Einlage von M	o	vE	o
	Einkommen	o	Einkommen	-	Einkommen	-
	Summe/Einkommen	+	Summe /Einkommen	+	Summe/Einkommen	+

Im Ergebnis wird die Vorteilszuwendung im Dreieck bei allen drei Varianten einmal besteuert. Der entscheidende Unterschied liegt aber in der Zuordnung des Steuersubstrats. Solange keine nationalen Grenzen zwischen den drei Gesellschaften liegen, bleibt der Unterschied von der Gesamtsteuerlast des Konzern bzw. vom gesamten Steueraufkommen her ohne große Bedeutung. Erst der internationale Sachverhalt führt zu unerträglichen Unterschieden.

9. Vorteilszuwendungen zwischen Schwestergesellschaften bei abweichenden Beteiligungsverhältnissen und im mehrgliedrigen Konzern

9.1 Unreine Dreiecksverhältnisse

9.1.1 M hält nicht sämtliche Anteile der Schwestergesellschaften

9.1.1.1 Sachverhalt

Im sog. klassischen Dreieck ist M zu 100 % an zwei Tochtergesellschaften beteiligt. Sind an einer oder an beiden T neben M Dritte beteiligt, ergeben sich zusätzliche stl. Probleme. Im Hinblick auf die drei miteinander verbundenen Gesellschaften kann man immer noch von einem Dreieck sprechen, es soll aber im Gegensatz zum klassischen Dreieck aus Vereinfachungsgründen als "unreines Dreiecksverhältnis" bezeichnet werden.

Vorteilszuwendungen zwischen den S eines unreinen Dreiecks sind ebenso möglich wie im klassischen Dreieck, insbesondere dann, wenn die Dritten nur unwesentlich beteiligt sind. Die Wahrscheinlichkeit von Vorteilszuwendungen nimmt aber umsomehr ab, je geringer die Beteiligungen von M an den S werden. Die Vorteilszuwendung von S1 begünstigt ja gleichzeitig die an S2 beteiligten Dritten. Die Vorteilszuwendung von S1 an S2 wird noch unwahrscheinlicher, wenn M an der zuwendenden Gesellschaft keine Mehrheitsbeteiligung mehr hat. M ist dann kaum noch in der Lage, über ihren gesellschaftsrechlichen Einfluß S1 zu einer Vorteilszuwendung an S2 zu bewegen. Deswegen kann eine Vorteilszuwendung, die nicht durch eine Mehrheitsbeteiligung verursacht ist, bei den weiteren Überlegungen außer Betracht bleiben. In diesen Fällen sollte man per definitionem nicht mehr von Schwestergesellschaften sprechen (s.o. 8.2.3). Liegt aber die Beteiligung von M an den beiden S über 50%, aber unter 100 %, bleibt eine Vorteilszuwendung im Bereich des Möglichen.

9.1.1.2 Rechtsfolgen

Die Rechtsfolgen scheinen in dieser Konstruktion auf den ersten Blick komplizierter als beim klassischen Dreieck.[449] Die Abweichungen sind jedoch nicht gravierend.

Am einfachsten ist es, die stl. Rechtsfolgen bei der begünstigten S2 darzustellen. Sie hat einen Vorteil bekommen, den ihr ein fremder Dritter nicht gewährt hätte. Der Vorteil ist durch die Konzernverbundenheit verursacht, S2 hat ihn letztlich M zu verdanken. M hat kraft ihrer Mehrheitsbeteiligung S1 dazu bewogen, den Vorteil an S2 zuzuwenden. Deswegen ist der Vorteil bei S2 als Einlage zu behandeln. Man kann den Vorteil nicht aufteilen in einen Teil, der Einlage ist, und in einen Teil, der Fremdzuwendung ist.[449a] Zwar ist M nicht der einzige Gesellschafter von S2. Das ändert aber nichts daran, daß die Zuwendung insgesamt als Einlage zu bewerten ist. Eine Gesellschaftereinlage setzt nicht voraus, daß der einlegen-

449) Der Hinweis von Knobbe-Keuk (§ 19 II 3), daß sich in diesen Fällen Komplikationen ergeben, wird in ihrem Buch nicht näher begründet. Sie nimmt aber zu dem Problem in DStZ 84, S. 335 (FN 14) Stellung.

449a) A.A. Knobbe-Keuk in DStZ 84, S. 335

de Gesellschafter der einzige Gesellschafter ist. Im Ergebnis darf die gesamte Zuwendung den Gewinn von S2 nicht erhöhen. Die Rechtsfolge ist dieselbe wie im klassischen Dreieck.

S1 hat ihrer Schwestergesellschaft den Vorteil zugewendet, weil M sie dazu veranlaßt hat. M kann solche Zuwendungen veranlassen, solange sie beherrschenden Einfluß auf S1 hat. Sie muß nicht der einzige Gesellschafter von S1 sein. S1 wendet den Vorteil einer Person zu, die M nahesteht. Wenn und soweit M daraus einen Vorteil hat, liegt darin eine vGA an M.

Hier stellt sich nun die entscheidende Frage, ob M durch die Zuwendung an S2 nur insoweit bereichert ist, als sie an S2 beteiligt ist. Diese Lösung drängt sich fast auf. Der Vorteil, der S2 zugewendet wird, erhöht das Vermögen von S2 als juristischer Person. Damit werden gleichzeitig die Beteiligungen aller Gesellschafter von S2 wertvoller. Der Vorteil kommt nicht nur dem Gesellschafter zugute, von dem er stammt. Dennoch ist aus der Sicht der M der ganze Vorteil, der S2 zugewendet worden ist, als Einlage anzusehen. Einlage ist das, was der Gesellschafter aufwendet, um die Einlage zu leisten. Das ist das entscheidende Kriterium. Ebenso wie beim klassischen Dreieck muß deswegen genau untersucht werden, was M aufwendet, wenn sie S1 aufgrund ihrer beherrschenden Stellung veranlaßt, an S2 eine Zuwendung zu machen. Der Aufwand von M ist identisch mit einer etwaigen Ausgleichsverpflichtung gegenüber S1. Oben (8.4.3.4) wurde dargestellt, daß die abhängige Gesellschaft in solchen Fällen regelmäßig einen Ausgleichsanspruch gegen das beherrschende Unternehmen erwirbt. Der Anspruch beruht auf Gesellschaftsrecht, speziell auf Konzernrecht. M will S2 einen bestimmten Vorteil (z.B. i.H.v. 100) zukommen lassen. Zahlt sie das aus eigener Tasche, besteht kein Zweifel, daß bei ihr ein Aufwand in dieser Höhe (= 100) entstanden ist. Läßt sie einen Dritten (S1) zahlen, dem sie ersatzpflichtig ist, muß dasselbe gelten. In beiden Fällen hat sie eine Aufwendung von 100 gemacht, auch wenn sie an S2 nur zu 60 % beteiligt ist. Verzichtet S1 auf den Ersatzanspruch, weil M ihr Gesellschafter ist, dann bereichert sie M i.H.v. 100. Der Verzicht ist eine vGA. Auch im Hinblick auf die vGA ist es unerheblich, in welcher Höhe der Gesellschafter beteiligt ist.[450] Es kommt nur darauf an, ob er als Gesellschafter einen Vorteil von seiner Gesellschaft bekommen hat.

Es ergeben sich also bei genauer Betrachtung dieselben Rechtsfolgen wie beim klassischen Dreieck. Auch bei M und S1 wird die ganze Zuwendung als vE bzw. vGA behandelt. Es geht nicht nur um den Anteil, der der Beteiligung von M an S2 entspricht. M muß ihre Beteiligung an S2 um den ganzen Wert der Zuwendung, die S1 an S2 geleistet hat, aufstocken. Diese Vermögensmehrung ist als Ertrag aus einer Beteiligung an S1 (vGA) zu versteuern.

Eine ganz andere Frage ist, ob an dieser Aufstockung der Beteiligung an S2 am Bilanzstichtag festgehalten werden kann. Die Beteiligung muß nach § 6 Abs. 1 Nr. 2 EStG bewertet werden. Jetzt muß sich die Tatsache auswirken, daß die Zuwendung an S2 den

450) So die h.M. Vgl. z.B. H-H-R § 6 KStG a.F. 109 und Lange aaO, Tz. 11 und 54 b.

Wert der Beteiligung nur anteilig erhöht hat. Sie ist ja auch den anderen Gesellschaften zugutegekommen. Das kann ein Grund für eine Teilwertabschreibung sein. Bei der Bewertung der Beteiligung müssen aber auch die stillen Reserven berücksichtigt werden, so daß die vE in diesen Fällen nicht immer und automatisch eine Teilwertabschreibung auslöst.

9.1.2 Beteiligung einer S an der anderen

Eine Sonderform des unreinen Dreiecks macht allerdings Schwierigkeiten. Es ist denkbar, daß an S1 nicht nur M, sondern daneben S2 beteiligt ist.

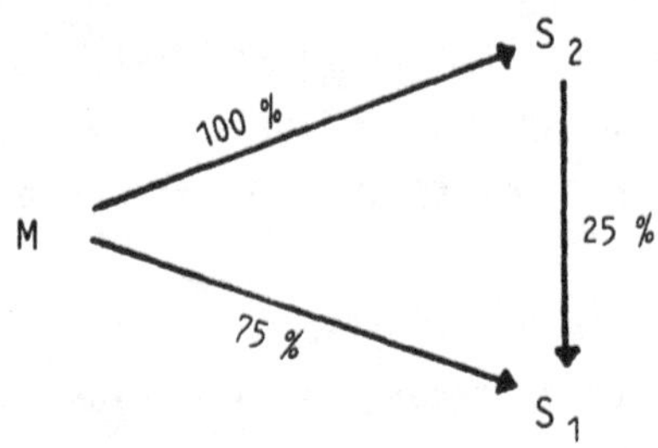

Diese Konstruktion bringt deswegen eine entscheidende Änderung, weil nun in der Vorteilszuwendung zwischen S1 und S2 eine vGA nicht nur an M, sondern auch an S2 gesehen werden kann. Es frägt sich, ob auch in diesem Fall eine Zuwendung angenommen werden soll, die bei M durchfließt mit den typischen Folgen, die sich im klassischen Dreieck ergeben: VGA von S1 an M und vE von M an S2. Das kann nicht sein. Der Umweg über M ist jetzt nicht mehr notwendig. S1 wendet einen Vorteil ihrem Gesellschafter S2 zu und bewirkt auf diese Weise in der vollen Höhe des Vorteils eine vGA an S2. Eine Auswirkung auf M ergibt sich nicht. Das bedeutet, daß der

Umweg über M immer dann entfällt, wenn eine unmittelbare Beteiligung der Schwestergesellschaften untereinander vorliegt. Auf die Höhe der Beteiligung kommt es nicht an.

9.2 Zuwendungen im mehrgliedrigen Konzern

9.2.1 Sachverhalt

Die meisten Konzerne bestehen nicht nur aus einer M und 2 T. Große Unternehmensgruppen sind vertikal und horizontal vielschichtig gegliedert. Leistungsaustausch kann zwischen allen Konzernmitgliedern stattfinden, nicht nur zwischen M und T oder zwischen Schwestergesellschaften, sondern auch zwischen M und einer Enkelgesellschaft oder zwischen einer Schwester und einer Enkelgesellschaft. Es ist unmöglich, alle Modelle im Detail zu besprechen. Die Sachverhalte liegen außerhalb des Themas dieser Arbeit. Trotzdem kann nicht ganz auf diese Tatbestände verzichtet werden. Vorteilszuwendungen innerhalb eines mehrgliedrigen Konzerns potenzieren die rechtlichen Schwierigkeiten, die bei Vorteilszuwendungen zwischen S auftreten. Je verwickelter die Verwandtschaftsverhältnisse sind, desto schwerer fallen Gewinnberichtigungen aufgrund von vGA oder vE. Man schreckt vor der Vorstellung zurück, bei einer Vorteilszuwendung zwischen zwei Gesellschaften, die "über sechs Ecken miteinander verwandt sind", d.h. deren gesellschaftliche Verbundenheit über sechs vermittelnde Gesellschaften läuft, eine Berichtigungskette in Gang zu setzen, die alle Zwischenglieder miteinbezieht. Der Sachverhalt soll an folgendem Beispiel dargestellt werden, dem eine komplexe Beteiligungsstruktur zugrundeliegt (die Beteiligungen sind nicht vollständig wiedergegeben!):

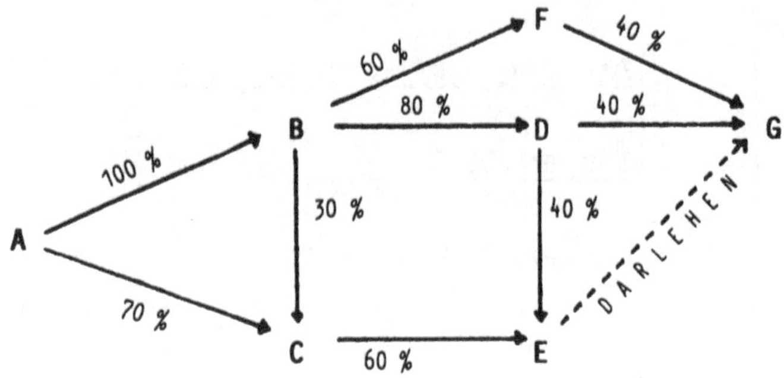

Die Gesellschaften B bis G sind Kapitalgesellschaften, die Konzernspitze A ist eine KG. E gibt G auf Veranlassung von A ein unverzinsliches Darlehen. Dadurch erspart sicht G einen Jahreszins von 60.000. Betriebliche Gründe für die Vorteilszuwendung scheiden aus.

9.2.2 Rechtsfolgen

E und G sind keine Schwestergesellschaften, sie sind aber wie Schwestergesellschaften in der Seitenlinie miteinander verwandt. Ebenso wie im Dreieck berühren Vorteilszuwendungen in diesem Fall nur das Vermögen der unmittelbar betroffenen Gesellschaften. Die zuwendende Gesellschaft wird ärmer, die empfangende Gesellschaft reicher.Aber auch die dazwischenliegenden Gesellschaften werden über ihre direkten oder indirekten Beteiligungen an den beiden Betroffenen ärmer oder reicher. Bei der Konzernspitze, die oft nur die Funktion einer geschäftsleitenden Holding-Gesellschaft hat, gleichen sich die Vermögensänderungen aus, wenn sie direkt oder indirekt alle Beteiligungen in ihrer Hand vereinigt. Die Konzernmitglieder stehen sich untereinander nahe in dem Sinn, daß bei Geschäften zwischen ihnen der natürliche Interessengegensatz, wie er unter Fremden besteht, fehlen kann. Das übergeordnete Konzerninteresse kann dazu führen, daß das Verhältnis zwischen Leistung und Gegenleistung nicht wie unter Fremden ausgewogen ist. Das schließt nicht aus, daß Konzernmitglieder partielle Eigeninteressen haben und sogar miteinander in Konkurrenz treten können. Gleichgerichtete Interessen sind nicht a priori zu vermuten. Es ist auf jeden Fall Sache der Finanzverwaltung, den Nachweis zu erbringen, daß die gesellschaftsrechtliche Verbundenheit maßgebend war für die Konditionen des fraglichen Geschäfts. Läßt sich dieser Nachweis führen, müssen die entsprechenden rechtlichen Konsequenzen gezogen werden. Andernfalls würde man einen vielfältig gegliederten Konzern ohne Rechtsgrund anders behandeln als das Grundmodell in der Form des klassischen Dreiecks. Das Instrumentarium für Berichtigungen ist dasselbe: Die vGA und die vE.

Was die beiden unmittelbar betroffenen Gesellschaften anlangt, kann das Ergebnis nicht zweifelhaft sein. G erlangt einen Vorteil, der nicht betrieblich erwirtschaftet wurde, sondern von einer ihren Gesellschaftern nahestehenden Person stammt. Die durch den Vorteil verursachte Vermögensmehrung darf nicht versteuert werden. Der Vorteil betrug im Beispielsfall 60.000, um diesen Betrag ist der HB-Gewinn von G zu berichtigen. Auf der anderen Seite hat E nur deshalb auf einen angemessenen Zins verzichtet, weil G eine dem Gesellschafter der E nahestehende Person ist. Auf diese Weise hat sie ihr Einkommen vermindert. Für die Verminderung waren gesellschaftsrechtliche Gründe maßgebend. Es handelt sich um eine vGA, die nach § 8 Abs. 3 S.2 KStG das Einkommen von E nicht mindern darf.

Äußerst schwer zu entscheiden ist allerdings, wem diese vGA auf der Empfängerseite zuzurechnen ist. Das kann nach der üblichen Betrachtungsweise nur der Gesellschafter der ausschüttenden Gesellschaft sein. Eine vGA an Nicht-Gesellschafter gibt es nicht. Deshalb ist es unmöglich, den Vorteil der Konzernspitze A zuzurechnen, was an sich vom Ergebnis her sinnvoll wäre. Man muß sich vergegenwärtigen, daß es auch im Konzern nicht die Regel ist, daß ein abhängiges Unternehmen ohne besonderen Grund ein anderes Konzernmitglied begünstigt. Verlustbringende Geschäfte, wie zinslose Darlehen, werden nur auf Druck von oben gemacht. Der Druck kommt von der Konzernspitze, die per definitionem eine beherrschende Stellung hat und damit auch solche Geschäfte anordnen kann. Dennoch ist es mit der Systematik der vGA auf keinen Fall zu vereinbaren, den Vorteil einem anderen als dem unmittelbaren Gesellschafter zuzuordnen.

Unmittelbarer Gesellschafter von E sind im Beispielsfall C und D. Ihnen kann eine vGA aber wiederum nur zugerechnet werden, wenn sie einen Vorteil davon haben. Worin soll der Vorteil für C und D liegen, wenn E der G etwas zuwendet? G ist zwar ein "entfernter Verwandter" von C und D, aber davon müssen C und D nicht einmal etwas wissen. Ein Vorteil könnte für sie nur darin liegen, daß sie - um im Bild der Verwandtschaft zu bleiben - durch die Zuwendung von einer "Unterhaltspflicht" gegenüber dem entfernten Verwandten G befreit werden. Doch das ist nicht der Fall. Die Konzernsolidarität allein[451] verpflichtet die einzelnen Konzernmitglieder nicht, einander zu helfen. G hätte aus ihrer Konzernzugehörigkeit heraus weder einen Rechtsanspruch gegen E noch gegen C und D.

Die vorteilszuwendende Gesellschaft E kann somit nur durch Weisung des beherrschenden Unternehmens veranlaßt worden sein, G ein zinsloses Darlehen zu geben. Weisungen der Konzernspitze müssen über die Konzernmitglieder laufen, die gesellschaftsrechtlich die Verbindung mit der Spitze herstellen. Erfüllt das angewiesene Konzernmitglied die Weisung, wird der Vorteil zwar wirtschaftlich unmittelbar der begünstigten Gesellschaft zugeleitet, rechtlich muß er aber den Umweg über alle Konzernmitglieder nehmen, durch die die Konzernspitze mit den unmittelbar am Geschäft Beteiligten verbunden ist. Der Vorteil läuft nicht wie im Dreieck über eine Station, sondern über viele.

Es fällt sehr schwer, das Durchleiten des Vorteils durch die ganze Beteiligungskette vermögensmäßig so darzustellen, daß daraus vGA oder vE bei den Zwischen-

451) d.h. ohne besondere Unternehmensverträge

gliedern hergeleitet werden können. Nachweisbar ist, daß der Vorteil von der Tasche eines Verwandten in die Tasche eines anderen Verwandten wandert. Nicht sichtbar ist, daß dies rechtlich auf dem Weg über die Beteiligungskette geschieht. Man sieht, daß sich die Tasche des Gebers leert und die Tasche des Nehmers füllt. Die Taschen der anderen bleiben unverändert. Erst aus der juristischen Konstruktion ergibt sich, daß sie als Bindeglieder dienen. Man gibt ihnen etwas zum Weitergeben. Dazu sind sie aufgrund des Beherrschungsverhältnisses verpflichtet.

Wendet eine Kapitalgesellschaft jemanden einen Vermögensvorteil zu, kann das steuerrechtlich nur zwei Folgen haben: Wenn es eine betriebliche Ursache für die Zuwendung gibt, liegt eine BA vor, andernfalls muß es sich um eine Ausschüttung [452], d.h. um Einkommensverwendung handeln. Eine dritte Möglichkeit gibt es nicht. Zum Wesen der Ausschüttung gehört es, daß der Vorteil dem Gesellschafter zugutekommt. Wird der Vorteil von der Gesellschaft einem Dritten zugewendet, liegt dennoch eine Ausschüttung vor, wenn man davon ausgehen kann, daß der Vorteil auf Weisung oder im Interesse des Gesellschafters dem Dritten zugewendet worden ist. Genau diese Situation liegt im Beispielsfall vor. E hat auf Weisung/im Interesse von C [453] den Vorteil G zugewendet. Deswegen muß C sich so behandeln lassen, als habe sie den Vorteil selbst bekommen. Dasselbe gilt im Verhältnis

452) Kapitalrückzahlungen können in diesem Zusammenhang außer Betracht bleiben.

453) D kann hierfür außer Betracht bleiben, weil der beherrschende Einfluß von A über C ohne den Umweg über B ausgeübt werden kann.

A zu C: Den Vorteil, den C eigentlich von E hätte selbst bekommen können, hat C auf Weisung/im Interesse von A G zugewendet. Es liegen zwei vGA vor, von E an C und von C an A. Der Zahlungsweg wurde abgekürzt. Auf dem langen Weg hätte A den Vorteil nun weiterleiten müssen an B, deren Gesellschafter A ist. Es spielt keine Rolle, daß A eine Personengesellschaft ist. B hätte den Vorteil über D (mit Hilfe der F) oder über F (mit Hilfe der D) schließlich an G weitergeben müssen. Das sind drei vE, von A an B, von B an D (oder F) [454], von D (oder F) an G. Ergebnis: Das Einkommen von C und A ist aufgrund der vGA um 60.000 zu erhöhen,[454a] die vE wirken sich auf das Einkommen von B, D und F einkommensneutral aus. Bei G ist zwar die vE einkommensneutral, nicht aber der Verbrauch des mit der Zinslosigkeit verbundenen Nutzungsvorteils; dieser bewirkt eine Verminderung des Einkommens von 60.000. [455]

Diese stl. Kettenreaktion ist befremdlich, aber systemimmanent. Die praktischen Schwierigkeiten können nicht als Argument gegen die steuerrechtliche Systematik vorgebracht werden. Es gibt keine anderen stl. Instrumente für eine Gewinnkorrektur wegen außerbetrieblicher Vorgänge als Ausschüttung und Einlage im Bereich der KSt und Entnahme und Einlage im Bereich der ESt. Komplizierte Strukturen ziehen hier komplizierte Rechtsfolgen nach sich.

454) F und D müssen zusammengekoppelt werden, weil ihre Beteiligungen an G für sich allein keinen beherrschenden Einfluß bewirken.

454a) Ebenso wohl Döllerer, DStR 84, S.383 (385) und Lang FR 84, S.629

455) Auf einer genaueren Darstellung der stl. Rechtsfolgen muß in diesem Rahmen verzichtet werden. Es handelt sich aber um die gleichen Berichtigungen, wie sie im Dreieck vorkommen.

10. Vorteilszuwendungen in internationalen Dreieck

10.1 Problem: Konkurrenz der Berichtigungsmöglichkeiten nach nationalem und internationalem Steuerrecht

Im Mittelpunkt der Überlegungen stehen wieder die Vorteilszuwendungen zwischen Schwestergesellschaften, vor allem die Zuwendung von Nutzungen und Leistungen. Es soll festgestellt werden, ob es bei internationalen Sachverhalten zu Gewinnverschiebungen kommen kann, die das nationale Steuersubstrat endgültig beeinflussen. Aus der Sicht der Konzerne heißt das Problem Doppelbesteuerung, aus der Sicht der Steuerverwaltungen heißt das Problem Steuerausfall.

Das Instrumentarium der deutschen Steuerverwaltung ist für Berichtigungen in diesen Fällen vielfältiger: Neben vGA und vE stehen die Sondernorm des § 1 AStG und die Bestimmungen der DBA. Von erheblicher Bedeutung ist, in welchem Verhältnis diese Normen zueinander stehen. Erst wenn das geklärt ist, kann entschieden werden, welche Rechtsfolgen Vorteilszuwendungen im internationalen Dreieck haben.

10.2 Begriff des internationalen Dreiecks

Bisher wurde nur der nationale Konzern untersucht. Modell war das klassische Dreieck, das eine Muttergesellschaft mit ihren zwei 100 %igen Töchtern bildet. Alle drei Gesellschaften waren inländische Gesellschaften. An einem internationalen Dreieck sind ausländische Gesellschaften beteiligt, mindestens eine davon muß aber noch eine deutsche Kapitalgesellschaft sein. Das ergibt insgesamt sechs Varianten:

inl.M	-	ausl.S1	-	ausl.S2
inl.M	-	ausl.S1	-	inl.S2
inl.M	-	inl.S1	-	ausl.S2
ausl.M	-	inl.S1	-	inl.S2
ausl.M	-	ausl.S1	-	inl.S2
ausl.M	-	inl.S1	-	ausl.S2

Unterscheidet man zusätzlich zwischen Ausland, mit dem die Bundesrepublik ein DBA abgeschlossen hat und anderes Ausland, so vermehren sich die Varianten auf 18. Auf eine weitere Untergliederung wird verzichtet.[456]

10.3 Typische Zuwendungen von Nutzungen und Leistungen im internationalen Konzern

Es ist unmöglich, sämtliche Arten von Nutzungen und Leistungen aufzuzählen, die für eine Zuwendung zwischen Schwestergesellschaften im internationalen Konzern in Betracht kommen. Man kann nur mit einer Typisierung arbeiten. Die Erfahrung hat gezeigt, daß es einige charakteristische Bereiche gibt, in denen es zu Vorteilszuwendungen zwischen Mitgliedern einer internationalen Unternehmensgruppe kommt. Diese Bereiche wurden für das deutsche Steuerrecht zum ersten Mal offiziell in den vom BdF veröffentlichten Verwaltungsgrundsätzen[457] dargestellt und

456) Zu denken wäre an Länder, die stl. einen besonderen Stellenwert haben wie Entwicklungsländer, Steueroasenländer oder Staatshandelsländer.

457) BStBl. 83 I, S.218.

systematisch geregelt. In Anlehnung an die dort getroffene Gliederung kann man auf dem Gebiet der Nutzungen und Leistungen folgende Bereiche unterscheiden:

Leistung	Gegenleistung
Finanzierungsleistungen	Zinsen, Bürgschaftsprovisionen
Überlassung von Patenten, know-how ...	Lizenzzahlungen
Sonstige gewerbliche Dienstleistungen	Besondere Vergütungen, Verlustübernahmen
Verwaltungsbezogene Leistungen im Konzern	Konzernumlagen

Der Bereich des Güteraustausches (= Lieferungen) ist ein weiterer Schwerpunkt. Im Rahmen der Themenstellung kann aber darauf nicht näher eingegangen werden.

Wie bereits in der Einleitung (s.o.1., S.5) ausdrücklich betont wurde, kann das weite und schwierige Problemfeld der internationalen Verrechnungspreise nicht Gegenstand dieser Arbeit sein. Die Überprüfung der internationalen Verrechnungspreise ist in erster Linie eine Frage der Sachverhaltsermittlung. Es geht darum, alle preisbestimmenden Faktoren festzustellen, die zu einem bestimmten Preis geführt haben. Die Schwierigkeiten liegen hier vor allem an der mangelnden oder doch sehr schwierigen Kommunikation mit ausländischen Informationsträgern. Anders ist es hinsichtlich des rechtlichen Instrumentariums, das für Berichtigungen der internationalen Verrechnungspreise und damit des Einkommens der Beteiligten in Betracht kommt. Das sind rein rechtliche Probleme, die nicht mit den Schwierigkeiten der Sachverhaltsaufklärung verbunden sind. Berichtigt kann erst werden, wenn der Sachverhalt feststeht. Die weiteren Überlegungen gehen wie die vorangegangenen davon aus, daß eine Vorteilszuwendung zwischen Schwestergesellschaften vorliegt. Es soll nur geprüft werden, welche Rechtsgrundlagen bei diesem vorgegebenen Sachverhalt für eine Berichtigung der Einkünfte der beteiligten Gesellschaften in Betracht kommen und wie sich eine Berichtigung stl. auswirkt.

10.4 Verhältnis zwischen § 1 AStG und vGA bzw. vE

10.4.1 Das Konkurrenzverhältnis

Vor Inkrafttreten des AStG am 13.9.72 konnte man Probleme der Gewinnverschiebung im internationalen Konzern nur mit Hilfe der nationalen Einzelsteuergesetze und der Mißbrauchsklauseln der AO bzw. des StAnpG lösen. Wenn es nicht möglich war, einen Mißbrauchstatbestand nachzuweisen, verblieb für den Bereich der Kapitalgesellschaften nur die vGA bzw. die vE als Instrument für eine Gewinnkorrektur.

Das AStG brachte dann in § 1 eine ziemlich flächendeckende Ermächtigung, die wegen internationaler (Interessen)verflechtung verkürzten Gewinne zu berichtigen. Die Vorschrift gilt für alle "Steuerpflichtigen", d.h. für natürliche Personen und für Körperschaften. Sie ist aber doch stark auf Kapitalgesellschaften zugeschnitten. Damit ergeben sich im

Bereich der Kapitalgesellschaften Überschneidungen zwischen den bisherigen Gewinnberichtigungstatbeständen und der neuen Vorschrift.

Augenfällig ist vor allem die Ähnlichkeit zwischen § 1 AStG und dem Institut der vGA. Der Gesetzgeber wollte das daraus resultierende Konkurrenzproblem regeln. Es wurde bestimmt, daß die Berichtigung nach § 1 AStG "unbeschadet anderer Vorschriften" durchzuführen sei. Leider gibt diese Formulierung Anlaß zu vielen Zweifeln.

Man müßte sich über das Konkurrenzproblem keine großen Gedanken machen, wenn die Regelungsinhalte beider Bereiche deckungsgleich wären. Auf den ersten Blick ist kaum ein Unterschied zu entdecken. Bei genauer Betrachtung ergeben sich aber doch einige Divergenzen, die praktisch ins Gewicht fallen können. Der folgende Überblick soll das deutlich machen.

Unterschiede zwischen § 1 AStG und vGA:

1. Eine vGA ist an jeden Gesellschafter möglich. § 1 AStG regelt dagegen nur Vorteilszuwendungen an wesentlich beteiligte oder beherrschende oder solche Gesellschafter, die in der Lage sind, die Gesellschaft infolge besonderer Bindungen zu beeinflussen.

2. Bei beherrschenden Gesellschaftern ist nach der st. Rspr.[457a)] über die vGA eine Gewinnkorrektur schon möglich, wenn dem Leistungsaustausch zwischen Gesellschaft und Gesellschafter keine

457a) vgl. die Zitate in A. 31 Abs. II KStR

im voraus getroffene Vereinbarung zugrundeliegt. Das Finanzamt muß in diesen Fällen kein Mißverhältnis zwischen Leistung und Gegenleistung nachweisen. § 1 AStG setzt dagegen immer ein Mißverhältnis zwischen Leistung und Gegenleistung voraus.

3. Der sog. Vorteilsausgleich ist im Rahmen des § 1 AStG leichter möglich als bei der vGA.[458)]

Im Ergebnis sind die Berichtigungsmöglichkeiten mit Hilfe der vGA immer weitgehender als mit Hilfe von § 1 AStG.

Unterschiede zwischen § 1 AStG und vE:

1. § 1 AStG schafft nur eine Möglichkeit, die Einkünfte zu erhöhen, er gibt keine Rechtsgrundlage für eine Verminderung.[458a)] Die Verminderung der Einkünfte (der begünstigten Gesellschaft) läßt sich nur über die vE konstruieren.

2. Geht man wie der BFH davon aus, daß Nutzungen und Leistungen nicht Gegenstand einer vE sein können, läßt sich eine Berichtigung der Einkünfte (der zuwendenden Gesellschaft) nur über § 1 AStG erreichen.

3. Die Annahme einer vE ist (ebenso wie die der vGA) nicht von einer wesentlichen Beteiligung, von beherrschendem Einfluß o.ä. abhängig.

Die Deckungsgleichheit zwischen vE und § 1 AStG ist wesentlich kleiner als die Überschneidung bei der vGA.

458) Vgl. dazu im einzelnen Katterbe DB 83, S. 265 m.w.N.

458a) Ebenso BFH 84,747

10.4.2 Lösungsmöglichkeiten - Meinungsstand

Es hätte an sich nahe gelegen, in einem Gesetz, das sich ausschließlich mit internationalen Sachverhalten befaßt, die Gewinnkorrekturen, die aufgrund von Interessenverflechtungen notwendig werden, abschließend zu regeln. Dann wäre § 1 AStG eine lex specialis zu anderen Berichtigungsmöglichkeiten des nationalen Rechts.[459] Diesen Weg ist der Gesetzgeber nicht gegangen. § 1 gilt "unbeschadet anderer Vorschriften". Die Auslegung dieser drei Worte, die im juristischen Sprachgebrauch durchaus nicht ungewöhnlich sind [460], macht Schwierigkeiten. Man weiß nicht, ob § 1 AStG durch andere Berichtigungsmöglichkeiten verdrängt wird, also subsidiär ist[461] oder ob § 1 AStG andere Berichtigungsmöglichkeiten ergänzen soll, also kumulativ ist.[462] Ein praktischer Unterschied zwischen den beiden Versionen ergibt sich eigentlich nur dann, wenn § 1 durch eine andere Berichtigungsmöglichkeit verdrängt würde, die keinen so weiten Berichtigungsrahmen vorsieht.

459) Diese Meinung wird vertreten von H. Vogel DB 72, S. 1402 und BB 71, S. 1186 und Ebling StBP 71, S. 218 (223)

460) vgl. z.B. § 3 a Abs. 3, Nr. 4 UStG

461) Woerner BB 83, S. 845; Baranowski aaO, S. 201 ff und DStR 82, S. 406; Döllerer S. 162, FN 10; Beisse Inf. 78, S. 1; Pöppl DStZ 74, S. 158; K. Vogel StuW 74, S. 193 (201); Hellwig DStZ 73, S. 15; Brezing FR 73, S. 486; Debatin DStZ 72, S. 265 (268); Wöhrle aaO, § 1 V 7; Krüger aaO, S. 25 f; BdF BStBl. 83 I, S. 218, Tz. 1.1.3.

462) Menck in Blümich-Falk aaO, § 1 AStG, 92; Krabbe NSt, IStR (AStG) Darstellung 1; Ebenroth aaO, S. 61 ff.; Raupach JbFSt 77/78, S. 424 (430); Manke JBFSt 77/78, S. 444; Debatin nach Änderung seiner ursprünglichen Auffassung in DB 74, Beilage 15, S.4. Flick-Wassermeyer-Becker aaO (§ 1, 26 ff) meinen, § 1 AStG konkretisiere die vGA im Hinblick auf die Voraussetzung, die vE hinsichtlich der Voraussetzungen und der Rechtsfolgen.

Ginge die andere Berichtigungsmöglichkeit als die speziellere vor, wäre eine weiterreichende Berichtigung nach § 1 unzulässig.

Eine extreme Meinung wird von Westerfelhaus [463] und Meyer-Wegelin [464] für den Fall der Zuwendungen von Nutzungen und Leistungen vertreten. Sie sind der Auffassung, daß man die Anwendung des § 1 auch dann ausschließen müsse, wenn man eine Berichtigung über die vE nicht erreichen könne. Es gehe nicht an, bei einem internationalen Sachverhalt zu höheren Einkünften zu kommen als bei einem nationalen Sachverhalt.[465]

10.4.3 Eigene Meinung: Kumulative Anwendung

Eine Auslegung des Wortlauts hilft nicht weiter. Die Formulierung "unbeschadet anderer Vorschriften" wird in der Gesetzessprache immer dann verwendet, wenn der Regelungskreis einer anderen Vorschrift nicht eingeschränkt werden soll. Der Ausdruck ist aber so neutral, daß daraus kein Rangverhältnis zwischen den beiden Normen hergeleitet werden kann. Wenn die andere Vorschrift auf keinen Fall eingeschränkt werden soll, dann geht es im Ergebnis eigentlich nur noch darum, ob die andere Vorschrift als lex specialis vorgeht, so daß eine Lösung allein mit der anderen Regelung gefunden werden muß oder ob die andere Vorschrift durch die verweisende Regelung ergänzt wird. Diese Frage kann nur aus dem

463) DB 83, S. 907

464) FR 83, S. 289

465) Auf dieses Problem hat schon K Vogel in StuW 74, S. 193 hingewiesen.

Zusammenhang der beiden Normenbereiche geklärt werden.

Entstehungsgeschichte [466)] und Sinn von § 1 AStG sprechen dafür, daß die bis zum Inkrafttreten des AStG bestehenden Berichtigungsmöglichkeiten nicht eingeschränkt, sondern erweitert bzw. in der Anwendung erleichtert werden sollten. Mit § 1 wurde eine Vorschrift geschaffen, die sich auf alle Stpfl. und auf alle Einkunftsarten bezieht. Ihre Funktion besteht in der Erleichterung und Vereinheitlichung der Rechtsanwendung bei der Besteuerung internationaler Sachverhalte. Es soll verhindert werden, daß im Bereich der ESt und der KSt nationales Steuersubstrat durch unübliche Geschäfte zwischen nahestehenden Personen vermindert wird. Soweit dieser Zweck bereits mit anderen nationalen Steuervorschriften erreicht werden kann, sollen diese weiterhin anwendbar bleiben. Am allgemeinen System der Einkommensbesteuerung sollte möglichst wenig verändert werden.

Für den Bereich der vGA gibt es keine Probleme. § 8 Abs. 3 S. 2 KStG ist sowohl von den Voraussetzungen als auch von der Rechtsfolge her umfassender als § 1. Hier bleibt für § 1 kein Raum.

466) Begründung zum Regierungsentwurf (BT-DvS VI/ 2883, abgedruckt bei Flick-Wassermeyer-Becker aaO zu § 1, Nr. 17): "Nach geltendem deutschen Recht können zwar gewisse Gewinnverlagerungen korrigiert werden, es fehlt jedoch an einem umfassenden Rechtsmaßstab für eine Regelung des Gesamtbereichs der internationalen Gewinnverschiebungen ...". Vgl. außerdem Einführungsschreiben zum AStG v. 11.7.74 BStBl. I, S. 442 in Tz. 0: "Das AStG tritt ergänzend und erweiternd zu den Bestimmungen hinzu, die in der AO, dem StAnpG und den anderen Steuergesetzen die Besteuerung von Ausländerbeziehungen regeln ...."

Anders im Hinblick auf die vE. Wer eine Berichtigung der Einkünfte nicht aus diesem Rechtsinstitut ableiten kann, z.B. weil er Nutzungen und Leistungen nicht für einlagefähig hält, muß sich auf § 1 stützen.[467] Fehlt es an den tatbestandsmäßigen Voraussetzungen für die vE, gibt es kein Konkurrenzproblem. Der Konfliktfall zwischen § 1 und vE tritt erst ein, wenn eine Vorteilszuwendung des Gesellschafters als Tatbestand der vE qualifiziert wird, als Rechtsfolge aber keine oder im Vergleich zu § 1 keine gleich hohe Gewinnberichtigung zustande kommt. In diesem Fall muß entschieden werden, ob das Rechtsinstitut vE vorgeht mit der Folge, daß im Ergebnis keine oder keine so weitgehende Gewinnberichtigung zulässig ist. Diese Auffassung ist abzulehnen.

Die besseren Argumente sprechen für eine kumulative Anwendung von § 1. Die Formulierung "unbeschadet anderer Vorschriften" bedeutet nicht mehr und nicht weniger, als daß andere Vorschriften nicht durch § 1 derogiert werden sollen. Andere Vorschriften in diesem Sinne sind nicht nur spezielle Gewinnberichtigungsnormen wie § 8 Abs. 3 S.2 KStG, sondern auch der aus dem körperschaftsteuerrechtlichen Gewinnbegriff abgeleitete Rechtsgrundsatz der vE.[468] Falls diese andern Vorschriften nicht zum Ziel führen, nämlich zu einer Gewinnberichtigung, die dem Maßstab

467) So die Rspr. und die ihr folgende Literatur: s.o. 8.9.2 und 8.9.3. Vgl. auch Flick-Wassermeyer-Becker aaO. § 1, 44 und 47 m.w.N.

468) Die Auffassung von Becker (vgl. FN 462), § 1 AStG sei immer dann anwendbar, wenn nicht einer anderen Vorschrift "expressis verbis" der Tatbestand der Gewinnverkürzung geregelt ist, erscheint zu formalistisch.

des Fremdvergleichs gerecht wird, muß § 1 AStG eingreifen. Mit dieser Vorschrift soll sichergestellt werden, daß die Einkünfte so berechnet werden, als läge keine Interessenverflechtung mit dem Ausland vor. Es ist deswegen durchaus sinnvoll, von einem Auffangtatbestand zu sprechen.[469] § 1 als subsidiär zu bezeichnen, ist zumindest ungenau. Ist damit gemeint, daß andere Vorschriften als speziellere vorgehen, ist das abzulehnen. Das gilt auch für die von Westerfelhaus und Meyer-Wegelin[470] vorgetragene Meinung, man könne nicht über § 1 zu einer Gewinnberichtigung kommen, wenn sie unter sonst gleichen Bedingungen beim nationalen Sachverhalt nicht möglich sei. Wer diese strenge Art von Subsidiarität für § 1 vertritt, ignoriert seine Funktion als zentrale Berichtigungsvorschrift bei grenzüberschreitenden Leistungen. Er macht aus § 1 Makulatur.[471] Der Gesetzgeber hätte sich dann bei der Fassung von § 1 von vornherein auf natürliche Personen und Personengesellschaften beschränken können.

Wenn subsidiär aber so verstanden wird, daß eine Gewinnberichtigung in jedem Fall in dem Unfang möglich sein soll, wie ihn § 1 vorsieht, dann ist dagegen nichts einzuwenden. Die "Konkurrenz" besteht darin, daß § 1 die anderen Vorschriften e r g ä n z t mit dem Ergebnis, daß auf jeden Fall eine Berichtigung in der Höhe vorgenommen wird, die § 1 vorsieht. § 1 ist kumulativ,[472] nicht alternativ.

469) So Brezing FR 73, S. 486 und Hellwig DStZ 73, S. 15

470) s.o. FN 463 und 464

471) Ebenso Debatin RIW/AWD 75, S. 596 (599)

472) Im Ergebnis ebenso:
Debatin, Raupach, Menck (s.o. FN 462); Hußmann Diss., S. 181. Auch die "Verwaltungsgrundsätze" (BStBl. 83 I, S. 218, Tz. 1.1.3) gehen offenbar von dieser Meinung aus.

10.4.4 Konsequenzen

10.4.4.1 VGA unmittelbar an den Gesellschafter

§ 8 Abs. 3 S. 2 KStG ermöglicht weitgehendere Berichtigungsmöglichkeiten als § 1 AStG. Deswegen bedarf es der Anwendung des § 1 nicht, wenn die Voraussetzungen einer vGA vorliegen. Wendet eine inländische Kapitalgesellschaft ihrem ausländischen Gesellschafter aufgrund der gesellschaftlichen Verbundenheit Vermögensvorteile zu, so wird das Einkommen der inländischen Gesellschaft nach § 8 Abs. 3 S. 2 KStG erhöht. Auch hinsichtlich des Anrechnungsverfahrens und der KapESt müssen die Folgen aus der vGA gezogen werden.

10.4.4.2 VE unmittelbar an die Gesellschaft

Folgt man dem BFH [473] mit seiner Meinung, daß nur solche Vorteile Gegenstand einer vE sein können, die das Bilanzvermögen der begünstigten Gesellschaft erhöhen, so ist eine Berichtigung in allen anderen Fällen nur mit Hilfe des § 1 AStG möglich. Eine Konkurrenz zwischen § 1 und vE liegt nicht vor, weil die tatbestandsmäßigen Voraussetzungen für die vE fehlen. Die Berichtigung betrifft den *inländischen Gesellschafter*, der die Leistung zu billig an die Gesellschaft abgibt. Sein Gewinn muß erhöht werden. Ganz anders wird die Rechtslage, wenn man auch Nutzungen und Leistungen für einlagefähig hält. Die Lösung hängt dann davon ab, ob man den Fall nur mit dem Instrument der vE löst, oder

473) BFH 82,631; 81,612; 71,408; 84,535; 84,747

ob man daneben die Anwendung des § 1 für zulässig hält. Würde man nur mit der vE als lex specialis arbeiten, so wäre eine Gewinnerhöhung beim vorteilsgewährenden inländischen Gesellschafter nicht möglich. Gibt etwa der inländische Gesellschafter seiner ausländischen Gesellschaft ein unverzinsliches Darlehen, so mindert er nach der hier vertretenen Auffassung seine Einkünfte dadurch nicht. Denn entweder finanziert er das Darlehen mit EK - dann entstehen ihm keine Aufwendungen - oder er finanziert es mit Fremdmitteln - dann muß er die Aufwendungen aktivieren. Würde man die Auffassung vertreten, § 1 AStG träte hinter der vE zurück, weil der Tatbestand einer vE erfüllt sei (wenn auch ohne Berichtigungsmöglichkeit!), könnte das Einkommen des Gesellschafters überhaupt nicht erhöht werden. Hält man dagegen wie hier eine kumulative Anwendung des § 1 für richtig, kann der Gewinn des Gesellschafters über § 1 in Höhe der marktüblichen Zinsen berichtigt werden.

Bestritten ist, auf welche Art die Gewinnberichtigung nach § 1 durchgeführt werden soll. In Betracht kommen eine außerbilanzmäßige Zurechnung[474] oder die Aktivierung auf dem Beteiligungskonto.[475] Die Aufstockung des Beteiligungskontos ist inkonsequent. Man kann nicht die vE ablehnen und trotzdem so tun, als ob nachträgliche AK für die Beteiligung angefallen wären. Wer § 1 AStG anwendet, weil mit der

474) BdF BStBl. 83 I, S.218, Tz. 8.1.1.1 c, und BStBl. 79 I, S. 564; gleicher Ansicht Menck in Blümich-Falk aaO. Anhang 3, § 1 AStG V 1.

475) Döllerer, S. 139 und BB 71, S. 1245 (1271); Raupach JBFSt 80/81, S. 264; Debatin DB 75, Beilage 15, S.5 und RIW/AWD 75, S. 596 (602); Baranowski DStR 82, S. 406 (409) und IWB Fach 3, Gruppe 1, S. 629; Lempenau IWB Fach 3, Gruppe 1, S. 799; Ebenroth aaO, S.72.

Vorteilszuwendung keine bilanzmäßig sichtbare Vemögensänderung verbunden war, muß zur außerbilanzmäßigen Zurechnung kommen. Diese Lösung kann zu einer Doppelbesteuerung führen. Steigt nämlich der tatsächliche Wert der Beteiligung infolge der Zuwendung des Gesellschafters und veräußert der Gesellschafter seine Beteiligung später, muß er den Gewinn in Form eines Veräußerungsgewinns nochmal besteuern, den er schon durch die außerbilanzmäßige Zurechnung nach § 1 AStG versteuert hat. Deswegen gestatten die Verwaltungsgrundsätze, daß der Veräußerungsgewinn später in Höhe der außerbilanzmäßigen Zurechnung gemindert wird.[476] Diese Lösung ist billig, aber ohne jede Rechtsgrundlage. Deswegen ist es besser, die Bildung eines aktiven Ausgleichspostens innerhalb der Bilanz zuzulassen.[477] Dieser Ausgleichsposten verkörpert vermögensmäßig den Anspruch des Stpfl. gegen den Fiskus, die frühere Besteuerung beim späteren Verkauf gewinnmindernd zu berücksichtigen. Es handelt sich dabei nicht um einen echten Vermögensgegenstand im Sinne einer zahlenmäßig meßbaren Forderung, sondern nur um einen Merkposten mit informatorischen Charakter für die Zukunft.[478]

Eine Berichtigung des Gewinns der i n l ä n d i s c h e n G e s e l l s c h a f t, die von ihrem ausländischen Gesellschafter eine Vorteilszuwendung erhält, ist nach § 1 AStG keinesfalls möglich.

Die Berichtigung könnte nur in einer Minderung liegen. § 1 gestattet aber nur Korrekturen nach oben.[479] Eine Gewinnminderung kann nur über die vE

476) BdF BStBl. 83 I, S. 218, Tz. 8.3.2

477) So Raupach JBFSt. 76/77, S. 224; Manke JBFSt 77/78, S. 461

478) Ebenso Wassermeyer FR 79, S. 345

479) Flick-Wassermeyer-Becker aaO § 1, 103; Döllerer BB 79, S. 1359; BFH 84,747

erreicht werden. Dem steht nach der hier vertretenen Auffassung nichts entgegen, wenn der Nutzungsvorteil bewertbar ist, d.h. wenn der zuwendende Gesellschafter im Zusammenhang mit der Einlage Aufwendungen hatte.

10.4.4.3 Vorteilszuwendungen zwischen Schwestergesellschaften

Zuwendungen zwischen Schwestergesellschaften führen nach der hier vertretenen Meinung zu einer vGA von S1 an M und zu einer vE von M an S2. Die Leistung von S1 an S2 wird auf M projiziert. Die Besonderheit dabei ist, daß Art und Wert der bei M ankommenden und von M abgegebenen Leistung deckungsgleich sind. M wendet das für die vE bei der einen T auf, was sie als vGA von der anderen T bekommen hat. VGA und vE sind die zwei Spiegelbilder desselben Vorgangs.

Die Konsequenz hinsichtlich der vGA ist klar: Falls § 1 AStG in Konkurrenz zu § 8 Abs. 3 S. 2 KStG tritt, geht § 8 Abs. 3 S. 2 als die speziellere und strengere Norm vor. Insoweit besteht kein Unterschied zwischen der vGA in der Zweierbeziehung und im Dreieck. Die Folge für die vE ist aber eine besondere. Während es in der Zweierbeziehung im Fall des Nutzungs- oder Leistungsvorteils nur zu einer bewertbaren Einlage kommt, soweit für den Gesellschafter Kosten anfallen, entspricht der Wert der vE im Dreieck immer dem Wert der vGA. Die vE ist also in jedem Fall mit dem Preis anzusetzen, den ein gewissenhafter und ordentlicher Geschäftsführer für die Leistung verlangt hätte. Dieser Preis ist identisch mit dem, den "voneinander unabhängige Dritte unter gleichen oder ähnlichen Verhältnissen vereinbart hätten" (§ 1 AStG). Die Rechtsfolge der vE und des § 1 sind deswegen immer deckungsgleich. Das heißt, daß § 1 durch das speziellere und weitreichendere Rechtsinstitut der vE in diesen Fällen immmer verdrängt wird. Ebenso wie bei der vGA bleibt für § 1 kein Raum. Die Kumulationswirkung des § 1 kommt im Dreiecksverhältnis nicht zum tragen. § 1 ist bei Vorteilszuwendungen unter Schwestergesellschaften nicht anwendbar.

Fazit: Die Vorteilszuwendungen im internationalen Dreieck sind rechtlich genauso zu beurteilen, wie im nationalen Dreieck.

Zu prüfen bleibt lediglich, ob nicht infolge von DBA eine andere Rechtslage entsteht.

10.5 Verhältnis von nationalem Recht und internationalem Vertragsrecht

10.5.1 Das Konkurrenzverhältnis

Art. 9 DBA/OECD und die diesem Muster folgenden Bestimmungen der einzelnen DBA sehen vor, daß die Gewinne miteinander verbundener Unternehmen berichtigt werden können, wenn sie untereinander Geschäfte machen, deren Konditionen durch die gesellschaftliche Verbundenheit beeinflußt sind. Der Fremdvergleich wird hier in Reinkultur normiert. Auf diese Weise ergibt sich wieder ein Konkurrenzproblem zwischen den nationalen Berichtigungsvorschriften, die bei Vorteilszuwendungen zwischen verbundenen Unternehmen vom Fremdvergleich ausgehen, und dieser Bestimmung des internationalen Vertragsrechts. Das

Problem wird in der Literatur und der Rspr. entweder allgemein unter dem Stichwort "Konkurrenz zwischen nationalem und internationalem Steuerrecht" behandelt oder es wird unter dem engeren Blickwinkel der Konkurrenz wischen § 1 AStG und Art. 9 DBA/OECD erörtert. Nachdem Vorteilszuwendungen zwischen Schwestergesellschaften aufgrund der hier vertretenen Auffassung spiegelbildlich als vGA und vE behandelt werden und deswegen nicht unter § 1 AStG fallen, kann darauf verzichtet werden, auf die Konkurrenz zwischen § 1 und Art. 9 DBA/OECD im Detail einzugehen. Für die Themenstellung interessiert somit nur das Verhältnis der nationalen Rechtsinstitute vGA/vE zu den entsprechenden Regelungen des internationalen Vertragsrechts. Letztlich geht es aber immer um das allgemeine Problem, wie sich nationales Steuerrecht zum internationalen Vertragsrecht verhält.

10.5.2 Lösungsmöglichkeiten - Meinungsstand

Die Rechtsprechung vertritt durchwegs den Standpunkt, daß das internationale Vertragsrecht nur die Funktion habe, das nationale Steuergut zwischen den Vertragsstaaten zu verteilen.[480] Die verteilbare Masse ist das, was die nationalen Steuergesetze an Steueransprüchen schaffen. Die wichtigste Feststellung ist, daß durch ein DBA keine Steueransprüche begründet werden können.

Ein großer Teil der in der Literatur vertretenen Meinungen kommt zu demselben Ergebnis.[481] Andere

480) vgl. z.B. BFH 80,531; 79,64; 71,379; RFH 35,1399

481) Korn-Dietz-Debatin aaO. Systematik III 41 ff, 52; Kluge in Weber-Kluge aaO., S. 157; Ebenroth aaO., S. 55 f; Döllerer DStR 80, S. 381 und BB 79, S. 1539; Hußmann Diss., S. 177.

sehen in den DBA vollkommen selbständige Rechtsgrundlagen, die über das Transformationsgesetz (Art. 59 Abs. 2 GG) Teil der innerstaatlichen Rechtsordnung werden und in ihrem speziellen Regelungsbereich den anderen nationalen Steuergesetzen vorgehen, also zusätzliche Steueransprüche begründen können.[482] Es wird auch die Frage geprüft, ob das internationale Vertragsrecht die Berichtigungsmöglichkeiten des nationalen Steuerrechts einschränken kann, wenn die Bundesrepublik über ein DBA das Besteuerungsrecht zugeteilt bekommen hat. [483]

Es geht also wieder um ein Konkurrenzverhältnis, wo entschieden werden muß, ob die internationalen Vertragsklauseln als lex specialis das nationale Recht verdrängen mit dem Ergebnis, daß die nationalen Besteuerungsmöglichkeiten daneben in keiner Weise mehr anwendbar sind, weder zugunsten noch zu Lasten des Stpfl.

10.5.3 Eigene Meinung: Zuordnung der nationalen Steuergüter

Das internationale Vertragsrecht kann keine zusätzlichen Steuertatbestände schaffen. Der Fiskus darf einen Steueranspruch nicht auf eine Vertragsklausel stützen, ohne daß das nationale Steuerrecht eine Rechtsgrundlage für den Steueranspruch schafft. Die Steuerquellen werden durch das nationale Steuerrecht geschaffen, eine Besteuerung über diesen Rahmen

482) Bellstedt aaO., S. 431; Schmitz aaO., S. 75 ff; H. Vogel BB 71, S. 1185.

483) So Menck DStZ 72, S. 65 (68); Flick-Wassermeyer-Becker aaO. § 1, 29 im Anschluß an Menck; einschränkend wieder Menck in Blümich-Falk § 1 AStG, 100 (DBA nicht als lex specialis, sondern nur als Abgrenzungsregel; d.h. nationales Recht ist daneben anwendbar); Lipps aaO., Tz. 102.

hinaus ist unzulässig. Andernfalls könnten Tatbestände, die auf einem internationalen Sachverhalt beruhen, nur deswegen höher besteuert werden, weil mit einem Land ein Abkommen zur Vermeidung der Doppelbesteuerung vereinbart worden ist. Das würde den Grundsatz der unbeschränkten Steuerpflicht widersprechen, nach dem alle Tatbestände gleich behandelt werden müssen, unabhängig davon, ob sie im Inland oder im Ausland stattfinden. Es würde ferner dem erklärten und einzigen Zweck eines DBA widersprechen, Doppelbesteuerungen zu verhindern: Jeder Vertragsstaat verzichtet auf Teile der ihm nach nationalem Steuerrecht zustehenden Steueransprüche, um beim anderen Vertragsstaat einen ähnlichen Verzicht zu erreichen. Es geht um die Einschränkung des eigenen Steueranspruchs, nicht um die Schaffung neuer Steueransprüche. Insoweit ist dem BFH vorbehaltlos zuzustimmen, der von der Verteilung und Zuordnung der nationalen Steuergüter spricht.[484] Wendet man diesen Grundsatz auf einen einzelnen Normbereich an (wie hier auf die Gewinnermittlung von gesellschaftlich verbundenen Unternehmen), kann im Detail nichts anderes gelten als allgemein. Die Vertragsstaaten können über eine Vertragsklausel, die inhaltlich dem Art. 9 DBA/OECD entspricht, nicht einen höheren Steueranspruch erhalten als ohne Vertragsklausel. Wohl aber ist es möglich, daß die Berichtigung nach Art. 9 aus der Sicht der nationalen Steuerverwaltung geringer ausfällt als die Berichtigung, die nach nationalem Recht möglich wäre. Konkret: Eine Berichtigung darf nur in dem Rahmen vorgenommen werden, den Art. 9 vorsieht, selbst

484) Vgl. z.B. BFH 80,531

wenn über die Anwendung einer vGA oder vE ein höherer nationaler Steueranspruch entstünde. Oder anders formuliert: Die Berichtigung, die über eine vGA oder eine vE oder über § 1 AStG möglich ist, ist begrenzt durch den Berichtigungsrahmen des Art.9. Das bedeutet gleichzeitig eine wichtige Konsequenz für die Methode der Rechtsanwendung. Die nationale Steuerverwaltung muß ihren Berichtigungsanspruch zunächst mit nationalem Steuerrecht begründen. Erst der zweite Schritt ist die Anwendung des DBA, das daraufhin untersucht werden muß, ob der nationale Steueranspruch ganz oder nur teilweise geltend gemacht werden kann.

10.5.4 Konsequenzen

Art. 9 DBA/OECD erlaubt eine umfassende Berichtigung auf der Basis des Fremdvergleichs. Den beteiligten Unternehmen sind die Gewinne in dem Umfang zuzurechnen, in dem sie entstanden wären, wenn die vertraglichen Vereinbarungen nicht durch die gesellschaftliche Verbundenheit beeinflußt gewesen wären. Die Berichtigung kann in einer Erhöhung oder in einer Verminderung des Gewinns bestehen. Art. 9 gilt auch für das Dreiecksverhältnis.[485)]

Vergleicht man diese Situation mit den Berichtigungsmöglichkeiten des nationalen Rechts, ergibt sich für Vorteilszuwendungen unter Schwestergesellschaften bei Anwendung der hier vertretenen Auffassung Deckungsgleichheit. Im nationalen Bereich ist eine umfassende Berichtigung bei den am Dreieck beteilig-

485) Ebenso Korn-Dietz-Debatin aaO., Bd I Anh. A, Art. 9, 1

ten Gesellschaften möglich, sie basiert auf dem Fremdvergleich.

Folgt man dagegen der einschränkenden Auffassung des BFH, ergeben sich Divergenzen. Zwar ist das Einkommen der S1 immer dann zu erhöhen, wenn der Vorteil über die Grenze geht (§ 1 AStG), eine Verminderung des Gewinns bei S2 ist dagegen nicht möglich. Vertritt man die Auffassung, der inländische Fiskus habe bei Vereinbarung einer dem Art. 9 entsprechenden Vertragsklausel einer Verteilung des Steuersubstrats zugestimmt, kann man damit einen Verzicht auf die Besteuerung des Vermögensvorteils bei S2 rechtfertigen. Noch größere Schwierigkeiten ergeben sich im Hinblick auf eine Berichtigung des Einkommens von M. Es spricht einiges dafür, insoweit die Fiktionstheorie anzuwenden, die man als Konzeption hinter Art. 9 deutlich erkennt. Damit müßte man bei M zu einer Erhöhung des Gewinns kommen (s.o. 8.9.4). Alle diese Schwierigkeiten werden mit der hier vertretenen Auffassung umgangen.

10.6 Typische Erscheinungsformen der Zuwendung von Nutzungen und Leistungen im internationalen Dreieck - Fallbeispiele

Die Erscheinungsformen von Vorteilszuwendungen zwischen Schwestergesellschaften im Konzern sind zu mannigfaltig als daß man eine abschließende Darstellung geben könnte. Man muß sich auf eine Typologie beschränken. Die Erfahrung zeigt, daß sich im internationalen Konzern einige typische Bereiche herausgebildet haben, die bei der Besteuerung Schwierigkeiten machen (s.o. 10.3). Es handelt sich dabei nicht um Schwierigkeiten eines einzelnen Landes, sie hängen nicht mit den Besonderheiten des nationalen Steuerrechts zusammen. Die Sachverhalte schaffen in allen Ländern die gleichen Probleme. Das zeigt sich an den vielen Versuchen, im internationalen Bereich Grundsätze für die Besteuerung von multinationalen Unternehmen zu etablieren.[486] Das zentrale Problem bei der Besteuerung multinationaler Unternehmen ist die Bildung von angemessenen Verrechnungspreisen für konzerninterne, grenzüberschreitende Leistungen. Diese internationalen Verrechnungspreise sind der Ansatzpunkt der nationalen Steuerverwaltung, wenn Gewinne berichtigt werden sollen. Theoretisch ist auf diesem Gebiet eine internationale Übereinstimmung festzustellen. Man hat sich weltweit auf das sog. arm's length-Prinzip geeinigt. Danach ist jedes Konzernmitglied so zu behandeln, als sei es ein unabhängiges Unternehmen, dessen Handeln sich nach den Gesetzen des Marktes bestimmt. Das führt zur Anwendung des Fremdvergleichs auch im internationalen Bereich. Es zeigt sich, daß der Fremdvergleich das einzige Kriterium für die Beurteilung stl. relevanter Leistungen zwischen untereinander abhängigen Personen ist. Der Fremdvergleich zieht sich wie ein roter Faden durch das nationale und internationale Steuerrecht, angefangen von den Geschäften zwischen Familienangehörigen über die Beziehungen zwischen gesellschaftlich verbundenen Personen oder

486) UN-model convention for tax treaties between developed and developing countries (1980);
OECD model double taxation convention on income and capital (1977);
USA: Section 861 - 864 IRC
GB: Section 485, 533, 534 Income and corporation act (1970), Section 17 Finance act (1975)
Frankreich: Art. 57 code general des impôts (1973)
BRD: Verwaltungsgrundsätze BStBl. 83 I, S. 218.

Unternehmen bis zur internationalen Interessenverflechtung.

Die internationale Übereinstimmung bei der Anwendung dieses Grundsatzes ist allerdings proportional umso größer, je weniger detailliert die Richtlinien dazu formuliert sind. Sobald die wirklich relevanten Details beschrieben und geregelt werden, beginnt der Konsens auseinanderzubrechen. Nationale Egoismen kommen zum Vorschein, die Gefahr der Doppelbesteuerung wächst. Hierin liegt sicher die größte Schwierigkeit bei der Besteuerung multinationaler Unternehmen.

Die Findung angemessener Verrechnungspreise ist die Basis für jede Gewinn- bzw. Einkommensberichtigung auf nationaler Ebene. Erst wenn die Entscheidung getroffen ist, ob eine meßbare Leistung erbracht worden ist, ohne daß dieser Leistung eine angemessene Gegenleistung gegenüber steht, kann über die Durchführung einer Berichtigung nachgedacht werden. Die Bestimmung eines angemessenen Verrechnungspreises ist der erste Schritt, die Anwendung einer Berichtigungsnorm der zweite Schritt. Zuerst muß die Suche nach Vergleichspreisen, die Feststellung der verschiedensten preisbestimmenden Faktoren, die Sachverhaltsermittlung kommen, erst dann kann die Rechtsanwendung folgen. Diese Arbeit beschäftigt sich mit den Rechtsfolgen, die unangemessene Preise nach sich ziehen, nicht mit den Schwierigkeiten, die sich bei der Ermittlung der Besteuerungsgrundlagen ergeben. Nicht die Findung des arm's length-Preises ist das Ziel der Überlegungen, sondern die stl. Konsequenzen, die sich aus Verstößen gegen das arm's length-Prinzip ergeben.

Im folgenden soll versucht werden, anhand konkreter Beispiele festzustellen, welche Rechtsgrundlage für eine Berichtigung besteht und inwieweit damit berichtigt werden kann. Die Beispiele orientieren sich an der erwähnten Typologie der konzerninternen Leistungen, wie sie in den deutschen Verwaltungsgrundsätzen zum Ausdruck kommt. Die Beispiele gehen davon aus, daß konzerninterne Leistungen erbracht werden, denen keine angemessene Gegenleistung gegenübersteht. Die Überlegungen konzentrieren sich darauf, ob bei unangemessenen Gegenleistungen eine Berichtigung überhaupt, in welchem Umfang und bei wem möglich ist. Die Lösungen sind mit Hilfe der oben gewonnenen Erkenntnisse entwickelt.

10.6.1 Finanzierungsgeschäfte

Der typische Fall ist das zinslose oder verbilligte Darlehen. Die stl. Überprüfung muß sich zunächst mit der Ernsthaftigkeit des Darlehens selbst beschäftigen. Erst wenn feststeht, daß das Darlehen beim Darlehensnehmer zu einer Verbindlichkeit führt, kann die Angemessenheit der Verzinsung untersucht werden. Liegt der Grund für die Unangemessenheit in der gesellschaftlichen Verbundenheit, kommt eine Einkommensberichtigung in Betracht. Die Höhe der Berichtigung richtet sich nach dem gemeinen Wert der Zuwendung (s.o. 8.6.2). Der gemeine Wert wird aus der Sicht der M bestimmt, da sie die Durchlaufstation für den Vorteil ist.

Fall 1:

Die ausländische M hat zwei 100%-ige inländische Töchter. S1 gibt S2 ein unverzinsliches Darlehen i.H.v. 500.000, das nach 5 Jahren zurückbezahlt werden muß. Von einem unabhängigen Dritten hätte S1 50.000 Zinsen jährlich verlangen können. S1 entstehen im Zusammenhang mit dem Darlehen Refinanzierungskosten i.H.v. 20.000. Der Staat, in dem M sitzt, hat kein DBA mit der Bundesrepublik abgeschlossen.

Lösung: VGA von S1 an M und vE von M an S2 i.H.v. 50.000 jährlich. Die Gewinne der beteiligten Gesellschaften sind wie folgt zu berichtigen:

S1:

Erhöhung des Einkommens um 50.000 nach § 8 Abs. 3 S. 2 KStG durch eine außerbilanzmäßige Zurechnung. § 8 Abs. 3 S. 2 KStG verdrängt § 1 AStG. Das verwendbare EK erhöht sich per Saldo nicht, weil außerbilanzmäßige Zurechnungen das StB-Vermögen i.S.v. § 29 Abs. 1 KStG nicht vermehren. Die Erhöhung des EK 56, die sich infolge der Einkommenserhöhung ergibt, muß nicht durch eine Kürzung beim EK 02 ausgeglichen werden, sondern vermindert als echte Ausschüttung das EK 56. Die vGA ist abgeflossen in Form des Nutzungswerts (s.o. 8.7.3.1). S 1 haftet für die Einbehaltung der KapESt, die M für den inländischen Kapitalertrag nach § 8 Abs. 1 KStG i.V.m. § 49 Abs. 1 Nr. 5 EStG schuldet. Die Refinanzierungskosten bleiben als BA abzugsfähig, auch wenn sie für die Finazierung einer vGA aufgewendet wurden.

M:

Die beschränkt steuerpflichtige M hat aus der vGA einen Beteiligungsertrag, der nach § 8

Abs. 1 KStG i.V.m. § 49 Abs. 1 Nr. 5 EStG steuerpflichtig ist. Die KSt dafür ist durch den Steuerabzug abgegolten (§ 50 Abs. 2 Nr. 2 KStG). Ein Anrechnungsanspruch nach § 49 Abs.1 KStG i.V.m. § 36 Abs. 2 Nr. 3 EStG besteht nicht, weil die KSt durch den Steuerabzug abgegolten ist (§ 51 KStG). Hat S1 für die Ausschüttung EK 01 oder 03 verwendet, kann die KSt, die sich durch die Herstellung der Ausschüttungsbelastung nach § 27 KStG ergibt, vergütet werden (§ 52 KStG).

Mit der Weiterleitung des Vorteils an S2 wendet M etwas für ihre Beteiligung an S2 auf. Dieser Aufwand wirkt wie nachträglicher Anschaffungsaufwand für die Beteiligung. Das betrifft grundsätzlich nur die ausländische Besteuerung. Die Qualifizierung des Aufwands kann für die inländische Besteuerung aber bedeutsam werden, wenn M die Beteiligung an S2 veräußert und dadurch einen nach § 49 Abs.1 Nr. 2 c i.V.m. Abs. 2 EStG steuerpflichtigen Tatbestand schafft.

S2:

Die Nutzungseinlage ist nach § 4 Abs. 1 S. 1 EStG bei der Gewinnermittlung zu berücksichtigen. Der Gewinn mindert sich um den Wert der Einlage. Die Einlage ist nach § 6 Abs. 1 Nr.5a EStG mit dem Aufwand zu bewerten, der dem Einlegenden entsteht. Dieser Aufwand ist identisch mit dem Wert der vGA, die M von S1 bekommen hat, d.h. mit 50.000. Die Gewinnminderung kann nur über eine vE begründet werden, § 1 AStG ist schon deshalb nicht anwendbar, weil die Einkünfte von S2 nicht erhöht, sondern vermindert werden.

Folgt man bei der Lösung des Falles dem BFH, so ergibt sich ein anderes Ergebnis: S1 hat die vGA an M zu versteuern. Für M ist keine KapESt einzubehalten, weil ihr kein Vorteil zugeflossen ist. S2 muß den ihr zugewendeten Vorteil ebenfalls versteuern, weil bei ihr keine Einlage vorliegt und damit keine Gewinnminderung eintritt. [487)]

Fall 2:

Sachverhalt wie bei Fall 1, jedoch ist M im Inland und die beiden Töchter im Ausland (kein DBA).

Lösung: Es stellt sich die Frage der Anwendbarkeit des § 1 AStG in Hinblick auf M. M wendet den ihr indirekt zugewendeten Vorteil der ausländischen S2 zu. Jetzt tritt § 1 AStG in Konkurrenz zur vE. Die vE geht als speziellere Regelung vor. Die Zuwendung an S2 führt zu einer Aufstockung des Beteiligungswerts. Die Vermögensmehrung, die dadurch eintritt, wirkt sich als Erhöhung des Einkommens aus, die ihre Ursache in der Vorteilszuwendung hat, die M von S1 bekommen hat (vGA). M kann die für die vGA gegebenenfalls bezahlte ausländische KSt imRahmen des § 26 KStG auf die deutsche Steuer anrechnen lassen. Die Einkommenserhöhung spiegelt sich in einer Erhöhung des EK

487) BFH 81,612; 82, 631

wider. Wenn ausländische KSt nach § 26 KStG auf die inländische Steuerschuld angerechnet wird, muß eine Aufteilung des EK-Zugangs nach § 32 KStG erfolgen.

Eine ähnliche Rechtslage ergibt sich bei Bürgschaftserklärungen. Wenn S1 eine Bürgschaftserklärung zugunsten von S2 abgibt, die notwendig ist, damit S2 einen Kredit bekommt, kann S1 dafür Provision verlangen. Tut sie es nicht, kommt es zu einer typischen Gewinnberichtigung im Dreieck in Höhe der üblichen Provision.[488)]

10.6.2 Überlassung von geschützten und ungeschützten Kenntnissen

Die Ausgangsfrage ist, ob überhaupt solche Kenntnisse überlassen werden. Die Hauptschwierigkeit liegt hier eindeutig in der Sachverhaltsaufklärung. Falls ein Leistungstransfer feststellbar ist, muß die Höhe einer angemessenen Vergütung ermittelt werden. Das ist ein typisches Verrechnungspreisproblem. Erst bei einem Leistungsungleichgewicht ist eine Gewinnberichtigung notwendig.

Fall 1:

Die inländische S1 zahlt an die schweizerische S2 Lizenzgebühren für ein patentiertes Verfahren zur Herstellung von Videogeräten, die um 800.000 jährlich zu hoch sind. Gleichzeitig stellt die japanische M der S1 für ein Jahr zwei Experten zur Verfügung, die weiterhin von M bezahlt

488) A.A. BFH 82,631

werden. S1 hat insoweit keinen Aufwand.

<u>Lösung:</u>

S1:Die überhöhte Lizenzzahlung an die in der Schweiz ansässige S2 ist nach nationalem deutschen Recht als vGA an die japanische M anzusehen. Daran ändert auch das DBA/Schweiz[489] nichts. Der für die Besteuerung von Lizenzgebühren einschlägige Art. 12 Abs. 1 ist bei Zahlungen an nahestehende Personen nur anwendbar, soweit die Lizenzgebühren im angemessenen, das heißt unter Fremden üblichen Rahmen bleiben. Andernfalls "kann der übersteigende Betrag nach dem Recht jedes Vertragsstaats und unter Berücksichtigung der anderen Bestimmungen dieses Abkommens besteuert werden" (Art. 12 Abs. 4 S. 2 DBA/Schweiz). Das bedeutet, daß die überhöhte Lizenzzahlung als vGA zu qualifizieren ist, die nicht mehr unter das DBA/Schweiz fällt, sondern unter das DBA/Japan[490]. Bei der Besteuerung von S1 wird die vGA als Teil des Einkommens erfaßt (§ 8 Abs. 3 S. 2 KStG) und nach dem Territorialitätsprinzip in der Bundesrepublik versteuert (Art. 7 Abs. 1 DBA/Japan).

Die Überlassung des durch die Experten übermittelten know-how von M an S1 könnte eine konzerninterne Vorteilszuwendung sein, wenn ein fremder Dritter nicht auf den Ersatz der

489) vom 11.8.71 (BStBl. 72 I, S. 518) mit Zusatzprotokoll vom 30.11.78 (BStBl. 80 I, S. 399).

490) vom 22.4.66 (BStBl. 67 I, S. 58) mit Zusatzprotokoll vom 17.4.79 (BStBl. 80, S. 650).

Lohnkosten verzichtet hätte. Das hängt vom Einzelfall ab und muß nach den Grundsätzen über die Zuordnung von Einkünften im internationalen Konzern gelöst werden. Kommt man mit diesen Grundsätzen zu dem Ergebnis, daß die Überlassung von know-how hätte vergütet werden müssen, weil die daraus entstehenden Vorteile der S1 zugute kommen, liegt eine Vorteilszuwendung des Gesellschafters an die Gesellschaft vor, die ihre Ursache im Gesellschaftsverhältnis hat. Es handelt sich insoweit um eine direkte Zuwendung, die nicht über eine zwischengeschaltete nahestehende Person, sondern unmittelbar vom Gesellschafter an die Gesellschaft geleistet wird. Sie ist als vE zu qualifizieren und nach § 6 Abs. 1 Nr. 5 a EStG zu bewerten. Der eingelegte Vorteil ist identisch mit dem Wert der Aufwendungen, die bei M entstanden sind. Dieser Vorteil wird im Betrieb der S1 verbraucht. Das ist der Aufwand, der den Gewinn von S1 mindert. Das EK von S1 ist umzugliedern: In Höhe des Einlagewerts erhöht sich EK 04, in Höhe des Aufwands vermindert sich EK 56.

M: Die japanische Gesellschaft bezieht aus der Bundesrepublik Dividenden i.S.v. Art. 10 Abs. 5 DBA/Japan, die nach Art. 10 Abs. 1 grundsätzlich in Japan besteuert werden. Die Bundesrepublik darf aber nach Art. 10 Abs. 2 eine Quellensteuer von 15 % erheben. Die japanische Gesellschaft ist nicht anrechnungsberechtigt (§ 51 KStG), weil ihre inländische

KSt-Schuld durch den Steuerabzug abgolten ist (§ 50 Abs. 2 Nr. 2 KStG). Eventuell erfolgt eine Vergütung nach § 52 KStG.

S2: Die schweizerische Gesellschaft bezieht in Höhe des angemessenen Betrages Lizenzeinnahmen aus dem Inland, die unter Art. 12 DBA/Schweiz fallen. Der überhöhte Betrag ist weder als Lizenzzahlung noch als vGA der S1 an S2 anzusehen.

Fall 2:

Sachverhalt wie bei Fall 1 mit der Abwandlung, daß M nachweislich nur deswegen auf eine Vergütung für die Überlassung des know-how an S1 verzichtet, weil S1 so hohe Linzenzgebühren an S2 bezahlen muß.

Lösung: In diesem Fall muß vorweg geklärt werden, ob nicht ein Vorteilsausgleich stattzufinden hat. S1 hat einerseits den Nachteil der überhöhten Lizenzzahlung an S2, andererseits den Vorteil des know-how, das ihr von M unentgeltlich zur Verfügung gestellt wird. Besteht ein nachweisbarer Zusammenhang zwischen den beiden Leistungsbewegungen in dem Sinne, daß S1 nur an S2 leistet, weil sie dafür einen Ausgleich von M bekommt, ist gegen einen Vorteilsausgleich nichts einzuwenden (s.o. 8.6.3). Stehen sich die Leistungen gleichwertig gegenüber, liegt weder eine vGA der S1 an M noch eine vE der M an S1 vor. Allerdings bleibt eine mittelbare vE der M an S2 bestehen, die über die nahestehende Person S1 geleistet wird.

Für die deutsche Besteuerung ist dies unerheblich.

10.6.3 Werbeaufwand, Überlassung der Kundendatei

Trägt ein Konzernmitglied Werbeaufwand für das Produkt eines andern Konzernmitglieds, so muß vor einer stl. Beurteilung entschieden werden, in wessen Interesse dieser Aufwand anfällt. Ist der Aufwand nicht im Interesse des Aufwandträgers erfolgt, muß er wie unter Fremden vergütet werden. Dasselbe gilt, wenn eine Kundendatei nicht im eigenen Interesse zur Auswertung überlassen wird.

Fall:

Eine US Corp. hat eine deutsche und eine französische Tochter. Beide Töchter stellen Baumaschinen her. Die deutsche S2 ist auf die Herstellung von Tiefbaumaschinen spezialisiert. Sie will eine von ihr neu entwickelte Straßenbaumaschine auf dem französichen Markt vertreiben. Zu diesem Zweck führt die französiche S1, die auf Hochbaumaschinen spezialisiert ist, eine Werbekampagne durch, indem sie ihre Kunden, die sich auch mit Tiefbau befassen, gezielt mit dem neuen deutschen Produkt bekannt macht. Auf diese Weise kann S2 sich den ausländischen Markt erschließen und eine beträchtliche Anzahl ihrer neuen Maschinen verkaufen. S1 tritt beim Verkauf nicht in Erscheinung. Der französischen S1 sind im Zusammenhang mit der Werbekampagne Kosten i.H.v. umgerechnet 200.000 entstanden, die sie sich aber auf Weisung der US-Mutter von S2 nicht ersetzen läßt.

Lösung:

S1: Die französische Gesellschaft hat zwei Leistungen an die deutsche S2 erbracht: Sie hat die Werbekampagne durchgeführt und die Kundendatei zur Verfügung gestellt. Die Überlassung der Kundennamen ist die Zuwendung einer Nutzung (nicht die vollständige Übertragung des immateriellen WG Kundenstamm), die Werbekampagne ist eine Leistung eigener Art. Für beide Leistungen kann S1 eine angemessene Gegenleistung verlangen, weil die Leistungen nicht in eigenem, sondern im Interesse von S2 erbracht worden sind. (Anders wäre es u.U., wenn S1 als Vertriebsgesellschaft fungieren würde). Der Verzicht auf die Gegenleistung ist durch den Konzernverbund verursacht, ein Fremder hätte nicht verzichtet.

S2: Die Vorteilszuwendung an S2 stammt von M, sie ist als vE an S2 zu qualifizieren. Folgt man der h.M. im deutschen Steuerrecht, die Werbeaufwand grundsätzlich nicht für aktivierbar hält [491], kann es nicht zu einer Aktivierung bei S2 kommen. Es handelt sich vielmehr um die Einlage einer Leistung zusammen mit der Einlage einer Nutzung. Der Wert dieser Einlagen richtet sich nach dem Wert des Vorteils, den M durch das Handeln der S1 hat (vGA von S1 an M). Dieser Wert entspricht den Kosten der französischen S1 für die Werbekampagne und einem zu schätzen-

491) Schmidt § 5, 31 m.w.N.

den Wert für die Überlassung der Kundendatei. Der Vorteil wird bei S2 eingelegt und verwandelt sich sofort in abzugsfähigen Aufwand. Dadurch vermindert sich das EK 56. Andererseits erhöht sich das EK 04 infolge der Einlage seitens M.

10.6.4 Konzernumlagen

Konzernumlagen werden erhoben für bestimmte zentrale Leistungen der Konzernspitze, die einzelnen Konzernmitgliedern zugute kommen. Leistungen dieser Art sind z.B.:

- Forschung und Entwicklung
- Marketing
- Organisationsplanung und -beratung
- Investitionsplanung
- das Recht, den Konzernnamen zu führen
- Organisation und Kontrolle des Rechnungswesens
- zentrale Datenspeicherung
- Management, Beratung für bestimmte Situationen
- Personalschulung und Fortbildung
- der Rückhalt im Konzern

Das Problem im Zusammenhang mit der Zahlung von Umlagen für derartige Leistungen ist vor allem, ob ein echter Leistungsaustausch vorliegt, d.h. ob der Umlage eine konkrete Leistung zugrundeliegt, die für das betreffende Konzernmitglied etwas wert ist. Die Leistung muß abgrenzbar und meßbar sein und im Interesse der empfangenden Person erbracht werden.[492] Der Fremdvergleich wird in diesem Bereich sehr problematisch, weil die Leistungen häufig nur im

492) Verwaltungsgrundsätze Tz. 6.2.2 (BStBl. 83 I. S.218)

Konzernverbund denkbar sind und unter unabhängigen Unternehmen nicht vorkommen können (z.B. zentrale Investitionsplanung, zentrale Entwicklung von Marktstrategien, zentrale Produktplanung, Konzernrückhalt u.s.w.). Diese Leistungen hängen mit der typischen Arbeitsteilung im Konzern zusammen. Gleichzeitig handelt es sich oft um Leistungen, die im Interesse der Konzernspitze erbracht werden, die ihren Grund also in der Gesellschafterstellung der Obergesellschaft haben und die über den Gewinn und nicht über eine gesonderte Umlage vergütet werden. Abgesehen von der Schwierigkeit, in diesen Fällen einen echten Leistungsaustausch festzustellen, der auch unter Fremden marktgängig ist, ist die Feststellung eines angemessenen Verrechnungspreises wie bei allen konzerninternen Leistungen das große Problem.

Konzernumlagen werden allerdings nicht zwischen Schwestergesellschaften erhoben. Es handelt sich immer um die mehr oder weniger pauschale Vergütung von zentralen Leistungen, die von der Konzernspitze erbracht werden. Konzernumlagen sind deswegen kein typisches Problemfeld, das im Dreiecksverhältnis zwischen Schwestergesellschaften auftaucht. Natürlich können einzelne Leistungen dieser Art zwischen S abgewickelt werden, z.B. Forschungs- und Entwicklungsleistungen. Dann passen sie aber nicht unter das Stichwort Konzernumlagen. Deswegen wird auf eine detaillierte Erörterung dieses Problemfeldes im Hinblick auf die vorgegebene Thematik verzichtet.

10.7 Zusammenfassung - Vergleich der Meinungen anhand von Beispielen

Vorteilszuwendungen zwischen Schwestergesellschaften eines internationalen Dreiecks führen ebenso wie beim nationalen Dreieck zu einer vGA von S1 an M und zu einer vE von M an S2. Voraussetzung ist, daß ein bewertbarer Vorteil von S1 an S2 übertragen wird, der seine Ursache in der gesellschaftlichen Verbundenheit hat. Es ist nicht erforderlich, daß dieser Vorteil bei S2 zu einer Erhöhung des Bilanzvermögens führt. Deswegen können auch Nutzungen und Leistungen und selbstgeschaffene immaterielle WG Gegenstand der vGA bzw. vE sein.

Die Rechtsfolgen sind grundsätzlich dieselben wie im nationalen Dreieck. Die Einkommen von S1 und M erhöhen sich, das Einkommen von S2 mindert sich (s.o. 8.5 und 8.9.1). Für die Anwendung von § 1 AStG bleibt daneben kein Raum: Die durch die Auslandsverflechtung verursachte Minderung des nationalen Einkommens läßt sich vollständig mit Hilfe der Rechtsinstitute vGA/vE beseitigen. Auch ein DBA ändert grundsätzlich nichts an dieser Rechtslage, sofern es eine dem Art. 9 OECD-Muster entsprechende Bestimmung enthält: Es gestattet den Vertragsstaaten eine Berichtigung der Gewinne auf der Basis des Fremdvergleichs, das heißt des sog. arm's-length-Prinzips. Das deckt sich mit den Rechtsfolgen der vGA/vE.

Für das deutsche Recht sind Vorteilszuwendungen zwischen Schwestergesellschaften nicht nur wegen ihrer Auswirkung auf das Einkommen der beteiligten Gesellschaften, sondern auch wegen der Auswirkung auf das verwendbare Eigenkapital interessant. Wieder ergeben sich im internationalen Dreieck keine gravierenden Unterschiede zum nationalen Dreieck. Die Rechtsfolgen hängen auch insoweit nicht davon ab, ob die Vorteilszuwendung bei S2 zu einer Erhöhung des Bilanzvermögens führt. Auch wenn Gegenstand der Zuwendung eine Nutzung oder Leistung oder ein selbstgeschaffenes immaterielles WG ist, fließt im Jahr der Zuwendung bei S1 Vermögen ab und bei S2 zu. Das bedeutet, daß bei den beteiligten Gesellschaften entsprechende Veränderungen in der Höhe bzw. Gliederung des EK eintreten (s.o. 8.7 und 8.8). Das bedeutet ferner, daß bei S1 die Ausschüttungsbelastung herzustellen und KapESt einzubehalten ist.

Die hier vertretene Meinung steht im Gegensatz zur Rspr. und einem Teil der Literatur. Die Gegenmeinungen lassen sich im wesentlichen in zwei Gruppen zusammenfassen. Die erste Gruppe kommt zu dem Ergebnis, daß Vorteilszuwendungen zwischen Schwestergesellschaften überhaupt keine Rechtsfolgen auslösen, gleichgültig ob der Vorteil ein bilanzierungsfähiges WG ist oder nicht. Es wird kein Unterschied gemacht, ob der Vorteil in einer Lieferung oder Leistung besteht.[493] Diese Auffassung steht in diametralem Gegensatz zur hier vertretenen, ist aber in sich konsequent. Die zweite Gruppe nimmt eine vermittelnde Position ein, die aber in sich widersprüchlich

493) s.o. FN 445

ist. Sie basiert auf der These, daß Vorteilszuwendungen zwischen Schwestergesellschaften nur dann zu spiegelbildlichen vGA/vE im Dreieck führen, wenn der Vorteil beim Empfänger bilanzierungsfähig ist. Falls die Vorteilszuwendung nicht in einer Lieferung, sondern in einer Nutzung oder Leistung oder in einem selbstgeschaffenen immateriellen WG besteht, bleibt das Einkommen der beteiligten Gesellschaften unverändert.[494] Beide Meinungen müssen bei Vorteilszuwendungen im internationalen Dreieck auf § 1 AStG zurückgreifen.

Der folgende tabellarische Vergleich soll abschließend und zusammenfassend sichtbar machen, welche unterschiedlichen Rechtsfolgen sich aus den drei Positionen ergeben, wenn man sie in Zahlen ausdrückt. Als Musterfall dient wieder das unverzinsliche Darlehen. Der Fall ist im internationalen Dreieck in 6 Varianten möglich, je nachdem welche der drei beteiligten Gesellschaften im Ausland sitzt. Zusätzliche Abänderungen können sich durch DBA ergeben.

1 = eigene Meinung: vGA + vE [495]

2 = Gegenmeinung: Weder vGA noch vE, aber § 1 AStG [493]

3 = Mittelmeinung: vGA, aber keine vE [494]

Sachverhalt:

M hat zwei 100 %-ige T. S1 gibt S2 ein Darlehen und verzichtet vereinbarungsgemäß auf angemessene

493) s.o. FN 445

494) st.Rspr. des BFH: 82,631, 81,612, 75,553, 71,408, 62,338 (vgl. auch FN 381-383). Ferner A 36 a Abs. 2 KStR 1981. Zur Literatur s.o. FN 439.

495) Ebenso ein beträchtlicher Teil der Literatur; s.o. FN 440.

Zinsen. Dadurch erspart sich S2 im Veranlagungszeitraum 01 100.000 Zinsen.

Fall 1 : M sitzt im Ausland, S1 und S2 sind im Inland.

		1	2	3
S1:	Einkommen	+ 100.000		+ 100.000
	EK 56	+ 100.000	--	+ 100.000
	Tarifbelastung	- 56.000		- 56.000
	EK 56(31.12.01)	+ 44.000		+ 44.000
	vGA	- 68.750		--
	EK 02 [496)]	--	--	- 100.000
	Tarifliche KSt	56.000	--	56.000
	KSt-Minderung	- 31.250		--
	KSt-Schuld 01	24.750	--	56.000
M:	KapESt ohne DBA	25.000	--	--
	mit DBA/OECD	5.000	--	--
S2:	Einkommen	- 100.000	--	--
	EK 56	- 100.000	--	--
	Tarifbelastung	- 56.000	--	--
	EK 04	+ 100.000	--	--
	KSt-Schuld 01	- 56.000	--	--
	KSt: S1 + M + S2			
	ohne DBA	- 6.250	--	56.000
	mit DBA	- 26.250	--	56.000

496) A 83 Abs. 3 Nr. 2 KStR 1981

Fall 2: S1 und M sind im Ausland, S2 im Inland.

		1	2	3
S2:	Einkommen	- 100.000	--	--
	EK 56	- 100.000	--	--
	Tarifbelastung	- 56.000	--	--
	EK 04	+ 100.000	--	--
	KSt-Schuld 01	- 56.000	--	--

Besteht mit dem Sitzstaat von S1 ein DBA, das dem OECD-Muster entspricht, steht der Einkommensminderung bei Meinung 1 nach Art. 9 DBA/OECD nichts entgegen. Bei Meinung 2 und 3 kann das Einkommen von S2 mit Hilfe des DBA nicht gemindert werden, weil keine entsprechende nationale Rechtsgrundlage besteht.

Fall 3: S2 und M sind im Ausland, S1 ist im Inland.

		1	2	3
S1:	Einkommen	+ 100.000	+ 100.000[497]	+ 100.000
	EK 56	+ 100.000	+ 100.000	+ 100.000
	Tarifbelastung	- 56.000	- 56.000	- 56.000
	EK 56(31.12.01)	+ 44.000	+ 44.000	+ 44.000
	vGA	- 68.750	--	--
	EK 02 [496]	--	- 100.000	- 100.000
	Tarifliche KSt	56.000	56.000	56.000
	KSt-Minderung	- 31.250	--	--
	KSt-Schuld 01	24.750	56.000	56.000

Ein DBA ändert an den Ergebnissen nichts.

496) A 83 Abs. 3 Nr. 2 KStR 1981

497) § 1 AStG

Fall 4: M sitzt im Inland, S1 und S2 sind im Ausland.

		1	2	3
M:	Einkommen	+ 100.000	--	--
	EK	+ 100.000	--	--
	56 %	- 56.000		
	Anrechenbare ausl. KSt	+ 5.000 [498]		
	Nach § 32 aufzuteilendes EK	49.000		
	KSt-Schuld 01	51.000	--	--

Fall 5: S1 und M sind im Inland, S2 sitzt im Ausland.

S1:	Einkommen	+ 100.000	+ 100.000 [497]	+ 100.000
	EK 56	+ 100.000	+ 100.000	+ 100.000
	Tarifbelastung	- 56.000	- 56.000	- 56.000
	AK 56 (31.12.01)	+ 44.000	- 44.000	+ 44.000
	vGA	- 68.750	--	--
	EK 02 [496]	--	- 100.000	- 100.000
	Tarifliche KSt	56.000	56.000	56.000
	KSt-Minderung	- 31.250	--	--
	KSt-Schuld 01	24.750	56.000	56.000
M:	Einkommen incl. 9/16	156.250	--	--
	EK 56	156.250	--	--
	Tarifbelastung	87.500	--	--
	KSt-Schuld 01	87.500	--	--

496) A 83 Abs. 3 Nr. 2 KStR 1981

497) § 1 AStG

498) Es wird unterstellt, daß ein BDA besteht, das die ausländische Quellensteuer auf 5 % beschränkt.

Fall 6: M und S2 sind im Inland, S1 sitzt im Ausland.

		1	2	3
M:	Einkommen	+ 100.000	--	--
	EK	+ 100.000	--	--
	56 %	- 56.000		
	Anrechenbare ausl. KSt	- 5.000		-- [499]
	Nach § 32 aufzuteilendes EK	49.000		
	KSt-Schuld 01	51.000	--	--
S2:	Einkommen	- 100.000	--	--
	EK 56	- 100.000	--	--
	Tarifbelastung	- 56.000	--	--
	EK 04	+ 100.000	--	--
	KSt: M + S2	- 5.000	--	--

Die Zusammenstellung der Fälle zeigt, daß es von erheblicher Bedeutung ist, welche Meinung man zu den steuerrechtlichen Konsequenzen von Vorteilszuwendungen unter Schwestergesellschaften vertritt. Nach der hier vertretenen Auffassung ergeben sich Steuerminderungen für die Fälle 1, 2, 3, 6, Steuererhöhungen dagegen für die Fälle 4 und 5.

499) Die ausländische Quellensteuer ist nicht anrechenbar, weil mangels "Zufluß" keine ausländischen Einkünfte vorliegen.

11. Thesen

1. Der Gewinnbegriff des KStG ist identisch mit dem Gewinnbegriff des EStG.

Das ergibt sich aus der Bestimmung des KStG, die den Gewinnbegriff des EStG ohne Einschränkung in die KSt übernimmt. Danach ist Gewinn der in einem Wirtschaftsjahr erzielte Vermögenszuwachs vermehrt um den Wert der Entnahmen und vermindert um den Wert der Einlagen.

2. Die Begriffe Entnahmen und Einlagen sind in der KSt analog anwendbar.

Es darf nur versteuert werden, was durch den Betrieb erwirtschaftet worden ist. Entnahmen und Einlagen sind Vermögensänderungen, die ihre Ursache im außerbetrieblichen Bereich haben. Auch bei Körperschaften gibt es Vermögensmehrungen und Vermögensminderungen, die nicht durch den Betrieb verursacht sind. Es handelt sich dabei um Vermögensbewegungen zwischen Gesellschaft und Gesellschafter, die ihre Ursache in der gesellschaftsrechtlichen Verbundenheit haben. Den Entnahmen stehen die Gewinnausschüttungen (und Kapitalrückzahlungen) der Gesellschaft, den Einlagen die Kapitalzuführungen des Gesellschafters gleich.

3. Ausschüttungen der Gesellschaft und Einlagen des Gesellschafters können verdeckt geleistet werden. Abgrenzungsmaßstab ist der sog. Fremdvergleich.

Offene Ausschüttungen oder Einlagen liegen vor, wenn sie den Vorschriften des Gesellschaftsrechts entsprechen. Wird eine andere Form gewählt, handelt es sich um verdeckte Ausschüttungen oder Einlagen. Gemeinsam ist beiden Formen, daß der Gesellschafter oder die Gesellschaft einen Vermögensvorteil erlangt, der einem Außenstehenden nicht zugewendet worden wäre (Fremdvergleich).

4. **Auch Nutzungen und Leistungen können eingelegt und entnommen werden.**

   Gegenstand einer Entnahme oder Einlage bzw. einer außerbetrieblich verursachten Änderung des Betriebsvermögens kann alles sein, was im Wirtschaftsleben seinen Preis hat. Diese in Geld bewertbaren Vermögensvorteile nennt das EStG Wirtschaftsgüter. Zu ihnen gehören auch Nutzungen und Leistungen.

5. **Nutzung ist jeder geldwerte Vorteil, der im Gebrauch oder Verbrauch eines Vermögensgegenstands liegt. Leistung ist jeder andere geldwerte Vorteil, der Gegenstand des Wirtschaftsverkehrs sein kann und nicht in der Übertragung der Verfügungsmacht an einem materiellen Wirtschaftsgut besteht.**

6. **Nutzungen und Leistungen sind einlagefähig und entnahmefähig, auch wenn sie nicht auf einer bilanzierungsfähigen Rechtsposition beruhen.**

   Es ist unerheblich, ob die Nutzung oder Leistung auf einem dinglichen Recht, auf einem obligatorischen Recht oder auf keiner Rechtsposition beruht. Auch nicht bilanzierte oder nicht bilanzierungsfähige Wirtschaftsgüter können entnommen oder eingelegt werden. Entscheidend ist nur, daß das tatsächliche Betriebsvermögen vermehrt oder vermindert wird.

7. Die Einlage oder Entnahme einer Nutzung ist ein Dauervorgang.

8. Entnahme und Einlage einer Nutzung oder Leistung sind mit den Kosten zu bewerten, die damit verbunden sind.

Die Entnahme einer Nutzung oder Leistung ist mit dem Teilwert zu bewerten. Der Teilwert entspricht den Kosten, die dem Betrieb entstehen. Die Einlage einer Nutzung oder Leistung ist ebenfalls mit den Kosten zu bewerten, auch wenn der Teilwert höher ist. Maßgebend für die Bewertung der Einlage sind immer die Gestehungskosten der Nutzung oder Leistung, weil die Kosten immer in unmittelbarem zeitlichen Zusammenhang mit der Einlage entstehen (§ 6 Abs. 1 Nr. 5 a EStG).

9. Die vGA von Nutzungen und Leistungen ist mit dem Fremdvergleichspreis, die vE von Nutzungen und Leistungen dagegen mit den Kosten zu bewerten.

Die vGA ist nicht wie die Entnahme mit dem Teilwert, sondern mit dem Fremdvergleichspreis zu bewerten. Dieser kann höher oder niedriger sein als der Teilwert oder die Kosten. § 8 Abs.3 S. 2 KStG ist auch eine Bewertungsvorschrift und verdrängt § 6 Abs. 1 Nr. 4 EStG. Die Bewertung der vE richtet sich dagegen immer nach den einkommensteuerlichen Bewertungsvorschriften. Verdeckt eingelegte Nutzungen und Leistungen sind deswegen mit den Kosten zu bewerten.

10. **Ist eine Nutzung oder Leistung Gegenstand einer vGA, muß bei der Gesellschaft das Einkommen berichtigt und die Ausschüttungsbelastung hergestellt werden. Es ist KapESt einzubehalten. Gleichzeitig erhöht sich das Einkommen des Gesellschafters.**

Eine vGA führt zu einer außerbilanzmäßigen Zurechnung, die das Einkommen der ausschüttenden Gesellschaft erhöht. Gleichzeitig ist die Ausschüttungsbelastung herzustellen. Das gilt auch dann, wenn eine Nutzung oder Leistung verdeckt ausgeschüttet wird. Das Herstellen der Ausschüttungsbelastung kann nicht vom Zufluß der vGA beim Gesellschafter abhängig gemacht werden. Auf der anderen Seite erhöht sich das Einkommen des Gesellschafters um den Wert der vGA einschließlich des damit verbundenen Anrechnungsanspruchs. Falls der Gesellschafter eine Kapitalgesellschaft ist, erhöht sich gleichzeitig das verwendbare EK in dieser Höhe. Das gilt auch dann, wenn eine Nutzung oder Leistung Gegenstand der vGA ist.

Vom Zufluß beim Gesellschafter hängt der Zeitpunkt ab, an dem die KapESt einbehalten werden muß (§ 44 Abs. 1 S. 2 EStG): Der Vorteil gilt als zugeflossen, sobald der Begünstigte darüber wirtschaftlich verfügen kann. Das gilt auch für

Nutzungen und Leistungen. Sobald die Nutzungsmöglichkeit zur Verfügung steht bzw. die Leistung in Anspruch genommen werden kann, muß die KapESt einbehalten werden.

11. **Ist eine Nutzung oder Leistung Gegenstand der vE, darf der Vorteil den Gewinn der Gesellschaft nicht erhöhen. Die Zuwendung des Vorteils ist gewinneutral, der Verbrauch des Vorteils mindert den Gewinn dagegen. - Der Gesellschafter hat nachträgliche Anschaffungskosten auf seine Beteiligung.**

Die vE erhöht das Vermögen der Gesellschaft. Die Erhöhung ist beim EK 04 zu erfassen. Der Vermögenszugang ist einkommensneutral. Ist eine Nutzung oder Leistung Gegenstand der vE, gilt dasselbe. In der Regel verbraucht sich der in Form einer Nutzung oder Leistung eingelegte Vermögensvorteil bis zum Bilanzstichtag. Dadurch entsteht Aufwand (außerbilanzmäßige Abrechnung) und eine Verminderung des verwendbaren EK.

Beim einlegenden Gesellschafter ist die vE vermögens- und einkommensneutral. Die Aufwendung erfolgt für das Wirtschaftsgut Beteiligung, sie ist bei einem bilanzierenden Gesellschafter aktivierungspflichtig. Am Bilanzstichtag muß unabhängig davon geprüft werden, ob eine Teilwertabschreibung notwendig ist.

12. Die Folgen der vGA/vE treten gleichzeitig ein, wenn auf beiden Seiten Kapitalgesellschaften stehen (Berichtigung des Einkommens, der Bilanzen, des EK, Herstellen der Ausschüttungsbelastung).

Ist nicht nur die Gesellschaft, sondern auch der Gesellschafter eine Kapitalgesellschaft, müssen beide Seiten ihren stl. Gewinn durch Betriebsvermögensvergleich ermitteln. In diesem Fall kommt es bei Ausschüttungen und Einlagen auf den Zeitpunkt der Vermögensänderung an. Die Vermögensänderung tritt bei der Gesellschaft und beim Gesellschafter synchron ein. Etwaige Bilanzberichtigungen, außerbilanzmäßige Zu- und Abrechnungen, Veränderungen des verwendbaren EK und die darauf beruhenden Einkommensberichtigungen finden gleichzeitig statt.

13. VGA und vE können auch durch Zuwendungen an nahestehende Personen bewirkt werden.

Voraussetzung ist, daß die Zuwendung an die nahestehende Person bei der vGA den Gesellschafter, bei der vE die Gesellschaft nachweislich begünstigt. Tochtergesellschaften stehen der Muttergesellschaft nahe, weil sie unter ihrem beherrschenden Einfluß stehen.

14. Vorteilszuwendungen zwischen Schwester-(kapital-)gesellschaften führen zu einer vGA von S1 an M und einer vE von M an S2. Das gilt auch für die Zuwendung nicht bilanzierungsfähiger Vorteile.

Gewährt eine Schwestergesellschaft der anderen

Schwestergesellschaft einen Vorteil, weil beide über die Muttergesellschaft miteinander gesellschaftsrechtlich miteinander verbunden sind, liegt darin eine vGA der S1 an M und eine vE von M an S2. Voraussetzung ist, daß beide Schwestergesellschaften Kapitalgesellschaften sind und von der Muttergesellschaft beherrscht werden. Es kommt nicht darauf an, ob der Vorteil bei der begünstigten Schwestergesellschaft das Bilanzvermögen erhöht.

15. Bei S1 treten alle Folgen einer vGA (Tz. 10), bei S2 alle Folgen einer vE (Tz. 11) ein.

Die stl. Auswirkungen bei den beiden Schwestergesellschaften sind dieselben wie bei einer unmittelbaren Zuwendung von der Gesellschaft an den Gesellschafter oder umgekehrt. Für S1 macht es keinen Unterschied, ob sie den Vorteil dem Gesellschafter direkt oder einer ihm nahestehenden Person zuwendet. Für S2 ist es gleichgültig, ob sie den Vorteil direkt vom Gesellschafter oder von einer ihm nahestehenden Person erhält.

16. Bei der Muttergesellschaft tritt eine Erhöhung des Steuerbilanzvermögens ein, obwohl sich ihr tatsächliches Vermögen nicht verändert. Das führt zu einer Erhöhung ihres Einkommens.

Die stl. Auswirkungen bei M sind schwer feststellbar, weil sich das tatsächliche Vermögen von M durch die Vermögensbewegung bei den Schwestergesellschaften insgesamt nicht verändert: Der Vermögensminderung bei S1 steht die Vermögensmehrung bei S2 gegenüber. Dennoch ergibt sich für M infolge der Vorteilszuwendung zwischen den Schwestergesellschaften eine Erhöhung des Steuerbilanzvermögens, die in der Erhöhung des Werts der Beteiligung an S2 sichtbar wird.

17. Der Aufstockung des Beteiligungswerts an S2 liegt entweder echter Aufwand in Form einer Ausgleichsverpflichtung gegenüber S1 oder fiktiver Aufwand infolge einer unentgeltlichen Zuwendung seitens S1 zugrunde.

Voraussetzung für eine Aufstockung des Beteiligungswerts an S2 ist, daß bei M Aufwand für die Beteiligung entstanden ist. Echter Aufwand entsteht, wenn M der S1 gegenüber ersatzpflichtig ist. Das ist i.d.R. der Fall. Eine abhängige Konzerngesellschaft kann nach § 311 AktG vom beherrschenden Unternehmen einen Ausgleich verlangen, wenn sie auf Weisung des beherrschenden Unternehmens ein nachteiliges Geschäft durchführen muß. Ein Rückgriff auf andere Anspruchsgrundlagen erübrigt sich in diesem Fall. Der Verzicht des abhängigen Unternehmens auf diesen Anspruch ändert nichts daran, daß zunächst Aufwand entstanden ist.

Läßt sich in Ausnahmefällen ein Ersatzanspruch des abhängigen Unternehmens gegen M nicht begründen, hat M einen Vorteil erlangt, ohne etwas dafür aufzuwenden. Der Vorteil liegt in der

Wertsteigerung der Beteiligung an S2. M hat den Vorteil im Rahmen ihres Betriebs unentgeltlich erworben. Für diesen Fall unterstellt § 7 Abs. 2 EStDV fiktiven Aufwand, der eine entsprechende Aktivierung ermöglicht. Die Höhe der Aktivierung (= vE) ist immer identisch mit dem Wert der vGA.

18. **Auch im internationalen Sachverhalt ergeben sich die Folgen von Vorteilszuwendungen zwischen Schwestergesellschaften über die vGA und die vE. § 1 AStG und etwaige DBA ändern daran nichts.**

Sind in dem Dreieck, das M und ihre beiden Töchter bilden, eine oder mehrere Gesellschaften ausländische Gesellschaften (internationales Dreieck), treten die Rechtsinstitute vGA/vE in Konkurrenz zu § 1 AStG und gegebenenfalls zu Vertragsbestimmungen eines DBA. Bei Vorteilszuwendungen zwischen Schwestergesellschaften im internationalen Dreieck tritt § 1 AStG immer zurück, weil er neben der umfassenden Berichtigung, die über die vGA/vE möglich ist, seine Funktion als Auffangtatbestand nicht erfüllen kann. Ein DBA kann die nationalen Berichtigungsmöglichkeiten nicht erweitern, sondern nur einengen. Enthält das DBA eine Bestimmung, die Art. 9 des OECD-Musters entspricht, erfolgt keine Beschränkung der Berichtigungsmöglichkeit. Diese Bestimmung verankert das Prinzip des Fremdvergleichs (arm's length-Prinzip) im internationalen Vertragsrecht und deckt sich so mit den Grundsätzen des nationalen Rechts.

19. Die Grundsätze über die Vorteilszuwendungen zwischen Schwestergesellschaften gelten auch im mehrgliedrigen Konzern.

Bei Vorteilszuwendungen zwischen in der Seitenlinie verwandten Gesellschaften eines mehrgliedrigen Konzerns gelten dieselben Grundsätze. Der Vorteil muß über M geleitet werden. In der Beteiligungskette sind entsprechende Berichtigungen vorzunehmen.

20. Die Berichtigungen, die Vorteilszuwendungen zwischen Schwestergesellschaften bei einem nationalen oder internationalen Sachverhalt nach sich ziehen, verhindern ungerechtfertigte Gewinnverschiebungen innerhalb eines Konzerns. Dadurch kommt es weder zu Doppelversteuerungen noch zur endgültigen Verminderung nationalen Steuersubstrats.

Oldenbourg · Wirtschafts- und Sozialwissenschaften · Steuer · Recht

Oldenbourg · Wirtschafts- und Sozialwissenschaften · Steuer · Recht

www.ingramcontent.com/pod-product-compliance
Lightning Source LLC
LaVergne TN
LVHW091724021026
849161LV00003BA/301